KB092643

문예신서
258

역사철학

프랑수아 도스

최생열 옮김

東 文 選

역사철학

François Dosse

L'HISTOIRE

© Armand Colin/HER, 2000

This edition was published by arrangement
with HER, Paris
through Bestun Korea Angency, Seoul

차 례

제II장 인과 관계적 비판

제Ⅴ장 목적론: 섭리로부터 이성의 진보에 이르기까지

제VI장 기억의 사회사

서 문

  역사와 관련하여 아우구스티누스가 행한 문답, 즉 "시간이란 무엇인가? 만약 누군가가 그것에 대해 묻지 않는다면 나는 그것을 안다. 그러나 만약 누군가가 나에게 그것을 묻고 내가 그것을 설명하기 바란다면 나는 더 이상 그것을 알지 못한다"는 내용에 주목할 필요가 있다. "역사란 무엇인가?"라는 오래된 질문의 복잡성은 유럽인들이 구분하여 설명하는 경향이 있는 개념들, 즉 독일어의 Geschichte와 Histoire, 영어의 History와 Story, 이탈리아어의 Istoria와 Storia——전자는 사실적 줄거리 자체를, 후자는 그것으로 엮어진 복잡한 이야기를 의미한다——를 동일한 어휘로 표현하는 프랑스어의 약점으로 인해 더욱 부각된다. 그렇지만 프랑스어에서 이 두 의미가 한 어휘 속에 중첩됨으로 인해 역사학을 흔적들에 의해서만 결여된 부분을 채워 나가려 애쓰는 간접적인 인식 활동으로 정의하고 마는 현실에서 회피할 수 있는 이점도 있다.

  오랫동안 프랑스 역사가들은 방법론 탐색을 거듭해 왔지만 자발적으로 인식론 체계를 자신의 방법론에 전적으로 반영하는 데는 반대해 왔다. 그들은 역사철학과 관련하여 가장 조심스런 대목까지도 확증하는 일을 계속해 왔다. 앙투안 프로스트의 지적처럼 아날학파의 수장 격인 뤼시앵 페브르에 따르면 '철학하는 일'은 '중범죄'를 범하는 일에 해당한다. 19세기중 역사 연구의 전문화가 급진전하고, 뒤이어 20

세기의 상당 기간 동안 사회학과의 밀접한 연계로 인해 철학에 경도된 역사 사상의 역사를 탐구해 볼 여지가 없었다.

역사학이 확실한 부분들을 상당 부분 상실하고 터무니없이 불확실한 요소들을 거부한 이후, 이전에 다양한 방식의 역사학 접근을 모색했던 역사가들이 활용했던 관념들을 재고찰하는 반성적 노력이 경주되었고, 그 결과 역사 기술의 상황이 역사의 범주를 통찰했던 철학의 방향으로 상당히 변모하였다. 필자는 이 책에서 역사 체계를 제시하거나 역사학에 대한 철저한 검색을 시도하려는 의도를 전혀 갖고 있지 않다. 단지 철학자에 의한 역사학 강의와 역사가에 의한 역사철학 강의에 초대하려는 소박한 마음을 담고 있다.

현재의 상황은 밀접한 양 영역간의 새로운 결합을 시도하기에 유리한데, 왜냐하면 역사 서술 작업의 특이성을 의식하게 된 오늘날의 역사가들이 본질적으로 반성적인 전망 속에서 거울의 이면을 통찰하려는 성향을 갖게 되었기 때문이다. 그 결과 한편으로 전문 역사가가 이용한 개념이나 관념에 대한 지속적인 질문으로서의 역사인식론과, 다른 한편으로 과거 역사가들이 개진했던 분석들에 대한 역사서술학적 관심이 부각되어 범주적 변화 내지 새로운 설정이 불가피하게 되었다. 또한 역사가 본연의 임무에 부합되고 역사적 작용을 해당 상황의 주역인 인간의 활동으로 규정하는 이론적 틀 내지 공간이 나타나게 되었다.

특히 전후에도 계속 《펠리페 2세 시대의 지중해와 지중해 세계》를 통해 자신의 논지를 견지한 페르낭 브로델과 더불어 장기 지속의 현상에 가치를 부여한 역사가들은 인문학의 일정 영역들에 지대한 영향을 미친 현상의 반전을 주도하였다.(프랑수아 도스, 《의미의 제국. 인문학의 인문화》 참고) 발간한 지 80년이 지난 지금 《아날》지의 '회고와 비판'은 이러한 '실제적 전환'을 예시해 주고 있는데, (크리스티앙 들라크루아, 《회고, 시간의 영역》, 59-60-61호, p.86-111) 그에 따르면 역사가가 결국 오랫동안 빛에 가려 있던 행위자들을 진정 중심적인 존재로 바라보게 되었다는 것이다.(베르나르 르프티, 〈역사는 진정한 행위자인가?〉, 앞의 책, p.112-122 참고) 행위자에게 재차 의미를 부여하는 이러한 획기적 현상은 역사가에게는 시간의 재설정, 그리고 단기적 관점이나 처해진 상황 및 사건의 재조명을 필요로 한다.

역사학이 실용적인 분야로 전환되면서 역사학은 그간의 구조적 잠에서 깨어나게 되었다. 즉 중심적 위치가 갖는 의미를 재정립하고 행동에 대한 새로운 사회학적 범례를 따라 과거 행위자들의 행동의 임시적 모형들을 진지하게 고찰할 수 있게 되었다.(뤽 볼탄스키 · 로랑 테브노, 《정당화에 대하여》, Gallimard, 1991)

게다가 역사가인 피에르 노라가 명실상부한 '역사 서술의 전환'으로 규정한 대로, 일단의 역사가들은 과거의 사실 · 사람 · 상징을 통해 집단적 기억 속에 각인된 흔적이란 관점에서 사료를 재고찰하는 노력을 경주하였다. 현시대의 기억할 만한 이 순간에 역사적 전통에 대한 과소평가/재평가는 전적으로 다른 역사에 눈을 뜨게 해준다. 즉 "결정 요소들이 아닌 그것의 파급 효과, 기억되거나 기념된 행위가 아니라 이러한 행위의 흔적과 기념의 의미, 사건 자체가 아니라 그것이 시간의 경과와 더불어 이해되는 방식 내지 그 의미의 퇴색이나 재생, 과거 그대로의 과거가 아니라 그것의 영구적인 재활용, 그것의 이용과 오용, 계속된 현재에 대해 그것이 내포하는 의미, 전통이 아니라 그것이 구성되고 전수되는 방식"에 관심을 기울인다.(피에르 노라, 《기억의 장소》, t. 3, vol. 1. Gallimard) 이처럼 방대한 작업 환경은 한편으로 기억 변형의 역사, 다른 한편으로 철학자 폴 리쾨르가 경험된 시간과 우주적 시간 간의 가교로서 규정한 매개적 시간 내지 관념적인 대상이 될 수 있는 불확정적이면서도 동시에 상징적인 사실성을 밝히는 방향으로 작용한다. 따라서 기억에 대한 연구는 또한 과거의 행위자들을 진지하게 고려하도록 해야 한다.

우리 현대 사회의 계획이 부재하여 과거를 바라보는 현재적 시각이 긍정적 효과를 지니고 있지 못한 만큼 역사학은 현재의 요구에 맞추어 재사고할 필요가 있다. 결과적으로 등장할 새로운 역사적 성찰은 항시 변화의 가능성을 열어두어야 하며, 더 이상 폐쇄적인 완전한 사고 체계를 지향해선 안 된다. 행동의 논리 자체는 계속해서 가능성의 영역을 열어 놓는다. 이러한 성찰을 통해 역사가는 과거를 유연하게 다루어 현재의 잠재성을 재인식하려는 노력을 기울인다. 그렇게 될 때 역사학에 제 기능을 다하게 되며, 목적론적 시각의 해소를 통해 미래 세계를 재사고할 수 있는 기회가 출현한다.

우리가 차용한 역사서술적, 그리고 인식론적 우회 방식은 단일한 역사 논리 체계의 도식화에 따른 대가를 보다 잘 이해할 목적으로 역사 저술의 복합적 속성을 규명하고자 하는 이러한 의지에서 비롯된다. (장 클로드 뤼아노 보르발랑, 《오늘의 역사》, éd. Sciences Humaines, 1999 참고) 학문으로서의 역사학 인식에 필수적인 이러한 정지 작업을 통해 우리는 현재와 관련하여 항시 재질문해야 할 과거의 탐구되지 않은 잠재적 영역들에 주목하게 된다. 역사가들이 활용했던 개념이나 관념에 대한 질문은 역사 작용의 반성적 순간이라는 새로운 시대에 습관적인 방식이 아닌 단도직입적인 방식으로 개입하도록, 즉 역사학이 더 이상 과거를 우회하지 않도록 해준다.

이에 우리는 이중적 질문, 즉 역사가의 임무 자체인 역사 서술과 역사의 철학적 고찰이라는 질문 양자 모두를 포괄하는 역사 개념을 보다 잘 이해하기 위해 역사학의 과거를 재고찰해 보기로 하자. 우리의 접근은 철학적 질문을 자극하는 역사학의 본질적 개념에서 출발할 것이지만, 우리의 설명은 고대 그리스로부터 현재의 역사기술적 상황에 이르기까지 매 단계마다 역사가들의 임무 자체에 활력을 불어넣어 줄 것이다.

제 I 장

역사가: 진실의 주인

1. 헤로도토스: 역사의 탄생

특정 연구 방식으로서의 역사는 문학 장르의 한 곁가지로서 진실을 탐구할 목적으로 서서히 출현하였다. 오랫동안 거짓말쟁이로서 인식되어 온 인물인 헤로도토스는 기원전 5세기 그리스의 자신의 출생지에서 이미 널리 유포되었던 쓰기 작업을 구현한 인물로, 이러한 쓰기 전통에 있어서 새로운 장르인 역사의 출현이라는 획기적 기점을 마련하였다. 음유시인 그리고 전설과 kleos(영웅들에 대한 불멸의 영광)를 말하던 이야기꾼의 시대에 헤로도토스는 지금껏 알려지지 않은 인물에 의해 선도된 탐구(historiê) 작업, 즉 인간 활동의 흔적 소멸을 지연시키는 작업을 행하였다. 두 가지 측면에서 그것은 죽어 있는 요소들을 끄집어 내어 이것들을 사회화하는 작업에 해당한다. "할리카르나소스 출신의 헤로도토스는 그리스인과 페르시아인의 위대한 업적이 망각되지 않도록 하기 위해 여기에 탐구 결과를 제시하고자 한다."(헤로도토스, 《역사》 1권, 서문, Les Belles Lettres, 1970)

키케로가 '역사의 아버지'로 지칭한 이 인물은 두 가지의 커다란 충돌——기원전 484년경부터 420년경까지의 페르시아 전쟁과 펠로폰네소스 전쟁——을 경험한 이오니아 지방 할리카르나소스 출신의 그리스인이었다. 9권으로 구성된 《역사》 중 3분의 2는 앞선 페르시아 전쟁을 다루고 있다. 종전의 이야기 방식과는 다르게 객관성을 확립한 헤로도토스 저술의 서문에는 본명과 제삼자의 이름을 적시하는 이중의 용례가 나타난다. 시대별 차이는 있지만 이제 과거를 이야기하는 주체가 더 이상 신이나 시인들이 아니게 된다. "헤로도토스로부터 역사, 즉 탐구가 시작된다."(같은 책)

헤로도토스는 역사 장르의 출현을 허용하는 일련의 결정적 전환 작업에 착수하며 혁신을 이루었다. 결과적으로 사람들이 공과를 세운 소수의 인물만을 기념하는 단계를 넘어섰다. 즉 영웅들이 아니라 도시 공동체에 포함된 집단적인 사람들에 가치를 부여하고 영광을 기리면서 사람들이 실현한 것을 기억하는 과정을 통해 그러한 업적의 기억을 보존하게 되었다.(프랑수아 샤틀레, 《역사의 탄생》, 2 v., 10/18, 1962)

폴리스

도시민의 정체성의 근원으로 작용한 정치 의식이 출현함에 따라 문화 유산을 다음 세대로 전수하려는 실용적인 전망과 노력을 통해 호메로스의 전설이 역사 영역으로 전환할 수 있게 되었다. 역사의 출현을 가능케 한 대전환은 도시 공동체인 폴리스의 확립이 계기로 작용하였다. 결과적으로 서사시적 담화에서 정치적 실체로 관심을 이전시킨 요인은 정치 의식이었다. 호메로스로부터 헤로도토스로의 전환은 또한 탐구로서의 역사가 차지하는 지위로 인해 세속화의 시발을 획증해 주는 것이기도 하였다. 이야기의 주체로서의 역사가는 시인과 영웅을 대체하게 되었다. 진실의 주인은 더 이상 역사의 행위자가 아닌 부재자가 되었다.(미셸 드 세르토, 《역사의 부재》, Mame, 1973) 역사가는 이러한 지위를 차지하게 되어, 이야기를 전개하는 화자로서 '그(il)'라는 개념을 통해 검증된 객관적 거리를 유지하는 방식으로 담론을 개진한다. 이것은 사건의 전개 국면과 독자의 예상된 시각 간의 긴장이 작용하는 텍스트 안에서 과거의 이야기와 현재 간의 대화 구조를 조성한다.(프랑수아 하르토흐, 《헤로도토스 회상》, Gallimard, 1980) 양자 사이에서 역사 서술의 영역이 존재한다. 즉 과거가 현재 속에 배치되는 역사성의 영역이 생긴다. "그것은 동시에 현실로서 작용하는 참고 언어가 되거나 인식이라는 이름으로 판단을 내릴 수 있는 인용 내지 과정에 따라 구축된다."(미셸 드 세르토, 《역사 서술》, Gallimard, 1975, p.111)

따라서 헤로도토스의 《역사》는 역사가가 스스로의 정체성 탐구를 중단하지 않는 모범적 사례 역할을 한다. 헤로도토스가 당대 사회에서 인간화의 뿌리, 즉 인간이 지각할 수 있는 시간성에 참여하는 양상——반면 신화나 전설은 탈시간적이고 순환적이다——을 발견한 것은 바로 이 영역에서였다. 헤로도토스가 그리스인과 페르시아인의 페르시아 전쟁에 대해 기술했을 때, 그는 그리스 폴리스의 현실적 집단성에 근저한 자부심에 감명받았다. 그는 야만족의 침입으로부터 페르시아 전쟁의 구체적인 세목들에 이르기까지 자신의 나라 전역을 엄습한 드라마의 심원한 원인을 규명하고자 하였다. 헤로도토스는 이야기의 진실성——역사 논설의 뚜렷한 표식인——을 증명함에 있어서 고대 이오니아 세계만의 특권적 인식 도구인 살펴보기 내지 주시하기에 주목하고 이를 활용하였다. "우리는 그 어느것보다 보기를 선호할 것이다. 그 이유는 보는 것이 어떤 의미로나 가장 뚜렷한 차이를 드러내는 가장 확실한 인식 획득 방법이기 때문이다."(아리스토텔레스, 《형이상학》, 980 a 25)

서술 활동의 시작

결과적으로 역사 이야기는 쓰기보다 감각과 구전에 우선성을 부여하는 방향으로 진행된다. 보는 것이 불가능할 때는 듣는 것, 즉 구전에 의존하지 않을 수 없다. 당시는 쓰기의 중요성이 현저히 저평가된 시기였다. 당대에 쓰기가 전제 군주 본유의 후견적 지위를 향유한 지역은 이집트였다. 쓰기 전통은 태동하기 시작한 민주정과는 이질적인 야만족 세계의 속성이었다. 진실은, 신탁은 아니더라도 구전의 곁에 자리한다. 음유시인과 역사가 간에 단절은 전혀 없으며, 헤로도토스는 음유시인과 마찬가지로 즐거움을 주는 모든 수사적 기법을 동원하여 대중을 상대로 자신의 이야기를 털어놓는다.

헤로도토스는 1913년 자코비가 자신의 주제 탐구를 위해 행했던 것처럼, 진정한 역사가가 되기 이전 지리학자와 민속학자로서 특정 사실들을 탐색할 목적으로 보다 빈번히 여행하였다.

이러한 분석을 재확인하기 위해 지리학자인 이브 라코스트는 1976년 지리정치학이라는 새로운 영역에 대해 방대한 연구를 개시하였는데, 그는 헤로도토스를 이 학문의 아버지로 간주하였다. 헤로도토스의 저술 내부에서 인식론적 전환을 발견하려는 이러한 탐구는 최근 역사가인 프랑수아 하르토흐의 주장에 의해 입지가 약화되는 모습이다.(프랑수아 하르토흐, 《헤로도토스의 회상》, 앞의 책) 그에 따르면 헤로도토스는 페르시아 전쟁이건 페리클레스의 전략에 관한 것이건 사실상 그리스 시민들과 연관된 스키타이인의 관습을 언급하는 방식으로 스키타이인들에 대한 상세한 묘사를 포함하는 포괄적 계획을 마련하고 있었다.

그것은 진실과 관련하여 역사가가 사료에 제기하는 질문의 전환을 초래한다. 그것은 더 이상 다리우스 대왕이 스키타이인들을 상대로 벌인 원정의 진실을 아는 문제가 아니라, 스키타이인들이 어떻게 스키타이 전투가 앞으로 다가올 페르시아 전쟁을 예고하고 있는지를 살펴보는 문제와 관련된다. 헤로도토스의 저술에 내포된 당대의 두 가지 계획을 살펴보면 스키타이 전투 이후에 이루어진 페르시아 전쟁에 대한 보다 이해하기 쉬운 모형 분석으로부터 스키타이 전투에 대한 논의 전개가 가능하다. 하르토흐는 또한 스키타이인의 페르시아인에 대한 입장이 아테네인의 입장과 동일하였고, 보스포루스 해협의 다리 쪽을 통한 다리우스의 패주가 헬레스폰트 해협 방향으로 이루어진 크세르크세스의 패주 사건을 예고한다고 보았다. 게다가 이 두 원정간의 연속성은 왕의 고문이자 다리우스의 형제이며 크세르크세스의 삼촌으로서 왕의 비망록을 기록했던 아르타바누스에 의해 확증된다. 크세르크세스가 대그리스 공격을 제안하기 위해 페르시아의 주요 참모 부족장들을 소집했을 때, 아르타바누스는 재침 계획에 대항하여 과거 스키타이 전투를 환기시키고 위대한 왕들의 권리를 비난하는 것처럼 보이는 주장을 펴며 이에 반대했던 유일한 인물이었다.

페르시아 대군을 맞이한 스키타이군이 그리스군이며 분별력을 갖춘 군대라는 관점은 마르셀 데티엔과 장 피에르 베르낭에 의해 분석된 바 있다.(《지성의 간계. 그리스의 혼혈아》, Flammarion, 1974) 수렵꾼이고 유목민인 스키타이인들은 페르시아군에 의해 추적되는 상황에 몰리게 되는데, 이들은 의도적으로 자신들이 익숙한 공간으로 페르시아군을 유도하기 위해 이런 상황을 초래하였다. 이러한 전략은 피티아[그리스의 영매(靈媒)]가 아테네인들에게 크세르크세스와 전면전을 벌이지 말도록 조언한 대목을 상기시켜 준다.

자신의 적절한 한계를 보다 잘 인식하기 위해 다른 방식으로 우회하는 스키타이인들의 대응 방식에 대한 이러한 증거는 또한 전제 군주 제에 대항하는 그리스 폴리스에 가치를 부여하는 정상적인 판단을 통해 확증된다. 그것은 민주정 체제하의 국가의 기초로서 보통법이 지배하는 그리스 폴리스의 정상적(diké) 모형과 키루스·캄비세스 이후 다리우스와 크세르크세스 같은 전제 군주들이 자의적으로 지배하는 페르시아 체제의 오만한(démesure) 모형을 대비시킨다.

이러한 분석 방식은 양 체제를 인종적이거나 신체적인 특성보다는 정치 조직의 유형에 따라 대비한다는 면에서 혁신적이다. 전제 군주가 정치 권력을 독점하는 체제는 전의와 성욕 등 비정상적인 성향을 자극하도록 이끌었다. 하지만 그의 소망은 결코 충족되지 않고, 오만이 그의 법이 된다. 전제 군주는 결코 사회 규범이나 준수 사항을 위반해도 이를 제지할 방도가 없다. 크세르크세스는 심지어 아들의 아내를 취하고자 하였다. 이 사실은 그가 자신의 뜻대로 백성들을 체벌하거나 죽일 수 있음을 의미한다. 동시에 정치 권력은 왕의 육신이 약화될 때에도 보호받는다. 스키타이 왕이 병에 걸렸을 때 점쟁이가 불려오며, 만약 질병이 거짓 맹세로 인해 발생되었다고 여겨질 경우 적을 처리하는 것과 동일한 방식으로 그의 머리가 절단당한다.

따라서 오랫동안 적절치 못한 민속학적 연구로 간주되어 온 저술이 오히려 정복욕과 이에 저항할 수단을 보다 잘 반영해 주는 작품으로 전도된다. 파스칼 파앵이 지적한 대로, 헤로도토스에게는 포악하고 거대한 세력에 직면한 대응 자체가 유목민의 그리고 섬사람의 속성을 지닌 것이었다.(《유목 지대》, EHESS, 1977) 정복은 그가 배열하고자 하는 영역 못지않게 시간성과 관련하여 이야기식 연대기의 서술을 자극한다. 섬사람의 전략은 저항의 형태로서는 가장 효율적이며, 이 영역은 스스로의 리듬을 탐과 동시에 시간의 변조를 제한하지 않는다.

헤로도토스는 오랫동안 단순한 거짓말쟁이 이야기꾼으로 간주되어 왔다. 역사 기술의 전통은 특히 기원 1세기에 플루타르코스로부터 통박을 당한다. 그는 헤로도토스가 거짓말쟁이, 그것도 사악한 거짓말쟁이라는 주제로 헤로도토스의 악의성에 대해 이야기한다. 플루타르코스는 그리스 역사가의 문체를 칭찬하는 듯하지만, 이런 주장을 통해 헤로도토스를 진실에 위배된 인물로 거부하며 그의 신화적 설명을 강도 있게 비판한다. 헤로도토스가 이런 연옥 상태에서 벗어나게 된 것은 1566년 앙리 에스티엔이 헤로도토스를 위한 진정한 변명을 위해 그에게 헌정한 저술을 통해서였다. 근대초 새로운 세계의 발견과 이질적인 존재에 대한 취향 및 여행의 폭발적 증가는 헤로도토스를 수용하는 데 이로운 방향으로 작용하였다. 19세기중에 구전 자료에 대한 회의적 시각이 대두되어 헤로도토스가 비판받은 이후 오늘날 프랑수아 하르토흐가 행한 논증은 역사의 아버지, 즉 진실의 아버지임과 동시에 거짓말쟁이의 아버지라는 명백히 모순적인 두 가지 특질의 타당성을 이해하는 방향으로 되돌아가게 해주고 있다. 즉 이 문제가 사실과 허구 간의 긴장을 두고 역사적 설명이 갖는 양면성의 문제로 귀속된다.

2. 투키디데스 혹은 진실의 주술

헤로도토스 저술의 부적격성

투키디데스는 어린 시절 헤로도토스가 올림피아에서 사람들에게 자신의 《역사》에 대해 이야기하는 장면을 목격한 사실을 전해 주고 있다. 당시 그는 상당히 감동받을 정도로 경탄을 금치 못했다. 이러한 찬탄에도 불구하고 한 세대 뒤 이 아들은 아버지를 비판하였고, 헤로도토스는 그의 이야기가 거의 전설에 가까우며 진실의 확립이라는 엄격한 규범으로부터 지나치게 멀리 떨어져 나갔다는 비난을 가한 제자 투키디데스로부터 거의 직접적인 부적격의 판정을 받았다. 헤로도토스는 또한 부족한 자료를 보충하기 위해 신속히 이야기를 꾸며내는 거짓말쟁이라고 비판받았다. 역사의 아버지인 그가 동시에 거짓말의 아버지가 되었다. 이러한 비난은 거짓말과 진실이라는 모순어법의 측면에서 역설적으로 보인다. 하지만 역사가인 하르토흐는 역사와 허구 간에 용해 불가능한 관계 요소들이 풍부히 양립할 수 있다는 점을 지적한다. 그렇지만 투키디데스는 역사를 명확히 분리 가능한 것으로 만들려는 시도를 행하고, 헤로도토스의 저술을 "진실이라기보다는 청중의 환대를 위한 도저히 신뢰할 수 없는 신화에 바탕을 둔 통제 불가능한 사실들과 관계시키는" 산문 작가의 작품과 다를 바 없는 것으로 폄하하였다.(투키디데스, 《펠로폰네소스 전쟁사》, Préface, trad. J. de Romilly,

Belles Lettres, 1991) 투키디데스는 헤로도토스가 신화 작가이며, 자신은 법정 심문과 유사한 역사적 탐구를 통해 진실을 탐색하는 면에서 헤로도토스와 구분된다고 보았다. 진실은 역사가의 존재 이유여야 하고, 투키디데스는 따라야 할 방법의 여러 규준을 설명한다. "명백한 증거 혹은 정보에 대해 세심하고 완벽한 비판에 근거해서만 이야기한다."(같은 책) 《펠로폰네소스 전쟁사》의 서문 첫 글은 역사적 사실의 객관화를 추구하려는 심정을 담고 있다. "아테네의 투키디데스, 《펠로폰네소스 전쟁사》. 작가는 전쟁의 첫 징후로부터 이야기를 시작한다." (같은 책)

탐구 영역을 자신이 인식할 수 있는 대상으로 한정한 투키디데스는 역사 기술 작업을, 서술자가 사실을 제대로 전달하기 위해 자신의 관점을 제거하며 현재의 입장에서 사실을 복원하는 일에 국한시킨다. 결과적으로 역사 장르의 출현 과정을 보면, 사실이 스스로 말한다는 측면에서 역사가가 서술할 때에 자신의 관점을 자동으로 소거한다는 환상이 작용하게 된다. 역사가는 순수한 전달 도구로서의 기능을 행할 뿐이지 역사 서술 대상의 이야기 구성에서 입지가 배제된다. 이러한 서술 방식은 헬레니즘 시대의 역사가인 니콜 로로에 의해, 호메로스나 헤로도토스 등 선임자들의 업적을 배제한 다음 불변의 진실을 확립한다는 명목으로 역사가 자신의 권위를 확립하려는 권위적 행위로 신랄하게 비판받았다. 그렇게 되면 역사가가 미래 세대로 하여금 관계 사실을 알지 못하게 하면서 자신의 것과는 궁극적으로 상이한 관점을 무효화하는 결과가 초래된다.(니콜 로로, 〈투키디데스는 펠로폰네소스 전쟁사를 기술하였다〉, 《메티스》, v. I. 1, 1986, p.139-161) 니콜 로로처럼 연구의 최소한의 준칙, 즉 궁극적인 규범에 따라 자료를 입증하는 방법을 준수하지 않았다는 이유로 투키디데스를 비난하는 것은 과장된 면이 있지만, 그럼에도 불구하고 오랫동안 역사가들의 심중에 널리 심어질 환상, 즉 역사 작업을 완수했다는 환상을 깨뜨린다는 점에서 적절한 일이다.

역사의 교훈

이번의 연구 대상도 전쟁, 즉 아테네와 스파르타가 대적한 펠로폰 네소스 전쟁이었다. 투키디데스는 자신의 정치적 경력을 망가뜨린 사건의 진상을 밝히기 위해 역사가의 임무를 떠맡았다. 사실 기원전 424 년 아테네의 장군으로 선출된 투키디데스는 스파르타의 장군 브라시 다스와 맞닥뜨리게 되었고, 결국 전쟁중 고발당했으며, 전쟁――이 전쟁은 양 연합군, 하나는 아테네 해상 연합군, 다른 하나는 스파르타 육상 연합군을 지휘했던 두 폴리스간의 전쟁이었다――이 끝날 때까지 망명의 길을 떠났다. 당대인들은 이 전투를 양 연합 세력간의 충돌로 인식하지 않았을지라도 이 투쟁에는 5세기말까지 그리스 전체 폴리스들이 참여하였다. 당대인들은 이 투쟁을 431-421년의 아르키다 모스 전투과 함께 시작하고, 415-413년의 시칠리아 전투에 이어지며, 414-404년의 본격적인 펠로폰네소스 전쟁으로 끝맺는 것으로 보았다. 투키디데스에 따르면 이 충돌은 예견된 것이었다. 그것이 불가피했던 이유는 배후에 2개의 정치 체제가 위험 수위 이상으로 적대하고 있었기 때문이다. 한편에는 아고라에 바탕을 둔 개방 체제인 아테네의 민주정이, 다른 한편에는 군사 활동이 중심이 된 스파르타 체제가 있었다. 헤로도토스와 마찬가지로 그에게도 역사는 인간의 문제였고, 따라서 그 기원을 인간 심리의 심연에서 찾았다. 사건들은 가장 깊게 뿌리박힌 심리적 동력을 분출하게 되는데, 이러한 잠재성은 그 심리를 변화시킨 충격에 드물게만 저항한다. 그리되면 명예욕은 야망으로, 합법적 지배욕은 폭정의 탐욕으로, 영웅주의는 폭력으로, 섭리는 위선으로 변질된다. "전쟁은 일상의 편이를 사라지게 하고, 폭력을 야기하며, 대중이 잔혹한 열정을 갖도록 이끈다."(《펠로폰네소스 전쟁사》, III, 82) 이러한 열정은 사건을 역사적 형태로 변형시키는 정치에 내재한다. 투키디데스의 최종 결정은 아테네 내부의 정치적 결정이었다. 여기서 개인과 폴리스 간의 관계는 매우 각별하여 전자는 후자 안에서만 자신의 뜻을 실현할 수 있다. 결과적으로 투키디데스는 자신의 역사 저술에 정치적인 방식으로 현학자적 취향을 드러내며 이런 방식으로 먼 장래에 끼칠 기능, 즉 역사의 교훈을 규정한다. 투키디데스는 미래 세대를 위해 자신이 아테네 제국에 대해 논의했던 쇠퇴에 관한 정보를 제공하며, 자신의 저술을 문학 활동의 흥미 유발적 성격과 상이한 것으로 간주하였다. "여러분이 여기서 발견하는 것은 청중을 일시적으로 즐겁게 하기 위해 만든 하찮은 작품이 아니라 불멸의 작품이다."(같은 책, I, 22) 그럴 경우 역사가는 그의 진단 능력을 연구 대상에 대해 적용하는 진정한 의사가 되는 셈이다.

역사 인식은 목격에서 비롯된다

투키디데스는 아테네 제국의 쇠퇴 이유를 탐색하면서 헤로도토스와 마찬가지로 눈으로 목격한 것을 사실의 원천으로 간주했지만 헤로도토스와는 다르게 모든 간접적인 자료, 즉 '들은 것을 말하는' 것을 제외하였다. 그럴 경우 역사 인식은 배타적으로 목격한 것만을 대상으로 삼는다. 그는 역사가가 탐구 영역을 자신의 동시대와 그가 위치한 장소로 국한하는 것을 비난하였다. 투키디데스가 진실을 추종하겠다는 자신의 결의와 더불어 남겨 놓은 유산은 실제의 이야기에 활기를 불어넣어 줄 논증의 욕구와 더불어 역사가라는 직업의 핵심에 놓인다. 그 결과 아테네 제국주의의 논리는 군사적 충돌의 명백한 혼돈 이면에서 발견되는 궁극적 요소를 조명하는 역사 강좌의 진정한 정규적 원리가 되었다.

투키디데스는 아테네의 권력을 거대한 예외 내지 모방이 불가능한 모형으로 간주했으며, 그런 만큼 이를 영원히 동일한 일을 되풀이하는 시시포스와 같은 실패의 사례로 간주하였다. 아테네의 해양 제국주의는 라케다이몬이라는 스파르타 중시의 육상 동맹에 적대하는 전쟁을 치르게 하는 근원이다. '아테네인들'로 지목된 집단적 의지를 역사의 동인으로 작용한, 심원한 원인 내지 규제 원리로 보는 투키디데스는 원인·사실·결과의 삼각적인 냉엄한 논리를 세우며 역사 서술 계획에 임한다.

실제의 이야기 이면에서 투키디데스는 네 가지의 통일성 규준을 마련하여 제반 사건들이 혼돈에 빠지지 않도록 노력을 기울인다. 이 네 가지는 넓은 의미의 그리스 세계라는 장소의 통일성, 아테네와 스파르타 간 투쟁의 지속 기간이라는 시간의 통일성, 구성상의 통일성, 전쟁이라는 문제의 통일성이다. 이러한 일련의 것들은 우연을 회피하고 인간이 내린 결정의 심리적 측면을 우선시하려는 의도를 담고 있다. 그는 의지와 추론의 충격을 부각시킨다. 결과적으로 초래되는 사건들은 행위자들이 인지한 그대로 묘사된다. 그것들은 특이한 모습으로 드러나지만, 또한 나아가 보다 포괄적인 범주의 속성을 띠고서 심원하고 장기적인 추세를 지향하는 세력이나 조건의 영역 위에 새겨진다.

투키디데스가 심리적 연계망을 파악하기 위해 가장 빈번히 사용한 절차는 두 가지 적대적 의도의 충격을 교체하는 것이었다. "투키디데스의 역사는 행동 면에서 비논리적이다."(자크린 드 로밀리, 《투키디데스에서 엿보이는 역사와 이성》, Les Belles Lettres, 1956, p.54) 전투는 일차적으로 대립적인 논설의 주창에 바탕을 둔다. 마찬가지로 나우팍토스 전투의 경우 크네모스와 브라시다스라는 2명의 스파르타 장군은 해군과의 전투 경험 부족이 주로 인원 못지않게 용기의 우위에 의해 보완될 수 있다고 설명하면서 군의 사기를 북돋우려 하였다. 다른 한편 아테네의 장군 포르미온 역시 군의 사기 저하를 염려하여 스파르타군이 수적으로 훨씬 우세한 경우에는 "그들이 감히 동등한 수의 군대로 공격하지 못하고 그토록 많은 군을 동원한 것은 그들의 열등감 때문이다"라고 설명하며 숫자 논의를 일축하려 애썼으며(투키디네스, 같은 책, II, LXXXIX) 동시에 포르미온은 아테네군의 해양 전투 경험을 부각시켰다. 따라서 적대의 첫번째 국면은 순수히 논쟁적이며 전략적인 측면에서 정전과 전투가 전개된다. 전투의 결말 부분에서는 처음에 포르미온의 위용에 놀란 펠로폰네소스인들이 겁을 먹고 흩어졌다고 생각할 이유가 제시된다. 따라서 투키디데스가 자신의 특정 입장에서 이 전쟁과 관련하여 주장한 역사가적 논점을 파악하고 실질적인 식별력을 획득하는 일이 무엇보다 중요하다.

역사가의 논설은 이 단계에서 현저히 논쟁적 수사라는 특징을 지닌다. 투키디데스는 모든 질문에 대한 두 가지 대립적인 논점들이 동일하게 타당성이 있고, 사고의 변증법이 양자의 대립에서 비롯된다고 보는 피타고라스의 인식을 공유한다. 이러한 자가당착적 논리들은 아테네군의 수적 열세가, 아테네인들이 이런 조건하에서 공격하기 위해서는 스스로 확고한 자신감을 가져야 한다고 하는 관점에서, 펠로폰네소스인들을 오싹하게 만들었던 나우팍토스 전투의 경우처럼 자기의 본래 영역과는 현저히 모순되는 방향으로 나아간다. 결과적으로 이해의 조건으로서의 그리스 철학, 그리고 대립되는 관점의 표출이라는 민주정적 모형 간에 자가당착적 논리가 나타난다. "대립되는 양 논설간의 관계가 진실을 유발할 수 있다."(자클린 드 로밀리, 앞의 책, p.223)

투키디데스는 역사 이야기를 통해 아테네의 위력에 감탄했지만, 동시에 아테네 제국을 예외로서 그리고 지속적인 군사 활동 면에서 비난받을 존재로서 간주하였다. 그가 극복하고자 하는 마음으로 실패한 사건에 대해 갖는 이러한 극적인 사고방식은 폴리스들의 몰락과 보다 광범위한 정치 공동체가 출현하는 5세기말의 심성 상태에 부응하는 것이었다. 이 당시 정치 상황을 규정하면서 그리스의 실패 다음으로는 범헬레니즘의 실패를 발견하려는 사람들이 발견된다. 변화무쌍한 당대 세계에서 또 하나의 주목할 관점은 실용적 지혜의 탐색과 새로운 윤리의 규정을 모색하는 철학적 관점이었다. 당대 철학자들은 공적인 삶에서 떠나 행동의 원리를 재확립하려는 마음을 지니고 있었다. 예컨대 플라톤은 힘과 정의 간의 대립을 추구한 투키디데스의 결론을 토대삼아 철학 저술 작업을 시작하였고, 또한 그 또래의 알키비아데스처럼 공적인 삶에 회의주의적인 젊은이들이 소크라테스의 훈육을 받았었다. "너는 선이 무엇인지 아느냐?"라고 소크라테스는 묻는다.(자클린 드 로밀리, 《투키디데스와 아테네 제국주의》에서 인용된 플라톤, 앞의 책, conclusion)

3. 고증

  15세기와 16세기에 르네상스는 역사와 문학에서 고대의 단절성을 부각시켰다. 총체적 역사 기술 계획이나, 문학적 요소 이외의 다른 속성을 지닌 새로운 자료와의 접촉을 통해 역사의 보조 학문이 될 새로운 방법론이 개진되었다.(조르주 위페르, 《완벽한 역사의 이념》, Flam-marion, 1973) 정치적 그리고 국민적 확신을 키우고 프랑스 국가의 고대성과 기원에 대한 호기심을 만족시키려는 노력이 경주되었다. 특히 귀족들이 이에 대한 관심을 기울였다. 1540년부터 1584년까지 활약한 3백87명의 작가 중 1백78명이 행정관, 관리, 판사 내지 파리 의회의 구성원이었다. 기욤 뷔데와 상당수의 판사들은 탁월한 방식으로 과거에 대한 인식을 혁신하면서 권리나 돈과 같은 사회의 구체적 요소에 대한 분석 못지않게 철학적 고찰의 진전에 기여하였다. 르네상스의 정신을 매혹시킨 고대를 향한 역사적 흥미는 고고학·고전학(古錢學)의 발전을 유도하고, 특히 자크 퀴자스나 프랑수아 오트망과 같은 법률가 집단 사이에서 개혁적인 흐름의 생기를 초래하였다. 역사의 새로운 생산자이자 소비자인 이러한 상류층은 자료에 대한 비판적 방법론을 활용하였다. 인문주의는 고전으로의 복귀, 그리스와 로마 역사가들의 저술에 대한 호기심을 유발하였다. 1559년에 프랑스어로 번역된 《플루타르크 영웅전》의 엄청난 성공이 이러한 열광을 설명해 준다. 20년 후 몽테뉴는 《수상록》에서 이 저서가 '귀부인들의 애독서'이고, "나의 이상형은 플루타르코스이다"라고 고백한다.

로렌초 발라의 역할

진실의 역사에서 결정적인 대사건은 로렌초 발라가 콘스탄티누스 기진장의 위조 사실을 증명하는 데 성공한 사실이다. 교황과 황제 간의 권력 분할을 다룬 이 중요 문서는 콘스탄티누스 대제가 교황 실베스테르 1세에게 로마와 이탈리아의 소유권을 증여하고, 서구 그리스도교 세계에 대한 교황의 세속적 권리를 인정한 사실을 담고 있다. 이 문서의 위조를 증명하기 위해서는 촌철과도 같은 비판적 방법론을 필요로 하였다. 언어학자인 발라는 라틴어의 역사적 변천에 따른 문법 체계의 양태를 연구한 학자이다. 그는 1440년 나폴리 왕인 알폰소의 궁정에서 그의 보호를 받으며 콘스탄티누스 기진장에 대한 비판 작업을 벌였다.

중세에는 진정성이 권위 당국자의 인정에 의해 확립되었다는 점을 고려할 때 발라가 이룬 업적이 획기적임을 알 수 있다. 발라는 위 기진장의 실체를 증명함으로써 지고한 교황의 권위를 문제삼았다. 그는 첫 페이지부터 논박의 의도를 숨기지 않았다. "나는 더 이상 죽은 자들이 아니라 살아 있는 자, 사적 권위가 아니라 공적인 권위를 상대로 써나가고자 한다. 그런데 어떤 권위에 대항해서인가? 세속 왕의 검뿐 아니라 최고 성직자의 정신적인 검을 찬, 즉 어떤 제후의 방패로도 막을 수 없는, 파문과 저주를 일삼는 교황에 대항해서이다."(블랑딘 바레크리에젤,《고전기 역사》에서 인용, v. 2, PUF, 1988, p.34) 당시에는 이러한 공격성이 너무 위험하여 그의 연구 성과가 생전에 출간되지 못하고 1517년에야 빛을 보게 되었다.

발라의 고발은 사료에 대한 고증적 비판에 근거를 두었다. 그것은 신정 정치의 전통을 비난한 결과가 되는데, 그는 황제가 자신의 세습 재산을 자의적으로 처분하는 일이 비논리적이라고 여겼다. 게다가 이러한 세속적 권리의 행사가 복음서의 원리와도 모순된다고 생각했다. 교황이 자신에게 부여된 세속적 권리를 수용하는 것은 "나의 왕국은 이 세상에 있지 않다"는 성경 말씀과 배치된다. 그는 이러한 비논리성을 환기시키는 것으로 그치지 않는다. 그가 역사의 진실 규명을 자극하고 급변화시킨 역사 서술상의 대전환은 기진장의 위조를 증명하기 위해 그가 동원한 수단과 교황에 의해 합법성을 인정받은 텍스트를 공격한 대담성 덕에 이루어졌다.

발라는 문명과 라틴어에 대한 탁월한 식견 덕택에 언어학적 오류, 위조서에 나타난 '조잡함'과 역사적 시대착오성을 밝혀낼 수 있었다. 그는 확신을 갖고 이 증서가 "콘스탄티누스 시대가 아니라 그보다 훨씬 뒤에 작성된 것임을 증명할 수 있었다."(블랑딘 바레 크리에젤, 앞의 책에서 인용, p.37) 이로써 발라는 16세기와 17세기의 고증학의 비약적 발전을 가능하게 하였다. 역사언어학은 역사가 겸 골동품 연구가의 활동, 제도권의 후원을 입지 않고 교회와 국가 정치의 논리적 귀결에 저촉받지 않는 활동을 가능하게 해주었다. 덧붙여 발라의 업적은 교회법 텍스트들에 대한 가능한 논박의 길을 열고 당시까지는 논쟁의 대상에서 제외된 성서적 텍스트들에 대한 해석상의 논쟁을 자극했으며, 이는 16세기에 종교 분열을 촉발하는 방향으로 작용하였다.

이미 중세에도 진정한 텍스트들과 위서들 간에 구분법이 있었지만, 인문주의자의 고증은 이러한 구분에 또 다른 차원을 제공하였다. 베르나르 게네에 따르면, "중세의 역사가들은 증거들을 비판하지 않는다. 그들은 증거들을 드러내 놓을 뿐이다."(베르나르 게네, 《중세 서구의 역사 문화사》, Aubier, 1980, p.134) 중세에 역사가들이 사료를 분류하고 문서의 진정성을 담보하기 위해 행한 비판은 그것 자체를 '전거'로서 제시하는 결과를 초래했다. 하지만 이러한 방식은 그가 믿도록 강요된 권위에 구속될 수밖에 없게 한다. 권위 당국에 의해 '진정한' 것으로 간주된 문서와 권위 당국에 이롭지 않은 '거짓된' 문서가 대비된다. 원래 진실 탐구를 본연의 임무로 삼은 역사가들은 궁정과 도시들의 권리에 부합하는 방향으로 기술하곤 하였다.

권리/지식

당시에는 권리와 지식 간의 관계가 긴밀하였고, 공식적인 것 이외의 역사는 존재하지 않았다. 역사가인 리고르가 1200년경 생드니 수도원장의 요청에 따라 존엄왕 필리프의 역사를 기술했을 때, 그는 이를 발간 전에 "그것이 왕의 권위에 부합하고 공적 기념비가 되도록 하기 위해"(베르나르 게네, 앞의 책, p.137에서 인용) 왕에게 먼저 제시해야 하였다. 리고르의 《존엄왕 필리프의 업적》이 13세기부터 15세기에 걸쳐 역사의 가장 권위 있는 전거로 집대성된 《대프랑스 연대기》에 병합된 것도 일단 그것이 정치 권력의 시혜를 받았기 때문에 가능하였다. 그렇지만 진실의 표현에 내포된 미묘한 제약에도 불구하고 역사가들은 중세말에 "이야기식 자료들과 공문서 간에 구분을 짓기 시작했는데, 후자는 그들에게 진실을 표명하기에 보다 적절하고 확실한 것으로 여겨졌다." 표현은 veritas historiae, regular veritatis, veritas rerum, verax historicus, veritas gestarum, integra renum veritas 등 다양한 형태로 나타났다. 이러한 표현들은 진실을 말해야 하는 자신의 임무를 인지하고 있지만, 한편으로 확립된 권리의 혜택을 포기하고 싶지 않은 역사가들의 곤경을 잘 드러내 준다. 기욤 드 티르는 12세기에 다음과 같이 쓰고 있다. "만약 진실 숨기기가 작가의 자격을 박탈할 정도로 엄중한 것이라면, 거짓을 사실로 둔갑시키고 진실을 결여한 이야기를 쉽게 믿는 후손들에게 이를 전수하려 하는 행위의 잘못은 훨씬 더 엄중하다. 하지만 다른 한편 진실을 말하는 것이 최악의 상태로 이끌 수도 있기에 아무도 공개적으로 역사적 논설을 보증해 주는 권위나 익명의 진술을 비난할 수는 없다." 멜스버리의 윌리엄이 왕의 역사를 기술하는 사람들은 난파의 위험이 있는 '망망대해'에 놓여 있다고 주장한 것도 마찬가지 논리이다.

그렇다면 발라가 가장 강력한 권위인 교황청을 공격했을 때 어떤 점에서 역사 서술상의 진정한 혁명을 이루었는지를 측정해 보지 않을 수 없다. 그는 결과적으로 권위에 입각한 진정성, 입증된 것에 근거한 권위를 대체하는 데 성공하고 지금껏 권력의 비호하에 있던 다량의 고문서를 더 이상 무조건 인정하지 않는 새로운 정당성의 수평자 덕택에 무한한 탐구 영역을 열어 놓았다. 이러한 발견의 효과는 법률적 · 신학적인 이중적 측면에서 현저히 드러나게 되었는데, 왜냐하면 교회의 영역에 속한 텍스트의 재검증은 지금껏 논쟁의 대상에서 제외되어 온 신성한 책들에 대한 논의를 가능하게 해주었기 때문이다.

4. 공문서 출현

혁신의 장소: 생모르

역사적 맥락의 고찰 대상이 되는 텍스트 문서에 대한 과학적 연구는 앞으로 도래할 고증적 연구의 필수적인 예고에 해당한다. '역사-골동품 연구'에 특징적인 역사 저술 형태가 발전하고 17세기에는 사료 비판의 규범이 마련된다. 혁신의 장소는 생모르 베네딕트 수도원이었다. 루이 13세의 후원으로 1618년 창립된 이 수도원에서는 당시 수도사들의 지적 활동을 보완하는 차원에서 육체 노동을 상당 부분 면제해 준 덕택에 역사 연구가 활발히 이루어질 수 있었다.

당시 많은 수도사들이 교단의 성자, 이적의 흔적뿐 아니라 교단의 소유 상태를 점검하기 위해 베네딕트 교단의 참고 문헌을 참조하였다. 생제르맹데프레 수도원은 이 교단 중 고증 작업이 가장 활발히 이루어진 중심지였다. 연구원장인 장 그레구아르 타리스는 연구의 초석을 마련하였다. 수도원들의 거래 내역, 설립, 소유 재산을 재확인하고, 수도원을 관리하고 원사료에 기초한 규범과 관례집을 모으며 중요하고 호기심을 끄는 사실들을 수집함과 동시에 성자와 유물, 성소의 목록을 열거하고 징벌, 이적, 유용한 사실들을 언급하며, 이러한 모든 정보를 교단과 교회의 역사에 연계하려는 일련의 노력이 경주되었다.(블랑딘 바레 크리에젤, 《고전기 역사》, 4 v., 1988, PUF)

당시 역사적 정보는 교단의 영향력과 관계된 막중한 책임을 진 수도사들에 의해 취급되었다. 입안된 계획은 세 부분, 고전 고대의 연구와 국가의 과거 및 역사 연구 방법론으로 구분된다. 구성원들에 할당된 40여 개의 임무가 있었으며, 구성원 중 절반 이상이 연구에, 또 이 중 3분의 2가 역사 연구에 몰두하였다. 결과적으로 상세한 연구 업적이 이루어져 '베네딕트 교단의 업적'이란 표현이 널리 회자했을 정도이다.

17세기말 생모르 수도회는 1백79개의 수도원 및 3천여 개의 종교 건물을 갖춘 국가 내의 진정한 국가였다. 모미글리아노에 따르면 종종 양식의 변화를 수반한 '고문서 연구자'의 업적은 '역사 연구 방법의 혁신'을 초래하였다.(아르날도 모미글리아노, 《고대와 근대 역사의 문제들》, Gallimard, 1983) 이들 교부학과 고전학(古錢學) 전문가들, 동양학자들은 화요일과 일요일에 "과거의 모든 흔적을 질서정연하게 배열하여 문명을 생생히 재현하겠다는 생각"으로 고문서에 접근하려는 의지를 담고서 생제르맹데프레 수도원의 도서관에 모였다.(같은 책, p.251) 목록을 정돈하고, 이를 훌륭히 보존하려는 이들의 계획은 진실을 탐구하려는 의지로 인해 활발히 추진되었다.

마비용

생모르의 베네딕트 수도사인 장 마비용이 1681년 새로운 연구 체계를 담은 저술 《고문서학》을 발간한 것은 이러한 지적 분위기가 무르익게 된 시점이다. 이 책은 당대에 위세가 컸던 두 수도회가 갖는 대립적 특성을 현저히 드러내 주는 저작이다. 1675년 예수회 수도사인 파팡브뢰크는 생드니 수도원에 소장된 메로빙거 왕조 문서들의 진위성을 문제삼았었다. 마비용의 의도는 이 논란을 무효화하는 데 있었다. 그는 생브누아 교단의 명예를 지키기 위해 엄청난 정보량을 확보했을 뿐 아니라 자신의 역사 연구 방법론을 상대의 것과 대비시키고자 하였다. 마비용이 역사 연구에 부여한 첫번째 규준은 진실의 탐구였다. "정의 감이 배심원의 첫번째 자질인 것처럼 역사가의 첫번째 자질은 과거 사실의 진실을 추구하려는 마음이다."(장 마비용, 《역사 규칙에 대한 소고》, POL, p.104) 마비용은 역사와 더불어 자신의 방법론을 객관화한다. 학식의 진보를 이루기 위해 마땅히 추구해야 할 진실 탐색은 증거, 즉 원사료의 재인식과 활용 작업을 통해 확립된다. 마비용이 복수의 고대 증거들을 확보하고 증거들의 우선성을 결정한 것도 이 원칙에 의해서이다. 그리고 역사가는 작업에 임하여 진지함을 갖추어야 한다. "역사가는 진실 추구 욕구만을 가져서는 안 되며, 믿는 바대로 적절히 말하고 써나가기 위해 성실성을 겸비해야 한다."(같은 책, p.107)

마비용의 저서에 내포된 이러한 새로운 연구 방법론은 고대의 자료들을 구분하고 분류하며 오래된 권리를 확정하는 규준을 명확히 확립하는 데 기여하였다. 고증 연구는 관계된 문서뿐 아니라 기타 이용된 자료들, 예컨대 잉크의 유형, 양피지의 종류, 서식의 형태를 살펴본다. 자신의 저술에서 마비용은 일련의 인식 방식을 통해 역사를 기술하고, 고문서 취급상에 준수해야 할 엄격한 규준의 측면에서 역사의 영역을 문학——원래 역사를 포괄했던— -으로부터 분리하는 데 중점을 둔다. 마비용의 저술이 나오면서 군사적·외교적 모험담, 신의 이적에 관한 이야기 등을 중첩적으로 실었던 중세 역사가의 전개 방식이 사라지게 되었다. 마비용과 더불어 역사는 확실한 전거에 기초하게 되었고, 역사 공동체의 공유 자산이 된 전거들을 추출하기 위해 고문서를 뒤지는 고증 노력이 경주되었다. 역사가인 마르크 블로크가 적시한 대로 "이 해 1681년에 고문서 비판이 확고히 자리잡게 되었다." (마르크 블로크, 《역사를 위한 변명》, 1941, Armand Colin, 1974, p.77) 그의 《고문서학》은 근대적 역사 연구의 기초를 마련하는 데 결정적으로 기여한 한편 철학적·인식론적 측면의 한계성을 지니고 있었다.

마비용은 사전과 목록 작성 작업에, 결과적으로 총체적인 분류 체계의 확립에 기여하면서 미셸 푸코가 다음과 같이 반복해서 지적한 대로 당대에 고전적인 표상을 보여 준 인물이라 할 수 있다. "이 국면은 명명의 가능성을 예고하는 분석에 의한 표상 방식으로 전개된다."(미셸 푸코, 《말과 사물》, Gallimard, p.142) 마비용이 행한 고증 작업은 린네·쥐시외·퀴비에·조프루아 생틸레르의 식물학적·동물학적 분류 방식을 예비한 것이었다. "공문서의 문법은 동물사전의 제작을 예비한다."(블랑딘 바레 크리에젤, 앞의 책, v.2, p.203) 그러나 관찰 영역의 축소, 교단이 역사성에 부여한 엄격한 정화의 욕구로 인해 방법론의 한계가 노출될 수밖에 없었다. 마비용의 《고문서학》은 계통학을 확립하기 위해 단순화 과정을 통해 방대한 자료를 범주화하려 시도한 17세기의 인식론에 속한다. "실질적으로 변화한 것은 알려는 욕구라기보다는 사실들을 논지와 연관하여 살펴보려는 새로운 국면이었다. 즉 역사 연구를 행하는 새로운 방식이었다."(미셸 푸코, 앞의 책, p.140)

고증 작업

한편 17세기의 이러한 혁신이 즉각적인 반향을 일으키지는 않았다. 블랑딘은 18세기가 '고증'의 세기였다고 묘사하였다.(블랑딘 바레 크리에젤, 《고전기 역사》, t. 2) 이러한 사실은 1751년 철학자 장 달랑베르가 발간한 《백과전서의 예비 강좌》에서도 확인된다. "고증과 사실의 국면은 무궁무진하다. 별다른 수고 없이 얻는 사실들이 계속 증가함을 볼 수 있다. 반면 추론이나 발견의 영역은 조금씩 서서히 확장되었고 사람들이 종종 무지하다는 사실을 인식하는 대신, 사람들이 스스로 안다고 믿은 것을 거부함으로써만 연구의 탄력을 얻을 수 있다."(블랑딘 바레 크리에젤, 앞의 책, v. 2, p.307) 한편 18세기의 상당 기간 동안 ──이 기간에 《고문서학》에서 시도된 방법들이 언어 속에 투영되고, 서약과 법이 분리된다──관심을 끌지 못한 고증 방식은 19세기말에 이르러 역사 연구의 주요한 가치로 인정받게 된다.

5. 방법론

역사 연구의 전문화

'역사의 세기'라고 불리는 역사 장르는 자신의 규준, 관례, 특정 인식 방식을 갖춘 방법론을 제시하며 진정으로 전문화된다. 19세기에 들어서서 보다 '체계적인' 학파의 역사가들은 순수하고 견고한 학문을 원함과 동시에 문학과 완전히 결별하였다.(크리스티앙 들라크루아 · 프랑수아 도스 · 파트릭 가르시아, 《19,20세기, 프랑스의 역사 흐름》, coll. 'U,' A. Colin, 1999) 문학과 무관계한 것으로서 역사 지식의 전문화가 인정받게 된 것은 1880년이다. 당시 역사의 전문화는 스스로 전혀 이질적인 영역에 속하는 요소를 갖춘 체계를 표방하였다. 훌륭한 역사가는 작업에 대한 열정, 겸손과 과학적 판단에 기초를 둔 논쟁의 여지 없는 비판 의식 면에서 두드러진다. 이런 역사가는, 소르본대학교의 역사 거장이며 역사학도를 위한 《역사 연구 입문》(1898)의 저자인 샤를 빅토르 랑글루아와 샤를 세뇨보스가 전문적인 역사 연구를 저해하는 '수사학과 허위적 사실들' 혹은 '문학적 미생물'이라 지칭한 것을 전적으로 거부한다. 교훈적 가치를 염두에 둔 문체의 측면에서 문학적 심미성의 흔적을 지우는 기술 방식은 이후 샤를 페기의 조롱을 받았는데, 그는 랑글루아가 심미적 특성을 무시한 채 비판에만 몰입하는 과학의 주술을 역사에 적용한다고 비난하면서 '사람들이 말하는 바의 랑글루아'란 비방조의 표현을 썼다.

전문 잡지들이 증가하였다. 젊은 고문서 연구자들이 앙시앵 레짐, 군주제와 교회의 결합이 갖는 가치를 옹호하기 위해 《역사 문제 잡지》를 편찬하였다. 왕당파 진영을 대변한다고 천명했지만, 그러면서도 이 잡지는 학문적 전문성을 소홀히 하지 않았다. 방법론 학파를 창시한 공화파들은 10년 후인 1876년 《역사학지》를 창간하여 자신의 입장을 대변하였다. 이 학파는 드레퓌스 문제의 여파에도 불구하고 정치를 안정시키는 데 주력한 제3공화정 체제, 그리고 알자스·로렌 지방을 상실하는 국가적 상황에서도 독일의 방법론이 갖는 효율성을 인정하고 수용하면서 고증적 전문성의 전통을 승계하는 노력을 기울였다. 19세기 말과 20세기초에는 1899년 《근현대사 잡지》를 시발로 하여, 《16세기 잡지》 《혁명 연대기》 《프랑스 혁명 경제 보고서》 《나폴레옹파 연구지》 《경제·사회주의 역사학지》 등의 역사 잡지가 출간되었다. 전 문화는 진리 탐구, 객관성을 제1요건으로 삼는 새로운 가치 체계의 출현과 함께 진행되었다.

방법론 학파

《역사학지》의 창간호에 표명된 방법론 학파의 선언적 글인 '16세기 이래로의 역사학 발전'에서 가브리엘 모노는 전문적인 역사학의 두 가지 모델을 제시하였다. 하나는 유용한 대학 정보를 체계화해 온 독일의 방식이고, 다른 하나는 베네딕트 수도회 수도사들의 업적 이래 전문적인 전통을 쌓아 온 프랑스의 방식이다. "우리 세기의 역사 연구에 가장 큰 기여를 한 것은 독일이었다……. 우리는 독일을 거대한 역사실험실과 비교할 수 있다."(가브리엘 모노, 〈16세기 이래로의 프랑스의 역사학 발전, 《역사학지》, v.1, 1876) 모노는 독일 연구자들을 보편적 관념을 결여한 고증적 인물들로 치부하는 것은 오류이며, 그런 점에서 프랑스 연구자들과 다르다는 사실을 부가한다. 그는 그들의 업적에 대해 "갑자기 감흥이 일어 상상의 나래를 타고 창작된 문학적 환상이 아니다. 그것은 아름다운 형태와 예술적인 구조를 통해 즐거움을 주고자 마련된 체계나 이론이 아니다. 그것은 과학적 성격을 띤 일반적인 관념들이다."(같은 책)

《역사학지》의 편찬위원은 빅토르 뒤뤼이 · 에르네스 르낭 · 텐 · 퓌스텔 드 쿨랑주와 같은 이전 세대의 역사가와 더불어, 역사를 '실증과학'으로 여긴 가브리엘 모노 · 에르네스 라비스와 같은 젊은 세대로 구성되었다. 이 잡지의 기획자들은 상대주의를 회피하고, 과학과 진실의 존중이라는 이름으로 객관성을 확보하려 한다고 말한다. "따라서 우리는 어느 파당에도 속하지 않는다. 어떤 도식적 신조도 품지 않으며, 어떤 정파의 깃발 밑에 서기를 원치 않는다. 이 잡지를 모든 의견이 수렴하는 바벨탑으로 삼겠다는 것은 아니다. 우리가 확립하려 하는 엄격한 과학적 관점은 우리의 작업에 음조와 특성을 부여하기에 충분할 것이다."(같은 책) 하지만 과학을 기치로 내건 이면의 내면적 혹은 표면적인 경향 속에는 전문 역사가들의 증거 확보 욕구가 자리잡고 있다. 이들은 전적으로 역사의 진보라는 관점을 추종하며, 또 그러한 측면에서 인류의 진보에 기여한다고 생각한다. 진보를 향한 전진은 역사의 일직선적 접근을 통해, 그리고 보조과학——인류학 · 비교언어학 · 화폐학 · 금석학 · 고문서학 · 공문서학——에 의해 지원받는 학문적 노고의 축적으로서 진행되며, 이런 요소들은 19세기의 보다 근대적인 속성을 역사학에 부여해 줄 것이다.

보다 명백한 것은 세당 전투와 국가 영토의 축소 이후 이같은 일체의 집단적 노력이 국가에 기여하는 바가 컸다는 사실이다. 국가의 궁극적 목적은 명백하며, 역사학은 국가의 도덕적 재무장을 목표로 삼는다. "결과적으로 역사는 진실로부터 얻는 혜택 이외의 또 다른 목적을 주장함이 없이 인류의 진보와 동시에 은밀하지만 조국의 영광을 드높이는 방식으로 작용한다."(같은 책) 명백한 객관적 의식과 위험에 처한 국가의 필요에 부응하려는 마음으로 모노는 유용한 방법론을 통해 진정으로 통합된 역사 공동체를 형성하려 하고, 16세기 이래 역사학 연구의 점진적인 축적을 그 출발점으로 삼았다. 따라서 그에게는 고문서 자료와 16세기 이래로 축적된 역사학 연구가 본질적으로 국가라는 모체 안에 있는 만큼 학문적 객관성과 국가적 객관성 간에 긴장은 없었다.

우연성의 학문

대학의 테두리 내에 자리잡은 역사학은 특정 과정을 통해 역사학과 동시에 형성되었던 철학과 결별했던 방식으로 문학과 거리를 두면서 스스로의 진로를 개척해야 했다. 역사학은 법칙 혹은 반복되거나 보편적인 현상의 체계화를 지향하는 자연과학의 인식론과는 대조적으로 특이하고 우연적이며 사례 중심적인 학문으로 취급되었다. 고증적 연구와 사료 비판을 통해 랑글루아와 세뇨보스는 실험과학과는 대조적으로 간접적인 인식 방식을 취하는 역사 이해 방식에 의거하여 진실의 탐색 규준을 마련하였다. "일차적으로 문서를 살펴보아야 한다. 사료는 처음 제작되었을 당시와 같은 수준의 이해를 제공해 줄까? 그것은 이후 보다 순도가 떨어지지 않았을까? 연구자들은 해당 문서의 원래적 제작 의도와 출처를 재구성하기 위해 그것이 제작된 방식을 고찰해야 한다." 필적과 언어, 형태와 출처 등에 대한 일차적 요소들에 대한 탐색은 외적 비판 내지 고증학적 비판의 영역에 해당한다. 다음으로 내적 비판이 잇따른다. 대체로 일반심리학에서 차용한 추론 방식을 통해 문서 작성자가 겪었을 심리적 상태를 표상하려 애쓴다. 문서의 작성자가 말했을 것을 탐색하면서 연구자는 다음과 같이 자문한다.

1) 그는 무엇을 말하고자 했는가?

2) 그는 자신이 말한 것을 믿었는가?

3) 그가 믿었다고 믿을 만한 근거가 있는가?(샤를 빅토르 랑글루아, 샤를 세뇨보스, 《역사 연구 입문》, Hachette, 1898, p.45-47; rééd. Kimé, 1992)

이들의 역사학 교육은 넝마주의의 역할을 하는 역사가의 작업 규범을 마련하기 위해 철학에서 체계를 차용했지만, 이런 방법론을 통해 성찰보다는 교훈적인 가치에 역점을 두었다. "역사를 널리 만연된 지적 유약함 내지 맹신으로부터 치유한다." 이러한 시험에서는 1876년 새로이 구성되었으나 기반이 취약한 공화정 진영을 과학과 교훈이 긴밀히 결합된 바탕 위에 세울 목적으로 모노가 출간한 편찬물과 동일한 소망이 발견된다.

교훈적 욕구

방법론 학파의 역사가들은 우려했던 만큼 맹목적이지 않았다. 더 이상 이들이 사료를 맹신한다든지 역사가가 갖는 주관적 속성을 전혀 부정했다고 말할 수 없다. 역사가인 앙투안 프로스트가 지적하였듯이 이들은 역사가 구성물임을 충분히 인식하고 있었다.(앙투안 프로스트, 〈세뇨보스 재고찰〉, 《20세기》, 43호, 1994, p.100-117) 방법론 학파는 자신의 주관적 개입을 통제할 능력을 지닌 역사가를 훌륭하게 평가한다. 그렇지만 역사학이 학문적 전문성을 부여받기 위해서는 두 가지 사항이 고려되어야 한다. 주관성을 배제한 서술, 그리고 탐색을 벌이는 연구자들이 역사를 서술하면서 염두에 두어야 할 본질적으로 교훈적인 측면이 이에 해당한다. 그것은 숙고된 대상으로서 스스로의 문학적 기원과 절연하며 엄격성을 추구하는 학문이다. "역사는 어느 정도 수사학 영역에 속해 왔었다. 수사학 방식은 무해한 장식물이 아니다. 그것은 사실성을 잠식한다. 그것은 상황을 묘사하고 각 관계를 이해하기 위해 (…) 감수해야 할 노력을 약화시킨다."(샤를 세뇨보스, 《2차 사료를 통해 본 역사》, Armand Colin, 1906, p.38-39)

랑글루아와 세뇨보스는 역사가들이 바탕으로 삼아 작업을 행하는 '사실들'이 외적으로는 사료의 진위를 밝히고 내적으로는 해석력을 겸비한 사료 비판 능력 덕택에 적절한 전망을 할 수 있게 한 사회적 구성물에서 유래한다는 점을 잘 인식하였다. "텍스트에 함포된 의미를 인식하고 결정하는 기술 또한 해석학 이론에서 항시 상당한 기능을 담당한다."(랑글루아·세뇨보스, 앞의 책, p.131) 일련의 작업 과정의 마지막 단계로 간주되는 문서화는 저자로 하여금 인식 가능하게 해주는 제반 작업이 이루어진 이후에야 의미를 갖게 된다.

뤼시앵 페브르의 스승이 되는 세뇨보스는 1930년부터 《아날》지의 편집 방향을 획기적으로 전환토록 하는 촉매 역할을 행하면서 순수하게 정치적인 전쟁사에 사로잡히지 말도록 권고하였다. 앙투안 프로스트가 지적한 대로 그는 매우 일찍이 1881년 자신의 첫 논문에서 "역사는 사료의 수단을 빌려 과거의 사회들과 그것의 변형태들을 묘사하기 위한 것이다"라고 쓰면서 사회사 연구에 대한 포부를 밝혔었다.

세뇨보스에게 역사란, 후대인들이 말한 대로 전거가 확실한 사실들로써 제시된 사료의 단순한 재구성이 아니라 반대로 연역적인 가설과 간접적인 인식이다. 이에 대해 그는 1901년 "모든 역사 인식은 간접적이기 때문에 역사는 본질적으로 추론의 학문이다"(세뇨보스, 《사회과학에 적용된 역사방법론》, 1901, p.5)라고 하면서 "사실 사회과학은 실질적인 대상뿐 아니라 사람들이 대상으로부터 표상한 것에 바탕을 둔다. 사람들은 연구자들이 조사한 인간·동물·집을 보지 않으며, 묘사된 제도들을 살펴보려 하지 않는다. 이들은 다만 연구 인물, 대상, 행위를 상상하게 되어 있다. 이것들이 사회과학의 실제적 구성 요소인 이미지들이다. 사람들이 분석하는 것은 바로 이러한 이미지들이다"(《같은 책》, p.118)라고 부가하였다. 그렇지만 역사가가 관계된 사실 묘사의 근거로 삼는 전거가 일단 확립된 것으로 간주되면 그의 임무가 완료되며, 연구 대상 문서가 명백히 한정된 상황에서 역사 서술의 모형은 자연과학의 측면에서 발견된다.

퓌스텔 드 쿨랑즈의 경우

역사 연구의 방법론에 생애의 노력을 경주하였지만, 그러한 노력이나 의지가 훨씬 나중에 《아날》지에 의해 미성숙한 것으로 치부된 역사가는 《역사학지》 편찬에 중심적인 역할을 담당한 퓌스텔 드 쿨랑주이다. 프랑수아 하르토흐가 분석한 대로 그는 사건들을 다루었다.(《19세기와 역사. 퓌스텔 드 쿨랑주의 경우》, PUF, 1988) 퓌스텔은 1864년에 발간된 《고대 도시》라는 혁신적인 저서를 통해 역사가로서의 자신의 임무를 시작하였다. 그의 주제는 문제 제시적 역사를 지향하고 주로 사회 문제들에 관심을 기울였으며, 이러한 측면에서 마르크 블로크는 그를 사회사의 창립자로 간주하였다. 퓌스텔은 로마와의 사회적 관계가 어떻게 구성되고 절연되는지를 보여 주고자 하였다. 세당 전투의 패배 이후 그는 전제 왕권과 이로부터 자유를 추구한 귀족층을 분리하려는 시도를 하였다. 이러한 측면에서 그의 방법론은 민주공화정의 역사적 기원을 탐색하려는 다른 방법론들과 구분이 된다. 또한 그는 프랑스의 기원은 오로지 고대 로마라고 간주하면서 독일과의 관련을 완전 부정한 면에서 독특하였다. 퓌스텔은 전통적인 사고를 추구하는 병리적 상태를 상징하는 날인 1870년의 사건으로부터 자유주의자뿐 아니라 공화주의자로부터도 절연한다. 그는 1887년 방법론 문제에 대한 논문 〈역사 텍스트 분석〉에서 가브리엘 모노와는 극단적으로 상반되는 관점을 제시한다. 또한 《역사학지》와 경쟁적인 《역사 문제 잡지》에서 모노가 호의적으로 다룬 독일의 연구 방식에 비판을 가한다. 이 논문에서 퓌스텔은 역사가를 화학자와 비교하면서 문서라는 우상적 대상을 시험하려 한다. "분석을 통해 관심을 확장하도록 해야 한다. 많은 사람들이 이를 말하지만 시행하는 경우는 거의 없다. 화학과 마찬가지로 역사에서도 분석은 미묘한 작용을 미친다. 즉 각 세목에 대한 집중적인 연구를 통해 텍스트로부터 발견 가능한 모든 것을 추출하도록 해야 한다. 여기서 발견되지 않는 것을 끌어들여서는 안 된다."(〈역사 텍스트 분석〉, 1887, repris par F. Hartog, 앞의 책, p.351-352) 분석 작업은 텍스트를 분리하고 정련하며 해부하는 일이다. 퓌스텔은 역사가의 강의와 해석을 단순히 진실한 것으로서의 사료의 복원으로 축소한다. "역사의 진실이 문서에서만 발견된다는 사실은 두

말할 나위 없다."(같은 논문, p.349)

따라서 역사가는 언어학의 방식에 의거하여 각 표현의 어감을 확정 짓는 일에 작업을 한정해야 한다. 역사가가 행하는 일체의 주관적 해석은 금지되어야 하는데, 왜냐하면 이런 방법론은 엄연히 연역적이며 또한 오로지 텍스트 자체의 유효성을 위해 가설들은 무효화되어야 할 것이기 때문이다. 그렇다면 인식 과정은 이해의 직접적이고 결과론적 요소로 간주된다.

당시 역사학의 표준이 될 만한 학문은 문자 그대로의 의미를 철저히 탐문하는 언어학이었다. 결과적으로 퓌스텔은 역사 연구의 범주를 텍스트들에 실험하여 얻는 과학적 반응, 문학적 역사 기술의 거부, 역사가 자신의 관점을 드러내지 않는 행위로 한정하였다. "최상의 역사가는 텍스트를 가장 면밀하게 천착하고 문자 그대로 해석하는 자, 해당 사실 다음만을 서술하고 생각하는 자이다."(퓌스텔 드 쿨랑주, 《프랑스 군주제》, Hachette, 1888, p.33)

제 II 장

인과 관계적 비판

1. 폴리비오스: 인과 관계의 탐색

역사 장르를 허구로부터 분리해 주는 진실의 탐색에 부가하여 고대 이래로의 역사가들이 탐색 대상으로 삼은 것은 혼돈에 대한 것을 포함한 설명 체계이다. 역사는 폴리비오스 이래 기원전 2세기까지 인과 관계의 탐색에서 가장 빈번히 다루어진 분야이다. 폴리비오스는 자신이 겪은 전쟁과 추방의 비극적 경험을 원인적 측면에서 이해하려는 목적을 지니고 있었다. 마케도니아의 지배하에 놓인 그리스의 아르카디에 위치한 작은 마을에서 태어난 폴리비오스는 로마 원로원이 이 지역의 복속을 확고히 할 목적으로 인질로 택한 유력 집단의 구성원이었다. 폴리비오스가 이러한 지배의 근본 요인을 이해하려는 노력을 기울인 것은 이방인, 그리고 패배자로서였다. 17년간 나라 밖에 있으면서 그는 로마와의 접촉을 통해 상당한 내적 변화를 겪으며 결국에는 그 추종자가 되었다. 그는 보호를 받으며 많은 지도층 인사들을 만날 수 있는 기회를 가졌다. 지금은 3분의 2 정도 유실된 방대한 규모의 《역사》는 다음과 같은 중심적 문제를 다룬다. "로마가 어떻게 그리고 어떤 정부 덕택에 지금의 영역을, 그것도 53년도 안 되는 기간 내에 지배하는 유례없는 성과를 거두었는가?"(폴리비오스, 《역사》, I 1, Les Belles Lettres, 1969) 이 질문에 대답하기 위해 폴리비오스는 자신이 속한 쇠퇴해 가는 그리스 문명과 그가 전적으로 옹호에 나선 팽창중인 로마 문명 간에 가로놓인 자신의 입장에서 이에 접근하였다. 이러한 상황으로 인해 그는 양 세계의 접합점에서 세월의 진행 양상을 관찰하고 분석할 수 있는 특이한 입장에 놓였다. 개인적 경험과 그가 채택한 증거들이 그의 저서의 밑거름이 되었다.

실용적 역사

다른 문제 이상으로 폴리비오스는 사료를 적절히 배열하는 방법론 문제에 고심하였다——물론 그의 역사 기술은 정의(diké)를 추구하는 요소가 강하므로 근대의 역사학 비판을 그에게 적용하는 시대착오를 피해야 할 것이다. 폴리비오스에 따르면 역사란 등식을 풀고 설명 요소들을 제공하며, 관찰된 형상의 원인들을 따지고 단순히 외적인 묘사를 행하거나 사건을 열거하는 데 그쳐서는 안 된다. 단순히 만족을 위한 역사를 거부하며 그는 엄중할 정도의 진지한 방법론 모색을 위해 다른 요소들은 희생시킨다. "나는 강좌의 유일한 범주에만 동의하며 다수의 대중에게 무미건조한 텍스트를 제공해 줄 수 있을 따름이다." (폴리비오스, 같은 책, IX, 1) 자신이 증진하기 원하는 역사의 유형을 규정짓기 위해 폴리비오스는 본질적으로 역사가 정보라는 사실의 측면에서 실용주의적 입장을 취한다.

폴리비오스에 따르면 실용적 역사는 세 가지 필수 사항을 담고 있다. 인과 관계에 의해 사건을 설명하고 인간들의 결정과 행위들이 갖는 정의의 측면을 이해하며 판단하고 역사 이야기에 교훈적 요소를 담아 경고한다. 폴리비오스에게 실용주의가 갖는 두번째 의미는 우화적 역사 내지 민족 이동이나 도시의 창건에 대한 의심스러운 전설적 이야기와 실용적 차원의 방법론적 체계를 동반한 보다 엄격한 역사를 구분하는 데 있었다. 이를 통해 역사는 감정 속에서 상실한 것을 지성의 측면에서 획득하며, 의심의 여지가 없는 것으로 제시된 방법론은 분류된 증거 체계에 따른 논증을 따른다.

폴리비오스의 위대한 독창성은 자신의 이야기를 역사가가 해결하기 위해 제시하는 문제의 한계성 내에서 다루는 점에 있다. "사람들이 역사서를 쓰고 읽을 때 중요시 여기는 것은 사실 자체보다는 사건들에 선행하고 동반하며 이후에 전개될 내용이다. 왜냐하면 만약 왜 그리고 어떻게 행위가 이루어지고 그것의 논리적 귀결이 무엇인지 하는 점을 역사로부터 배제해 버리면 남는 것은 단편적인 무훈에 그칠 것이고, 그런 것은 연구 대상이 될 수 없다. 그것이 일시적으로는 유효할 수도 있겠지만 긴 안목으로 볼 때 전혀 기여하는 바가 없다."(같은 책, III, 11-13) 역사가는 추상적 식별력을 지니고서 실제의 혼돈상을 읽어낼 줄 알아야 한다. 그에 따르면 역사적 현상은 세 가지 측면의 간여 수단, 즉 연도의 결정, 전개 유형과 발생 원인을 통해서만 완벽한 설명이 가능하다. 이러한 설명을 효과적으로 제시하기 위해 역사가는 폴리비오스가 의심할 여지가 없다고 여긴 방식, 즉 일단의 증거를 제시하며 조율해 나가는 방식을 취해야 한다. 이처럼 확고한 역사는, 관계된 사실들을 통해 구성한 줄거리가 다양한 증거들 중 가장 진정성을 띤 증거에 근거한 것임을 밝혀내기 위해 연속된 증명을 필요로 한다.

인과 관계의 탐구

폴리비오스는 인과 관계의 설명을 역사 설명의 첫번째 조건으로서 제시한다. "역사의 가장 필요한 요소는 사건들과 이에 부수되는 현상들, 특히 원인들이다."(같은 책, III, 32.6) 그는 제3권에서 진정한 일반적 인과관계론에 대해 말한다.(폴 페데흐, 《폴리비오스의 역사방법론》, Les Belles Lettres, 1964) 사건은 역사가가 원인들을 발견한 순간부터 중요성을 부여받으며, 폴리비오스는 특정 원인들과 일반적 원인들이 합성되는 인과 관계망을 제시한다. 그는 이러한 측면에서 포에니 전쟁의 원인들과 전투의 개시를 혼동했던 이전 역사가들을 비판하였다. 그는 전쟁의 원인들과 전쟁의 구실, 그리고 전쟁의 개시, 이 세 요소가 상호간 충돌되지 않고 연속적인 관계에 놓인 것들로서 구분될 필요가 있다고 지적하였다.

폴리비오스는 원인들이 지적이고 심리학적인 측면에서 행동에 선행한 정신 작용의 결과라고 간주하며, 물리적이거나 물질적인 속성의 현상들이 원인들이 될 수 있다는 사실을 거부한다. 자연 현상과는 반대로 원인들은 창조적 상상, 추론, 이해를 바탕으로 한 의지로부터 비롯된다. "나는 원인들을 우리의 선택과 논의의 기원이 되는 것, 즉 도덕적 판단 내지 우리를 자극하고 또한 우리로 하여금 결정을 내리며 프로젝트를 만들게 하는 일련의 숙고와도 같은 의도적 요소로 부른다고 폴리비오스는 설명한다."(폴리비오스, 같은 책, III, 6)

그는 전쟁에 대한 구체적 분석에서 세 단계를 구분한다. 무장하도록 이끈 고려 사항들에 대한 연구, 전쟁 당사자들이 생각한 동기와 이유들 및 전쟁의 우연적 요인들에 대한 고찰이 이에 해당한다. 제2차 포에니 전쟁과 관련하여 폴리비오스의 주제는 제1차 전쟁 이후 로마와 카르타고 간에 적대 관계가 지속된 사실에 주목하고 있는데, 그는 한니발의 부친인 하밀카르 바르카의 복수심을 투쟁의 결정적 요인으로 지칭하면서 심리적 요인을 부각시킨다. 그 증거로 한니발이 부친의 요구에 따라 결코 로마의 친구가 되지 않기로 서약한 대목을 거론한다.

결과적으로 폴리비오스는 주제와 관련된 사료의 연구뿐 아니라 우두머리의 의지, 그들의 야망과 불만 등이 복합적으로 상호 작용한 결과 등 심리적 측면의 압박을 강조한다. 폴리비오스가 지성의 기능이 갖는 중요성을 보여 주려 애쓰는 만큼 사람들은 여기서 권위의 행사자를 위한 역사적 교훈을 얻고자 한다. "정치적 문제 해결과 역사적 교훈을 위해 이보다 더 낫고 진실한 학교는 없다."(같은 책, I 1.)

폴리비오스는 로마가 이러한 권위를 행사할 수 있게 된 이유 중 하나가 정치 제도뿐 아니라 로마 문명의 관습을 포함한 국가 체제의 형태라고 보았다. 이 체제가 보다 가장 일반적인 역사적 인과 관계를 상당 부분 결정한다. "성공한 경우건 그렇지 않은 경우건 문명의 구조를 모든 문제에 있어서 가장 중대한 요소로서 간주해야 한다. 그러한 원천으로부터 관념 및 행위의 시작과 결말이 유래한다."(같은 책, VI, 2.9.10) 일반적 원인들, 국가 체제는 역사 발전을 지배하는 성향이다. 일례로 스파르타의 역사는 본질적으로 리쿠르고스 법에 의해 설명된다.

이러한 국가 체제들은 폴리비오스에 의하면 자연적인 성격의 법들에 종속된다. 첫번째 법은 정치 제도의 순환적 계승의 규칙(anacyclosis)이다. 폴리비오스는 체제를 셋으로 구분하고, 각각의 퇴락한 형태들 ──참주정으로 타락한 군주정, 과두정으로 타락한 귀족정, 중우정으로 타락한 민주정──을 구분한 아리스토텔레스의 규정을 따른다. 역사의 발전은 정해진 순환 순서에 따라 순수한 형태들에서 타락한 형태들로 순차적으로 변화한다. 이러한 주기적 변화 내지 불안정성을 회피할 유일한 수단은 군주정·귀족정·민주정의 세 가지 원리 중 최상의 것인 혼합 정체를 확립하는 일이며, 그럼으로써 한 체제가 극단으로 나아가는 것을 피해야 한다. 그런 한편 폴리비오스는 혼합에 의해 계승의 원칙을 피하고 그럼으로써 안정의 형태를 획득한 세 가지 모형, 즉 스파르타의 리쿠르고스 체제, 카르타고 체제, 로마의 정체가 있음을 고려한다. 폴리비오스가 의미를 부여한 두번째의 자연 법칙은 회피의 여지없이 성장과 성숙 및 쇠퇴라는 세 단계를 겪는 유기체에 체제를 비견하는 일이다. 이 법칙은 안정의 탐색을 저해하고 영속할 수 있는 혼합 정체와 논리적으로 모순되지만, 폴리비오스는 이러한 법의 혼합에서 로마 정체의 중요 단서를 발견한다.

인과 관계 탐구는 폴리비오스에 의해 우연성을 벗어나는 설명으로 활용될 수 있다. 이러한 탐구는 운명이 아니라 로마 정체의 내재적 원리와 동인에 따른 이야기 전개를 통해 보편성을 내세운다. 인과 관계적 설명 방식은 다중적 정보 속에서 통합적 요소를 발견하고 시기의 부합뿐 아니라 역사적 연속성을 확보할 수 있게 해준다. 폴리비오스는 제 요소들이 긴밀히 결속된 유기체와 보편적 역사를 비교하는데, 그럼으로써 역사적 연속성을 증명할 뿐 아니라 비교사 작업을 수행하고 외관상으로 무관한 것처럼 보이는 보편성과 사실들을 부합시키려 한다. 그가 거대한 통합적 종합, 전 체계의 거대한 움직임을 포착하기 위해 지리학이나 민속학과 같은 보조 학문을 이용한 것도 이 마지막 대목과 관련해서이다.

그렇지만 폴리비오스를 카트린 다르보 페찬스키가 그랬던 것처럼 근대적 비판의 잣대로 판단할 수는 없다.(니콜 로로·카를 미라유, 《고대 그리스의 지식인 형상》, dir., Belin, 1998, p.143~189) 헤로도토스나 투키디데스의 경우와 마찬가지로 폴리비오스에게 역사란 두 범주로 귀속된다. 그것은 진실, 있는 그대로의 사실(Alêtheia)과 규범적 사실인 정의(Diké)이다. 분명 폴리비오스는 그 이전의 인물들보다 진실에 더 큰 의미를 두지만, 역사가의 기능이 사실 자체의 확립보다는 사실의 판단에 있다고 보고 이러한 판단과 로고스의 탐색을 사실 중심의 역사 속에서 파악하는 점에서 특징적이다. 정의의 기능이 행사되는 이러한 방식을 통해 폴리비오스가 확립한 인간 행동의 원인들은 논리적 개념들 못지않게 책임과 의무의 증거로 작용한다. "그것들을 판단하는 것은 민족들과 그들의 수장들을 설명하는 것 못지않게 변호하는 것을 의미한다."(같은 책, p.185)

2. 가능성의 질서: 장 보댕

장 보댕(1530-1596)은 16세기에 섭리에 의한 설명을 완전히 배제하고, 특정의 인식론적 맥락을 지닌 문명사의 원리들을 제시하였다. 그는 역사에 대해 당대인들이 가진 법률학적 관심을 상징적으로 보여준다. 보댕은 1566년 역사에 대한 성찰 내용을 담은 《평이한 역사 이해를 위한 방법》을 발간했는데, 이 책은 역사적 사실의 인과 관계 규명이 가능하지 않다고 본 이전의 탐구들과는 근본적으로 상이한 것으로서 16세기에 신(新)사학으로서 개진된 역사 서술 작업에 대한 이론적 논의를 담고 있다. 보댕은 세 가지 형태의 역사를 구분한다. 신학은 종교의 역사를 다루고, 이러한 역사는 믿음의 역사와만 관련된다. "자연의 역사는 자연의 비밀스런 원인"을 다루며 필요의 측면과 관련된다. 세번째의 역사는 "사회 속에 살아가는 사람들의 행위를 설명하는" 역사로서 가능성의 질서와 관련된다.(G. 위페르, 《완벽한 역사의 이념》에서 인용된 보댕) 보댕은 섭리적인 요소를 배제하고, 스스로의 구체적인 인식 영역을 갖춘 문명들의 역사 원리들을 제시한다. 만약 원인의 탐색이 역사의 지평으로 남는다면, 그것은 연대기의 불안정으로 인해 추측의 대상이 될 수밖에 없는 인간의 의지에서 비롯된 인간사라는 특정 영역에서 그러할 것이다. "인간사는 원칙적으로 결코 상호간 유사하지 않은 사람들의 의지에서 비롯된다. 항시 새로운 법과 제도·의례가 생겨나고, 인간의 행위는 끊임없이 새로운 실수를 만들어 낸다."(장 보댕, 《평이한 역사 이해를 위한 방법》, Oeuvres philosophiques, trad. P. Mesnard, PUF, 1965, p.282)

그러나 장 보댕에 따르면, 역사가는 이같은 역사적 변화들을 일반 법칙으로 환원하는 객관성을 견지해야 한다. 즉 다양한 인식 내용들을 새로운 논리적 틀에 적용하기 위해 새로운 시도를 행한다. 이 중 첫번째 것은 확실한 시간 관계의 확립이고, 두번째 것은 인류에 의해 성취된 다양한 단계들을 식별하기 위해 공통의 수평자를 적용하는 일이다. 따라서 이러한 새로운 역사 중 최상의 접근은 법의 발전과 정신을 비교 가능하게 해주는 보편적 관점을 채택하는 일이다.

장 보댕은 16세기에 유행한 이같은 낙관적 정신을 계시한 인물이다. 그것은 인류의 점진적 퇴락을 강조한 그리스도교적 역사철학을 거부한다. 그와는 반대로 세계란 중단 없이 나은 방향으로 전진해 나간다고 본다. 이러한 측면에서 역사가로서의 그의 업적은 당대와 그 이전 시기를 탈신화한 데에 있다. 만약 우리가 황금시대라고 부르는 예전과 우리의 시대를 비교해 본다면 우리 시대가 더 견고해 보일 것이라고 보댕은 말한다. 결과적으로 신 자신이 인간 창조를 유감스러워한 이 땅에서 범죄가 그토록 만연한 때에 홍수가 신의 섭리에 의해 작용한 것이 아님을 그 누가 의심할 수 있겠는가? "그리고 여기 황금과 돈으로 퇴락한 시절들을 보시오. 여기서 사람들은 진짜 야수들처럼 숲과 들판에 흩어져 산다."(같은 책, VII) 만약 고대인들이 찬탄할 만한 발견을 했다 해도 현대인들은 그들을 능가한다. 그는 자신의 논지를 증명하기 위해 나침반의 발명, 신세계의 발견, 상업과 화폐 사용의 증대 등을 거론한다. 따라서 만약 역사에 방향이 있다면 그것은 다름 아닌 진보라고 보댕은 생각한다.

역사학의 기능은 국가와 문명의 성장과 쇠퇴를 설명하는 일이다. 따라서 이러한 기능은 천체의 운행과 관련된 수준으로 인류의 전 과거를 발견하고 세계의 모든 사회에 관심을 갖는 것이다. 장 보댕이 인식한 역사의 동인 내지 진정한 원인은 인간의 호기심, 부의 획득 욕망, 문명 창조의 갈증이다. 이러한 충동에 대한 조망은 여러 단계의 문명을 일직선적으로 계층화할 수 있게 해준다. 첫번째 단계에서 인간은 악과 필요에 대처하고 수렵, 농업과 사육 방법을 발명한다. 두번째 단계에서 상업과 산업 활동으로 전환하며, 마지막 단계에서 보다 진전된 문명 수준에 맞추어 사람들이 적절한 문화와 사치의 필요에 부응할 때 정점에 다다른다.

설명 방식과 인과 관계를 고찰하면서 인문주의적 역사가인 장 보댕은 종교사와 세속사를 분리하려 한다. 그는 자크 퀴자스나 프랑수아 오트망과 같은 르네상스 법률가의 지식으로 충전된 계몽주의 시대의 철학과 역사의 선각자처럼 보인다. 이러한 접근은 장 보댕이 국가들을 세 범주로 구분하며 사회 발전에 미친 기후의 영향력을 환기시킬 때 매우 그럴듯해 보인다. 메소포타미아나 이집트 문명과 마찬가지로 유럽 남부의 문명이 종교와 절제에 우선성을 부여했던 시대에 그리스의 도시들이나 로마처럼 가장 중용적인 지역들이 도시 국가들에 강력한 법률적 토대를 마련하고 식민지 점령을 확대하는 방향으로 나아갔으며, 북방의 문명들은 기술 발전과 군사적 성취를 이루었다. 보댕은 이처럼 몽테스키외가 《법의 정신》에서 행한 분석을 예고하고 있었다. (피에르 메나르, 《16세기 정치철학론》, Vrin, 1936)

3. 완벽한 역사의 소묘: 라 포펠리니에르

16세기에 역사가 전체를 표상할 수 있다고 여긴 관념과 거리를 두었던 인물로 라 포펠리니에르(1541-1605)가 있다. 그는 《완성된 역사의 관념》이라는 거대한 야망을 담은 제목의 책을 기술하였다. 첫 저서로 《종교 전쟁의 역사》를 출간한 이 고귀한 프로테스탄트에 따르면, 역사란 동시대의 곤경들을 이해하는 데 도움을 주어야 한다. 당시 역사가들이 그랬던 것처럼 그는 위그노군의 보병과 해군에서 지휘권을 행사하기 이전에 고전의 공부와 권리에 대한 연구를 통해 지식을 쌓았다. 그는 동시대인들과 마찬가지로 실제의 전투를 이해하는 데 도움을 주지 못하는 선임자들의 강의에 실망하였다. "역사를 아는 것은 사실이나 인간의 사건들을 기억하는 게 아니다……. 역사의 본질은 어떤 사실과 사건의 동기와 진정한 상황을 인식하는 일이기" 때문에 그는 초보자의 자세로 역사의 영역에 참여하기로 결심한다.(라 포펠리니에르, 《프랑스사》, I, p.3-4)

《역사의 역사》에서 그는 전통적인 역사가들의 역사 서술 이론이 타당하지 않다고 여기며, 문명 진보의 추세에 맞추어 역사 인식의 단계들이 반복된다고 주장한다. 이러한 논지에서 근대의 진화론과 낙관주의의 징표가 발견된다. 원시 사회 단계에서 역사는 물질적 흔적뿐 아니라 인류의 상징적 표현들을 탐구하게 되는데, 왜냐하면 그것이 자연의 역사와 관계되기 때문이다. 서술된 것으로서의 역사의 두번째 영역은 라 포펠리니에르가 '시적'이라 표현한 것으로, 역사는 신탁적·예언적·자발적·의식적 형태를 띤다.(조르주 위페르, 같은 책, p.144) 세번째 단계에서는 주목할 사건을 산문으로 쓰고 편집하며, 역사가 연표적 형태를 띤다. 마지막 네번째 단계에서 헤로도토스의 등장으로 역사는 성숙한 모습을 드러내며, 그것의 성공이 현저하여 이후 2천 년간 정체와 이에 대한 모방이 잇따른다.

따라서 새로운 세대의 도약과 관련하여 앞서 나가는 것이 중요하며, 라 포펠리니에르가 《완성된 역사의 관념》을 발간했을 때 그가 실현코자 한 것도 이것이었다. 그는 강좌에서 완벽한 역사의 적절한 이상에 대한 관념을 제시하였다. 그는 역사를 다른 과학의 모델 내지 종합으로 여겼다. 학문들은 사람들이 매우 상이하게 접근하는 규범·실체·목적을 지니고 있기 때문에, 또 용감한 역사가는 이 모든 것을 고려하고 실질적으로 작업에 옮겨야 하기 때문에 매혹적인 품성을 지녀야 하고 아홉 가지 종류의 완벽성을 지녀야 한다. 이 점에 대해 갈레노스가 주목했고, 또 이 내용들이 훌륭한 국가를 인도하도록 하기 위해 위대한 의사와 제후에게 제시된 바 있다. 역사가는 지능의 세 가지 요소, 즉 상상력·기억력·이해력을 겸비해야 한다.(라 포페펠리니에르, 《완성된 역사의 관념》, in 《역사의 역사》, Fayard, 1989, t. 2, p.128) 역사에 완벽성을 부여하는 첫번째 조건은 보편성이다. 보편성을 확보하는 능력은 그리스도교 신학의 측면에서 추구되지 않는다. 그것은 디 이상 구체적인 역사 사실들의 나열이나 연구 영역의 부분적 이해로부터 도래되지 않는다.

'일반성'의 성격에 대한 언급은 역사가가 자신의 주제에 접근하는 방식의 내재적 속성을 고려하는 데서 비롯된다. 결과적으로 보편성은 역사가의 해석 능력을 통해 감지된다. 혹은 역사가가 추상적으로 역사적 조망을 하지 않으면서도 역사적 실제성을 전체적 관점에서 접근하기 위해 정치적 혹은 군사적 측면과 같은 배타적 영역이나 특정의 관점을 거부해야 한다. 역사는 모든 것을 표상하며 "자연, 품행, 관습, 삶의 영위 방식 등을 이해해야 한다."(조르주 위페르, 앞의 책, p.148) 따라서 역사는 철학적 능력을 획득하고, 과거의 연대기 작가들이 묘사하는 것으로 만족한 사건들에 대한 애매모호한 혼돈들을 제거해야 한다. 일반사의 목적은 가공되지 않은 사실들을 의미 있는 것으로 변화시키고, 역사를 철학의 수준으로 고양시키는 데 있다. 분명 이처럼 완벽한 역사는 온전히 실현될 수는 없지만 접근하려는 지평 내지 이상으로 작용해야 한다. 라 포펠리니에르에 따르면, 한 세대에 걸친 전문적인 연구 덕택에 이 이상——한번은 중세 신학자들에 의해 제기된 해결 불능의 질문으로 인해 각하되고, 또 한번은 사료 비판에 적절한 방법으로 무장된——을 향한 결정적 발걸음을 내딛을 수 있다는 희망을 갖게 될 수 있었다. 따라서 주제의 범주를 제한당한 이후에도 전반적으로 보편성을 지향하는 역사가는 문서 사료를 다루기 위해 철학적 태도를 견지해야 한다.

결과적으로 16세기에는 과거와 근대라고 불리기 시작하는 당대간 뚜렷한 단절 의식에 기초한 역사 서술의 흐름이 개화된다. 이러한 역사주의는 로마 역사의 범세계적 맥락에서 로마 법전을 재도입한 퀴자스나 뷔데와 같은 법학자들의 상대성 논지에 의해 보완된다. 이들은 법의 발전과 사회 발전 간의 관계와 부합성을 정립하고, 자연법 이념을 재설정하면서 통괄적으로 본 로마법을 역사의 산물로서 결론짓는다. 덧붙여 언어학자들은 언어의 변화, 다양한 언어의 보편적 속성을 주장하며 이러한 역사주의를 예비한다.

이러한 역사주의는 라 포펠리니에르에게서 당대의 변종을 감지하는 것과 같은 역사적 인식을 포함하여 극단적 형태를 취한다. 모든 형태의 역사는 기술된다는 측면에서 그에 의해 역사화될 산물로서 간주된다. 그렇지만 이같은 역사 상대주의가 라 포펠리니에르를 회의주의로 이끌지는 않는데, 왜냐하면 그는 갈수록 과학적이 되어가는 역사를 건립할 수 있다는 진보에 대한 확신을 갖고 임했기 때문이다.

4. 역사의 법칙: 몽테스키외, 볼테르, 콩도르세

몽테스키외

계몽주의 시대인 18세기에는 철학자들의 역사 연구 성과들이 증대한다. 역사가들은 자연과학 내지 실험과학을 모형으로 삼은 몽테스키외처럼 철학자이기도 하였다. 그는 체계화된 물리학보다도 더 엄격한 일반 법칙을 마련코자 하였으며, 엄격한 역사적 결정주의의 추종자였다. "기후 · 종교 · 법 · 정부 방침 · 과거의 사례 · 품행 · 예절 등 많은 것들이 인간을 지배한다고 그는 확신한다. 그는 이것들로부터 초래될 보편 정신을 발견하고자 한다. 각 국가에서 어떤 요소들이 세력을 발휘하면 다른 요소들은 그에 비례하여 덜 작용한다. 야만인들 사이에서는 기후와 자연이 거의 전 생활을 지배한다. 예절이 중국을, 폭정이 일본을 주도적으로 지배한다. 스파르타에서는 품행이, 로마에서는 정무의 기능과 고대적 덕목이 지배한다."(몽테스키외, 《법의 정신》, 1748, **XIX**, 4, Les Belles Lettres, 1950-1961) 1734년에 발간된 《로마인의 위대함과 그 쇠락 원인에 관한 고찰》에서 그는 과거에 대한 견고한 인식을 바탕으로 제도의 문제들을 제기한다. 그는 로마가 자신에게 정복된 세계에 대한 지배권을 확보하면서 시민의 자유와 국가의 권위를 조화시키는 데 성공한 이유를 설명한다. 여기서 몽테스키외는 보쉬에와는 대조적으로 불가피한 행위나 운명의 신이 아니라 인과 관계에 의해 인식 가능한 결정주의를 제시한다. "세계를 지배하는 것은 운명이 아니다. 로마인들이 어떤 계획을 통해 통치했을 때 계속된 번영을 구가했으며, 다른 어떠한 계획으로 전환해 갔을 때 그 상태가 중단되지 않았는지를 물어볼 필요가 있다. 각 군주정에는 성장하고 유지하며 쇠퇴하게 하는 요인들이 있다."(《……고찰》, XVIII) 외관상 혼돈스런 사실의 더미로부터 역사가는 이성에 입각해 추론된 법칙을 인식할 수 있다.

"몽테스키외가 사회물리학 관념을 떠올린 최초의 인물은 아니라 하더라도 적어도 이 분야에 새로운 물리학 정신을 부여하길 원하고, 본질이 아닌 사실로부터 출발하여 사실로부터 법칙을 추론한 최초의 인물임에는 틀림없다."(루이 알튀세, 《몽테스키외. 역사와 정치》, PUF, 1981, p.15) 인간 사회에 내재한 법칙을 추구한 몽테스키외는 관찰자에게 제시된 다양한 현상을 몇 가지 제한된 유형으로 체계화하기 위해 《법의 정신》을 정교하게 다듬었다. 이러한 유형화는 각 정부가 영속하기 위해 필요로 하는 권리의 행사 방식과 원리라는 두 가지 비판적 측면에서 인간사를 살펴볼 수 있게 해준다. 결과적으로 그는 세 가지 유형의 체제를 구분한다. 보편화된 공포에 바탕을 둔 전제정은 한 사람만이 법이나 규정을 무시하고 자신의 의지에 의해서만 지배하는 체제이다. 이 체제에서는 아무도 안전하지 않고 전 사회 집단에 공포가 만연해 있다. "공포가 백성들의 용기를 짓누르며 최소한도의 야망조차 사라지게 한다."(몽테스키외, 《법의 정신》, III, 9) 봉테스키외에 따르면 이러한 체제는 터키·페르시아·중국처럼 국토가 방대하고 사람을 지치게 하는 기후의 나라에서 나타난다. 귀족정과 민주정 양 형태를 취할 수 있는 공화정은 미덕이 일반화된 지역에서 나타난다. "민주정 체제에서는 더욱더 후덕한 모습이 엿보인다."(같은 책, 3) 그러나 몽테스키외는 더 이상 공화정을 신뢰하지 않는데, 이 체제는 지정학적으로 소규모 지역에서만 번창할 수 있기 때문이다. 몽테스키외가 군주정에 대해서는 그 당시의 체제, 그의 신분에 속한 사람들 상호간의 영예에 기초를 둔 체제를 말하고 있다. 분명 군주만이 통치하지만 그도 군주를 제약하는 성문법을 따른다. "야망이 공화정 체제에서는 위험하다. 하지만 군주정 체제에서는 유익하다. 백성들이 이 체제에 충정을 과시한다. 여기서는 끊임없이 억압이 자행되기 때문에 위험하지 않으며, 그런 점에서 이롭다."(같은 책, 7) 군주정에서 군주는 신분적으로 존중받아 마땅한 특권층에 의해 남용을 견제받는다. 몽테스키외는 이 첫번째 구분에 부가하여 시민의 자유와 안전이 확보되고, 비정상적인 상태가 유지되는 온건한 체제들을 구분한다. 이러한 이차원적 체제 구분은 영국의 체제에서처럼 균형적 모형을 보여 준다. 몽테스키외는 1730년부터 공적 자유의 보전이라는 측면에서 권리와 조건이 실질적으로 분리되는 현상을 목격한다. "국가마다 세 종류의 권력이 있다. 입법권·행정권·민법에 의거하는 사법권이 이에 해당한다. 만약 동일 인물 혹은 귀족이나 대중과 같은 주요 집단이 세 가지 권력, 즉 법을 제정하는 권력, 공적 결의를 집행하는 권력, 범죄나 특정 사안의 차이점들을 판단하는 권력 모두를 행사한다면 권력 균형은 사라지고 말 것이다."(같은 책, IX, 6)

인과관계론을 법적 측면에서 다루면서 종교로부터 이를 해방시킨 데 부가하여 몽테스키외는 실제의 현상들을 방대한 규모의 인과 관계 체계에 적용하려는 야망을 갖고 있었다. 또한 그는 정치를 자립적 질서로서 사고하는 전망을 지향하였다. 알튀세는 마르크스를 예고한 선구자적 입장에서 몽테스키외를 다루었다. "몽테스키외는 의심할 여지 없이 마르크스 이전에 목적의 측면을 고려하지 않고, 즉 인간의 의식과 열망을 역사 속에 투사함이 없이 역사를 사고한 최초의 인물이었다. 결과적으로 이러한 접근은 그에게 유리하게 작용했다. 그는 역사의 보편적 설명이라는 긍정적 원리를 제시한 최초의 인물이었다."

볼테르

볼테르 역시 역사 저술을 남겼다. 《역사 성찰》이나 《루이 14세 시대》에 부가하여 그의 위대한 역사서는 샤를마뉴로부터 루이 13세 시대에 이르기까지 세계의 전 민족과 제 현상을 담고자 한 《풍속론》이다. "볼테르는 1740년 아르장송 공작에게 보낸 서한에서 다음과 같이 적고 있다. 그간 왕들의 역사만이 기술되었고 국가의 역사는 기술되지 않았다. 즉 1천4백 년간 갈리아에서 왕·관리·장군에 대해서는 언급이 있었지만 품행·법·관습 등은 거론되지 않았다. 그렇다면 우리의 정신은 없는 것인가?" 볼테르는 사회적인 측면에서 역사를 살피려 하고 일상 생활, 인구 통계, 문화적 현상들을 강조하며 결과적으로 인간의 제 활동에 역사 문서의 확장에 기초를 둔 전반적인 역사를 구성하고자 하였다. 《역사 성찰》에서 볼테르는 그간 지나치게 정치사, 전쟁사 중심으로 이루어져 온 역사 연구에 불만과 더불어 자신의 논지를 개진하였다. "3,4천 편의 전쟁 묘사와 수백 편의 논문 내용을 읽어본 후에도 나의 지식이 전혀 심화되지 않은 사실을 발견하였다. 나는 거기서 사건들만을 발견했을 따름이다." 그는 자신의 논지를 1751년 발간된 《루이 14세 시대》에 적용하는 일에 착수하였다. 그가 1738년 10월 30일 뒤보스 수도원장에게 보낸 서신에 나타난 대로 "이제는 더 이상 왕의 치세를 다룬 연표가 아니라 인간 정신의 가장 위대한 세기에 이루어진 정신의 역사를 이야기해야 한다."

그렇지만 볼테르의 주역사 저술은 그가 20여 년의 노고 끝에 1756년에 출간한 《풍속론》이다. 그는 '연못도 강도 아닌 무지의 바다'에서 헤엄치는 박식가들을 조롱하고 또한 '세세한 것은 어리석은 자들을 위한 것'이라고 쓰고는 있지만, 그런 한편 그는 증거를 탐문하고 다루며 과다한 문서를 읽고 또한 관계 문서의 수를 끊임없이 증가시켰다. 그러나 몽테스키외의 방식으로 볼테르는 역사 안에는 일정 수의 인과 관계가 있으며, 그 자신은 사실적 혼돈으로부터 떠나야 한다고 생각하면서 고문서 속에 파묻히길 원치 않았다. 그의 출발점은 신화와 우화를 배제하는 철학적 가설들로 특징지어진다. "모든 국가에서 역사는 우화로 점철된 나머지 결국 철학만이 사람들을 계몽시킬 수단이 되었다. 그리고 마침내 철학이 이러한 암흑 지대에 도달했을 때, 철학은 수세기간의 오류로 인해 맹목적이 된 정신을 가까스로 계도시킬 수 있었다."(볼테르, 《풍속론》, CXCVII)

　볼테르에 따르면 기후 · 정부 · 환경의 세 요소가 인간 정신에 영향을 미친다. 세상사의 해결책은 이 세 요소의 교차 방식에 의거한다. 새로운 역사가는 인간 장르의 통합을 이루게 하고, 특정 영토를 둘러싼 특성과 기타 세세한 요소들을 밝히는 데 주력한다. 여러분은 결국 로마 제국의 멸망 이래 여러분이 근대사에서 받는 혐오감을 극복하고 국가에 대한 일반적인 관념을 제시하길 원한다. 여러분은 이 무한한 영역 속에서 여러분에게 알려진 장점, 즉 존중할 만한 사실들에 바탕을 둔 주요한 국가들의 정신, 품행과 관습을 발견한다고 볼테르는 말한다.(볼테르, 《풍속론》, 1756, 서론, Garnier, 1963) 볼테르는 모든 문명을 통합해서 총체적으로 살펴보면 인간 정신의 진보 과정을 그려 볼 수 있게 된다고 말한다. 당시 서구 계몽주의자들은 더 나은 세계를 향한 여러 문명의 발걸음에 촉각을 세웠다. 볼테르에게 인류학은 인류의 여러 종족이 상이한 기원을 갖는 인류의 다원성을 의미하였다. 따라서 《풍속론》은 다른 인종들의 공간들을 살피는 데 주안점이 있었고, 볼테르가 주장한 자연신론 입장에서 이러한 다양성은 그리 놀라운 일이 아닌데, 왜냐하면 그것 자체가 창조주의 예술 작품이기 때문이다. 마찬가지로 볼테르는 자연의 보편성과 문명들의 다양성이 접합될 수 있다고 보며, 이런 움직임들이 인간 정신의 진보를 활성화해 준다고 생각하였다.

콩도르세

자연과학의 발전으로 배가된 이러한 목적론적 관점은 18세기 콩도르세의 《인간 정신의 진보에 관한 역사적 개관 초고》에서 절정에 다다른다. 여기서 인류는 반계몽주의를 향한 과학의 투쟁을 벌이고 멍에에서 벗어나 공동의 행복을 향한 결의를 갖고 전진한다. 이같은 낙관적이고 연속주의적인 전망 속에서 콩도르세는 '사회 수학'의 능력과 그것이 역사의 일관성에 가치를 부여하는 데 일조하는 가능성의 계산에 중요성을 부여한다.(콩도르세, 《수학과 사회》, 1785, Hermann, 1974) 이러한 사회수학은 환원주의와 인과 관계적 진보를 함축한다. 콩도르세는 한편으로 각각의 가능성이 자발적인 믿음과 관련되고, 이같은 믿음이 믿으려는 동기로 환원되며, 또 이러한 동기가 가능성으로 재환원될 수 있다고 가정한다. "미셸 드 세르토에 따르면 자신의 계산을 통해 현상들의 사회적·심리적 복잡성 일체를 규명할 수 있게 된다."(미셸 드 세르토, 《역사 그리고 과학과 허구 간의 정신분석》, Gallimard, Folio, 1987, p.80)

18세기와 19세기 중엽 완전히 새로운 사회를 건설하기 위한 역사 연구 분위기가 조성되면서 연구자들은 전적으로 합리적인 논리를 통해 그들의 현재를 살펴보고 인간적이 되어간다는 것의 의미를 추구하였다. 칸트와 헤겔 그리고 마르크스는 자유를 향한 투쟁의 기반을 이해하기 위해 인류의 전 역사를 인식하려 하였다. 그럴 경우 현실적인 것이 합리적이고, 이성이 역사 속에서 구현될 수 있었다. 모든 목적론적 관점은 인간 역사의 흐름이 더욱더 진보와 투명한 세계를 향해 계속해서 나아간다는 점에 모아졌다. 이러한 역사철학은 사회 경험의 여러 단계를 거치며 확인되는 이성의 관념에 대한 절대적 확신에서 활력을 얻었다. 역사적 논리는 전체의 목적이 이성의 간계에 따라 개인들이 인식하지 못한 채로 실현되는 방향으로 전개된다. 헤겔에게는 "각 개인이 세계를 움직이는 절대적 필요의 연쇄망 속에서 맹목적인 존재로 남는다."(Hegel, 《문서》, 자크 옹드에 의해 《헤겔, 살아 있는 역사철학》에서 인용, Éditions sociales, 1966, p.206)

5. 과학적 도취

그러나 역사 연구 방향을 사회물리적 구조물, 즉 인과 관계 체계가 발견될 대상으로서의 사회로 향하게 변형시킨 것은 특히 뒤르켕의 사회학이었다. 19세기말과 20세기초에 등장한 이 사회학은 지리학·역사학·심리학 등의 학문에 사회적 인과 관계 관념을 덧씌웠다. 스스로 '사회과학'만을 표상한다고 주창한 이 사회학의 인식론적 원리는 일차적으로 선험적 원리를 배제하는 방법의 객관성에, 이차적으로 대상의 실체성에, 마지막으로 사회적 사실을 유일의 효율적인 것으로 간주되는 사회학적 인과 관계의 틀에 맞추는 설명의 독자성에 기초를 두었다.

뒤르켕

프랑스에서 이러한 사회학적 추세는 뒤르켕을 주축으로 한 집단에 의해 형성되었는데, 뒤르켕은 1887년 보르도대학교 사회학과 초대 학과장이 되었고 10년 후인 1897년 프랑스 사회학 학파의 영향력의 진원지 역할을 한 《사회학지》를 간행하였다. 이 학파는 마르셀 모스를 콜레주 드 프랑스 학장에, 셀레스탱 부글레와 알베르 바이에를 소르본대학교 학장에 선출하는 데 힘을 실어 주고, 조르주 귀르비치와 모리스 알브바슈를 스트라스부르대학교 교수직에 오르게 하는 성과를 이루었다. 뒤르켕은 법칙적 특성을 지닌 사회학적 방법론을 역사가의 방법론과 대조되는 것으로 보았다. 그는 "역사는 비교하는 순간부터 사회학과 구분되지 않는다"고 1887년에 말했고, 1903년 사회학의 우위에 대한 자신의 관점을 숨기지 않고 다음과 같이 쓰고 있다. "역사는 개별적인 것 이상의 수준에 다다를 때에만 과학이 될 수 있으며, 그렇게 되면 역사학 자체가 사회학의 한 분야가 되는 것을 중지하는 게 된다." 역사를 보조 과학의 수준으로 떨어뜨리려는 소망은 자명한 것이고, 뒤르켕이 1886년에 쓴 대로 사회과학의 제 분야가 공동으로 작업할 필요라는 명목하에 그렇게 행한다. "사회학이 다른 학문과 마찬가지로, 어쩌면 그 이상으로 집단적인 노력과 작업에 의해서만 진보할 수 있음을 망각하지 말아야 한다."

뒤르켕의 사회학이 담고 있는 인식론적 원리들은 연구자의 주관성과는 거리를 둔 방법론의 객관성에 기초하고 있다. 이 학문의 두번째 공리는 연구 대상의 실제성이다. 그것은 사회학적 사실들이 물건처럼 분석되거나 개별의 것들에 제약을 가할 수 있다는 논리가 된다. 뒤르켕은 심리학적 사실과 사회학적 사실 간의 단절을 절대시하였다. 사회적 사실은 개별의 것들에 제약을 가할 수 있다고 여겨지거나 해당 사회의 범주 내에서 일반적이라고 여겨지는 것으로, 개별의 것들에 적절하면서도 독립적인 사실들이다. "이런 유형의 행위나 사고는 개별의 것에서 벗어날 뿐 아니라 원하든 원치 않든 간에 그것들이 개별들에 부과하는 강제적이고 명령적인 강압에서 비롯된다."(뒤르켕, 《사회학 방법론 규범》, 1895, PUF, 1967, p.4) 세번째로 사회적 현상에 대한 설명은 사회학적 사회학을 연구하려는 욕구, 즉 사회 형상들을 순수하게 사회학적 설명으로 귀속시키려는 바람을 지닌 자립적 수준과 관계된 것으로서 간주된다.

이 원리들은 일련의 연구들에서 예증화된다. 마찬가지로 뒤르켕은 두 가지 형태의 결속을 구분하고자 하였다. 즉 그는 1893년의 《노동의 사회적 분업》에서 원시 사회에서 널리 나타나는 유사성에 의한 무의식적 결속과 근대적 특징을 지닌 차별화에 의한 조직적 결속을 대비하였다. 뒤르켕은 자살처럼 내면적이고 심리학적 영역에 고유한 것처럼 보이는 요소들도 사회학적으로 다룬 연구를 제시하였다. 그는 제한된 경우에조차 개인이 집단적 현실에 의해 지배받는다는 사실을 제시하였다. 통계학적 자료에 기초를 두고 그는 다양한 범주의 사회 계층에서 야기되는 자살의 빈도를 체계적으로 연구하였다.(뒤르켕, 《자살론》, 1893)

세 가지 우상에 반대하여: 시미앙

이러한 사회학적 연구 풍토에 강력히 자극을 받은 프랑수아 시미앙은 1903년 앙리 베르의 《역사종합지》에 실린 글에 대한 서평에서 그리고 자신의 논쟁적 논문인 〈역사방법론과 사회과학〉에서 역사가들을 향해 도전의 칼날을 겨누었다. 그는 여기서 과학적이지 못하고 단순히 우연적 사건들만을 기술하는 역사학을 거부하는 한편, 사회학은 순환되고 규칙적이며 안정된 현상들에 접근할 수 있고 법칙을 연역할 수 있다고 여겼다. 그는 역사가들이 갖는 세 가지 우상을 지목하여 거부하였다. 첫째 정치적 우상으로서 "정치적 사실, 전쟁 등에 과도한 중요성을 부여하는 정치사 중심의 역사 서술, 혹은 적어도 정치사가 영구적으로 우선적 지위를 차지하게 되는 연구 행태가 그것이다."(프랑수아 시미앙, 〈역사 방법론과 사회과학〉, 《역사 종합지》, 1903) 두번째로 개인의 우상 "혹은 역사를 사실의 역사가 아니라 개인의 역사로 치부하는 습성 내지 공통적으로 제도나 사회적 현상, 사실 간의 관계성이 아니라 연구와 업적을 한 개인 중심으로 전개하려는 습성"(같은 논문)이 있다. 마지막으로 시간의 우상, 즉 "기원의 연구에 집착하는 습성"(같은 논문)이 있다. 시미앙은 또한 인과 관계의 연구에 대해 비판적이고, 오로지 사회학에 의해 천착되는 방법을 경험적 실제 사실의 연구에 적용하려는 바람을 갖고 상당수의 신참 역사가들을 사회학 진영으로 모으길 희망한다.

시미앙의 이 텍스트는 1929년에 창간된 《아날》지의 이론적 모태가 될 것이지만, 그 내용이 담는 극단적이고 공격적인 성향으로 인해 초기에는 거부감이 팽배하였다. 뒤르켕학파와의 대담 중 가장 면밀하고 우호적인 반응은 1906년 영국의 산업 혁명에 대한 중요한 주제를 간행한 이래 그다지 주목받지 못했던 역사가 폴 망투가 편집자로 있던 《역사 종합지》에서 나타난다. 그는 또한 사회과학과의 공동 작업에 호의를 보이면서 사회학 진영의 공격을 약화하는 데 기여하였지만, 그러면서도 집단과 관계된 경우에도 개별 현상에 대한 연구의 속성을 강조하였다. 그는 또한 사회 현상들을 이해하기 위해 시간과 변화가 갖는 의미의 중요성을 강조하였다.

6. 역사의 구조주의화

목적론적 학문으로서의 역사

시미앙의 선언적 텍스트는 1960년 《아날》지의 서평 형식으로 재발
간되었는데, 이는 구조주의의 도전에 직면하여 역사가들이 오래전부
터 나름의 계획을 세우는 과정에서 뒤르켕의 사회학적 논지들을 포섭
해 왔음을 보여 주려는 목적을 담고 있었다. 사실상 마르크 블로크와
뤼시앵 페브르가 《아날》지를 창간한 1929년부터 뒤르켕의 논지는 20
세기 내내 단계적으로 역사 연구 집단을 거의 총체적으로 망라하게 된
아날학파의 학문적 이론의 틀이 되었다. 즉 역사학이 이번에는 자매
학문인 사회과학의 유인을 성공적으로 받아들였다.(프랑수아 도스, 《찌
꺼기 역사》, La Découverte, 1987)

잡지의 성격을 크게 변화시킨 이러한 성공의 대가는, 역사가들이 나
름의 방식으로 뒤르켕의 프로그램을 따라 역사를 정렬하는 것이었다.
당시 《아날》지는 사실적 역사에 반대하는 극단적 입장을 채택하여 사
실 중심적 역사를 조롱조로 폄하하고, 그러한 측면에서 샤를 세뇨보스
를 경원시하였다.

대조적으로 사회와 경제 분야가 정치적 영역의 자리를 대신하였다.
잡지의 제목 자체가 이러한 변화를 나타내 주며, 앙리 오제가 마련한
소르본대학교 경제사회사 석좌는 1936년부터 마르크 블로크의 차지

가 되었고, 블로크는 경제사회사 연구소를 설립하였다. 이같은 새로운 탐색 영역은 프랑수아 시미앙의 이론 틀을 모형으로 삼았는데, 이에 대해 뤼시앵 페브르는 1930년에 다음과 같이 쓰고 있다. "역사가들이 연구의 시발로 삼을 책: 시미앙의 정치경제사 강좌."(《아날》, 1930, p.581-590) 경제사 분야로의 이같은 접근은 통계 자료와 보다 전문적인 실험적 수고를 통해 기타 사회과학의 보조를 활용하는 점에서 역사 작업의 보다 집단적인 조직을 예고하는 것이었다.

《아날》지는 변동적인 가격의 역사, 소득의 역사 연구를 진작시켰는데, 이것은 보다 장기적 관점에서 자료를 활용하고 역사가의 안목을 확장하는 것을 의미한다. 다양한 연구 기관에 의해 분류된 원문서에 더 이상 제한되지 않고 모든 자료가 유능한 역사가의 사료로 이용되었다. 마찬가지로 역사가는 마르크 블로크의 방식을 따라 농촌 세계의 변화, 특히 개방지와 공동지 간의 대비점을 이해하기 위해 농촌의 역사에 흥미를 갖게 되었다.(마르크 블로크, 《프랑스 농촌사의 성격》, 1931) 순수하게 법률적인 연구와 결별하여 마르크 블로크는 영주제의 사회적 차원에 주목한다. "여기서 시도하려 하는 것은 연계성을 지닌 사회 구조의 분석과 설명이다."(마르크 블로크, 《봉건 사회》, 1939, A. Michel, 1968, p.16) 블로크는 또한 확대 가족이 핵가족 방향으로 나아가는 점진적인 과정에 관심을 기울인다. 사실 봉건제는 친족 관계와 상응하며, 보다 방대한 혈족이 안정을 기해줄 수 없다는 상황과 관계된다.

《아날》지가 과거와 현재 간의 변증법을 위해 이끈 전투는 양면적 전선을 형성하였다. 한편으로는 실제의 현상에 대한 고민을 전혀 하지 않은 채 순수하게 과거의 복원에만 한정하여 작업을 벌이는 전문가들을 상대로, 나아가 연구 대상의 일시적 양상에만 주목하는 경제학자나 사회학자들에 대항하여 논지를 개진하였다. 한 역사가가 당대에 갖는 특별한 역사적 감각은 정확히 과거와 현재가 연속된다는 느낌과 양 차원간에 불연속과 간극이 확대된다는 느낌 사이의 긴장 속에서 진행된다는 점에 있다. 중세사가인 마르크 블로크는 현재 발견하는 가치 자체를 이론화하였는데, 그는 가장 덜 알려진 부분으로부터 출발하여 가장 불투명한 영역에 대한 최상의 식별 방향으로 나아가는 '거꾸로' 현상을 바라보는 시각을 지녔다. 특히 마르크 블로크 자신이 《마법사왕》에 부여한 신념의 현상을 보다 잘 이해하기 위해 1914-1918년의 전쟁중 전선의 이면에서 소문이 갖는 기능을 경험적으로 반추했을 때 이 방식을 실제로 적용하였다. 현재가 갖는 이같은 중요성이 《아날》지의 특징이며, 1939년까지 이 잡지에서 발간된 논문 중 3분의 1이 현재를 다룬 것이었다.

아날 1세대에 속하는 양차 대전 사이 기간에 많은 연구가 발표되었지만, 이들 학파는 정치적 사건을 관심에서 배제함으로 인해 당대의 양대 정치적 현상을 적절히 이해할 수 없었으며, 이런 점은 이들 학파가 현재의 주제에 우선성을 부여한다고 천명했던 만큼 그 결함이 엄중할 수밖에 없었다. 이들은 결과적으로 파시즘·나치즘·스탈린주의적 입장을 배격하지 못했는데, 마르크 블로크는 1940년 이에 대해 자성하였다. "인문학과 실험과학의 전문가들은 어쩌면 우리가 규정한 원리에 내재한 일종의 운명론에 의해 개별적 행동을 유보하고 있는 게 된다. 이것들은 우리로 하여금 그 무엇보다 자연에서처럼 사회에서도 거대한 세력들이 경합한다는 사실에 익숙하도록 만든다. (…) 이것은 역사를 잘못 해석하는 것이다. (…) 우리는 두려움에 사로잡혀 우리의 조용한 아틀리에 안에 머물러 있고자 한다. (…) 우리는 항시 훌륭한 시민이었는가?"(마르크 블로크, 《패배한 이방인》, 1940, éd. Francs-Tireurs, 1946, p.188) 그렇지만 이러한 비판적 자성은 그가 1944년 레

지스탕스로서 독일인들에 의해 처형당함으로써 이후 반향을 일으키지 못했다.

레비 스트로스의 비판

역사가들은 1950년대말과 1960년대초에 프랑스 인류학계의 출중한 인물인 레비 스트로스가 일체의 인문과학을 인간간의 교호 관계를 다루는 새로운 학문인 보편적 기호학 속에 용해하려 한 구조주의적 프로그램을 제시함에 따라, 과거에 사회학과의 관계에서 그러했던 것처럼 이 학문의 영향하에 놓이게 되었다. 1949년 레비 스트로스는 1903년 프랑수아 시미앙이 역사학과 사회학 간의 분쟁을 야기했던 바로 그 지점에서 재차 논쟁의 불을 지폈다. "그때 이후 어떻게 되었는가? 역사는 스스로에게 제시된 미약하나마 나름의 선명한 프로그램을 견지하고, 그 노선을 따라 순탄하게 나아가고 있다. (…) 사회학의 경우는 또 다른 문제이다. 아무도 이 학문이 발전하지 않았다고 말하지 못할 것이다."(클로드 레비 스트로스, 〈역사와 민족학〉, 1949, in《구조인류학》, 1949, Plon, 1958, p.3-4) 레비 스트로스에 따르면 역사가는 사실의 본질적인 수준을 밝히는 데 그치며 사실들의 모형을 제시하려 하지 않는다. 따라서 역사가는 사회의 심원한 구조에 접근할 수 없으며, 이는 역사의 통시적 차원을 무효화하게 된다. 결과적으로 역사가는 민족학의 성과를 차용하지 않는 한, 우연적인 사실들만을 묘사하는 혼돈 속에 머무를 수밖에 없다. 왜냐하면 의식적인 모형들은 관찰자와 대상 간에 방해 요소로 작용하지만, 반면 인류학은 사회적 관행들의 무의식적 수준을 천착하는 지평을 열어 준다.

역사학과 민속학은 분명 각각의 제도적 입지와 방법론 측면에서 이중적으로 밀접하며, 레비 스트로스는 양 학문이 동일 대상을 연구 소재로 삼되 공간적 거리와 과거의 시간적 격차라는 차이점에 의해 분리된다고 보았다. 따라서 레비 스트로스에 따르면 양자간의 차이는 역사의 경험과학적 측면과 민족학의 개념과학적 측면에 놓여 있다. 그리고 후자만이 인간 사회의 무의식적 지층에 접근할 수 있다. 결과적으로 레비 스트로스가 인지한 바의 구조주의적 인류학만이 정신적 보편자의 영역을 탐색하는 객관적 가늠자를 제시할 수 있다. 이러한 프로그램이 역사가에게 미치는 도전의 무게가, 특히 그것이 50년간 베스트셀러였던 《슬픈 열대》의 저자에 의해 표명되었을 때 얼마나 버거웠을지 짐작이 간다.

얼마 후 《변증법적 이성 비판》으로 응대한 장 폴 사르트르와의 논쟁에서 레비 스트로스는 역사학에 더욱 비판적인 시각을 보여 1962년의 《야만적 사고》에서 역사학을 신화의 한 표현 형태로 간주했을 정도였다. 역사가 철학에 대해 갖는 매력은 시간의 환영적 연속을 복원하려는 시도에 불과하다. 역사적 탐색은 부분적일 수밖에 없으며, 온전한 전체성을 드러내 주지 못한다. "역사의 연속성 주장은 환영적 흔적들에 의해 담보된다는 논지에 불과하다."(클로드 레비 스트로스, 《야만적 사고》, Plon, 1962, p.345)

브로델의 반응

도전의 힘과 그에 따른 위험을 감수한 브로델은 마르크 블로크 · 뤼시앵 페브르의 유산과 레비 스트로스의 업적을 대비시켰지만, 구조주의자의 공세를 무마하기 위해 전자의 성향을 현저히 약화시킨 측면이 있다. 브로델은 아날학파의 프로그램을 채택하며 역사학을 인문과학의 연합적 학문으로 간주하는 동일한 전략을 구사하였다. 게다가 그는 자신의 역사 서술 방식을 통해 인문과학의 직접적 유산을 인식하였다. 브로델은 특히 사회과학의 혁신, 학문들간의 경계를 열고 각 학문에 의해 드리워진 장벽을 허물 필요를 제기하였다. 그는 여러 인문학간의 이념과 연구자의 자유로운 교환을 제안하였다. 역사는 이러한 발걸음을 내딛어야 하며, 브로델은 역사가 의례적인 도식으로 동화되고 환원될 능력이 있음을 의심하지 않았다.

1950년 콜레주 드 프랑스의 취임 강연 때부터 브로델은 이러한 추세를 환기시켰다. "우리는 50년 전부터 제국적인 일련의 인문학을 탄생시키고 재생하며 성장시켜 왔다."(페르낭 브로델, 《역사 서술》, A. Colin, 1969, p.31) 그것의 목적은 역사학 못지않게 기반을 다진 학문을 옹호하고 또한 연륜이 오래되지 않은 다른 인문과학과 일시적으로 생기고 재출현하는 것들에 직면하여, 계속해서 주도적인 것으로 인정받아 온 학파의 연속성을 옹호하면서 그것에 장기 지속성을 부여하도록 설득받아 온 한 인물의 입장에서 역사의 정체성을 변호하는 데 있었다. 그렇지만 이 학문들이 주창한 내용들에 대해서는 경계할 필요가 있다. 결과적으로 브로델의 전략 속에는 새로운 학문들에 대처하기 위한 두 가지 언어가 있다. 한편으로 그는 역사학과 결코 다르지 않은 인문학의 통합을 확신하였다. "사회학과 역사는 동일 소재를 취급하는 것은 아니지만 정신의 단일하고 동일한 모험에 해당한다." (같은 책, p.105)

클로드 레비 스트로스가 역사를 향해 던진 도전에 대한 정확한 응답은, 브로델이 《구조인류학》의 발간 해인 1958년에 《아날》지에 발표한 또 하나의 선언적 논문인 〈장기 지속〉(《아날 ESC》, 4호, 1958, p.725-753)에서 제시하였다. 그는 사회학에 대한 반감을 드러내면서도 레비스트로스와 극단적으로 대립하는 것을 경계하여, 이론적으로 경합되는 부분이 적지않았음에도 불구하고 전혀 공격을 가하지 않았다. 조르주 귀르비치와는 대조적으로 그는 친족의 기본 구조, 신화, 경제적 교환에 내재한 언어를 해석한 레비 스트로스의 '탁월함'을 인정하였다.(페르낭 브로델, 같은 책, p.70에 재수록) 높은 자리에서 자기 영향권에 속한 젊은 학문들을 장악하는 습성을 갖게 된 악장으로서 브로델은 일단 한번은 자신의 자리를 양보하기로 결심하고 사직은 하지 않은 채 인류학을 '우리의 안내 지침'으로까지 지칭하였다. 이것은 그가 총체적 속성을 지닌 인류학이 갖는 매력과 힘을 수용하겠다는 명백한 표시이며, 이에 수학적 방법론과 모형화 작업을 곁들이게 되면 사회적 활동이 갖는 무의식적 측면을 해명하고 사회과학의 분야에서 결함은 있지만 재빨리 역사학의 우위를 확보할 수 있게 될 것이다.

브로델은 구조인류학의 성과를 수용하고 혁신하는 방식으로 대응하였다. 그는 인류학의 이러한 성과와 역사가가 갖는 최대 무기인 지속——전통적인 사건/연대 설정이라는 양 요소가 아니라 인류학이 부각시킨 가장 항구적인 구조에까지 닿는 장기 지속——과 대비시켰다. "근친혼의 금지는 장기 지속의 측면에서 사실성을 띤다."(같은 책, p.73) 그는 프랑수아 시미앙이 사건의 독특성을 비판하고, 그것이 사회학적으로 무용한 측면을 지적한 점에서 옳다는 것을 인식하였다. 따라서 그는 본질적으로 장기 지속의 관념을 배태하는 공통의 프로그램을 중심으로 사회과학 전체를 재조직할 것을 제안한다. 이 관념은 모두에게 부과되어야 하고, 그것이 지속과 시기 구분과 관련된 문제인 만큼 역사가가 주도적 역할을 맡는다. 브로델은 이러한 발상을 모든 인문학이 동일 언어를 말하도록 해주는 전망의 급격한 전환, 즉 역사학 자체의 코페르니쿠스적 혁명으로서 제시한다.(크리스티앙 들라크루아 · 프랑수아 도스 · 파트릭 가르시아, 앞의 책)

　레비 스트로스와 일반사회과학에 대한 브로델의 응답은 이 사회과학들을 구조로서의 장기 지속과 대비시키는 것으로 한정하지 않고 시간적 차원을 복수적 단위로 분류하도록 하는 것이었다. 그는 이미 1949년 자신의 논지에서 언급했던 이같은 복수적 시간 구분을 1958년 모형으로서 이론화하였다. 시간은 장기 지속의 구성 요소를 이루는 잡다한 복수의 리듬으로 분해된다. 시간은 여러 수준에서 새로운 식별을 위해 질적으로 분류된다. 브로델은 세 가지 차원 내지 단계의 시간, 즉 사건과 순환적인 경제적 시간 그리고 장기 지속을 중점으로 삼는다. 또는 시간의 상이한 단계 내지 다양한 시간 간의 간격을 구분할 수 있다. 이러한 접근은 긍정적으로 일반적 역사의 지위를 반전시키는 데 기여하지만, 이 방식이 생각만큼 그다지 새로운 것은 아니다. 만약 브로델이 시간을 복수로 나눈다 해도 그 역시 이러한 시간들의 변증법을 복원하고 이것들을 하나의 독특한 시간과 조응하여 참조하는 야망을 갖는 역사가적 관점을 덜 고수하는 것은 아니다. 사건과 경제 그리고 장기 지속은 결합된 채로 있다. 통합적 시간이 여러 수준으로 하부 분할된다 해도 각 수준의 시간들은 그것들을 전체적으로 통합하는 포괄적 시간과 연계된 상태로 남는다. 그는 사회학의 수준으로는 아니더라도 여러 시간간에 거리를 두지만, 자신의 3분적 시간 구분 도식에 내용을 부여하고 시간의 빠른 경과 과정을 실체적으로 드러내려 애쓴다. 지속은 제공된 것이라기보다는 구성물로서 제시된다. 페르낭 브로델의 새로운 3분론적 법칙은 어떤 이론에 대한 참조 없이 자신의 숙고를 통해 구성되었고, 오로지 경험적 관찰에 따른 계획에 해당한다. 자신의 논지로부터 그는 각각의 지속에 구체적 영역을 부여한다. 그의 주저인《지중해》역시 세 부분, 세 시간, 세 영역으로 구분된다. 연속된 세 시간대가 있지만 브로델이 각각의 것에 동등한 지위를 부여한 것은 아니다. 그는《지중해》에서 사건에 3분의 1의 분량을 할애했지만 이 부분을 중요시하지는 않았다. 그것은 '파도치기' '사막의 회오리바람' '인광을 발하는 반딧불' '장식'의 문제일 따름이다.

레비 스트로스와 마찬가지로 브로델은 완벽성을 향해 지속적으로 나아가는 시간의 일직선적 개념을 뒤집고, 그것 대신에 과거 · 현재 · 미래가 더 이상 다르지 않으며 나름의 관계를 갖고 재생되는 유사 정지적인 시간으로 대체하였다. 오로지 반복의 질서만이 가능하며, 그는 불변의 요소들에 주목하고 사건의 관념을 환상적인 것으로 간주한다. "내가 살펴본 역사 설명에서 결실을 이루는 것은 항시 장기적 시간이었다. 일련의 사건들은 전혀 그렇지 못하였다."(브로델,《지중해》, 1976, t. 2, p.520)

구조주의자의 도전에 대한 페르낭 브로델의 이중적 대응은 제도적 측면에서 성공을 거두었다. 역사는 스스로의 급격한 변화를 수용하는 대가로 사회과학의 으뜸 자리에 놓이게 되었다. 언어학 · 인류학 · 정신분석학이 중심 위치를 차지했던 1960년대의 지적 활동에서 배제된 역사가들은 1970년대 초반 자신의 입지를 정립하였다. 아날학파는 당시를 황금시대로 인식하고 있엇다. 대중은 역사인류학의 놀라운 성과를 확신하였다. 구조주의를 역사학에 적용하는 일은 특히《아날》지의 새로운 방향에 의해 조율되었다. 브로델은 1969년 잡지의 편집권을 앙드레 뷔르기에르 · 마르크 페로 · 자크 르 고프 · 에마뉘엘 르 루아 라뒤리 · 자크 르벨 같은 보다 젊은 세대에 이양했는데, 이들은 경제사 중심의 지평을 지양하고 심성과 역사인류학의 연구로 방향을 틀었다.

불과 물 간의 결합

1971년 이처럼 새로운 조합은 '역사와 구조'(《아날》, 3-4호, 1971년 5-8월)에 헌정된 잡지의 특별한 번호를 통해 나타나는데, 여기서는 한때 적대적이었던 양 개념간의 만족스러운 결합을 불과 물 간의 결합으로 묘사하였다. 이러한 번호 매김 방식을 제안한 앙드레 뷔르기에르는 개방적이고 온건한 역사가들에게 구조주의의 채택을 종용하여, 1958년 레비 스트로스의 언급처럼 사실의 명확한 수준을 감지하는 데에만 만족하지 않고 인류학과 마찬가지로 집단적인 관행들 속에 내포된 무의식적 의미를 천착할 능력을 과시하도록 촉구하였다. 앙드레 뷔르기에르에게 "구조주의의 일부가 역사학으로부터 멀어지되 상당 부분은 역사학 속에 남게 되었다."(앙드레 뷔르기에르, 같은 책, p.7)

역사가와 인류학자 간의 우호적 결합은 1970년대 초반에는 역사학이 인류학적 경향성을 띠게 됨에 따라 명백해 보였다. 역사가들은 영구적 역사라는 황홀감에 흠뻑 젖고 역사서술학은 동일한 것의 반복되는 이미지와 관련하여 타자의 형상에 특권적 지위를 부여하였다. 타자, 즉 지금껏 인류학자의 그늘 밑에서 연구되어 온 차이점이 역사의 탐색 대상이 되었는데, 이번에는 서구 문명 자체의 과거가 도마에 오르게 되었다.

구조화된 역사를 지향하는 아날학파는 구조의 모형을 취하고, 역사에 입법자적 학문의 지위를 부여하며 에밀 뒤르켕의 사회학적 측면에서 조망되는 인문학들을 성공적으로 연합시키려는 야망을 갖고 있었다. 역사 논설의 구조화에 따른 첫번째 산물은 명백히 시간성이 거의 정체적이 될 정도로 약화된 사실이다. 배타적으로 반복되고 재생산되는 것들을 사고하기 위해 부대 현상적이고 이야기의 흐름을 통해 전개 되는 사실적 기록을 거부한다. 시간에 대한 접근이 미동하지 않은 긴 해변을 연상케 하며, 브로델의 후임으로 콜레주 드 프랑스의 정교수직 을 맡은 에마뉘엘 르 루아 라뒤리는 취임 강연에서 '부동의 역사'를 거 론하였다.(Leçon inaugurale au Collège de France, 30 nov. 1973 in 《역 사학자의 영토》, t. 2, Gallimard, 1978, p.7-34) 르 루아 라뒤리에 따르 면 역사가는 "마르크 블로크로부터 피에르 구베르에 이르는 반세기간 최상의 프랑스 역사가들이 때로는 알지 못한 채로, 또 보다 빈번히는 의식적으로 구조주의적 입장에서 원인을 인식하려 하였다"고 한 주 르댕 박사의 표현대로 의식적 혹은 무의식적으로 구조주의에 탐닉하 였다.(같은 책, p.11) 르 루아 라뒤리는 레비 스트로스가 신세계의 신화 와 친족법에 적용한 구조주의 방법론을 실제 연구에 활용해 볼 정도로 구조주의의 마력에 심취하였다.

역사가의 임무는 더 이상 역사의 추진이나 변동이 아니라 기존의 평 형과 동질적인 반복을 허용하는 재생산 인자들에 역점을 둔다. 예컨 대 미생물적 인자들이 생태계를 안정시키는 결정적 요소로서 명시적 으로 표면에 부각된다. 르 루아 라뒤리에 따르면 "적어도 내가 연구한 시기 동안 거시 역사의 동인을 찾을 수 있는 곳은 계급 투쟁 훨씬 이상 으로 생물학적 사실들 속에서였다."(같은 책, p.9) 그렇게 되면 인간은 중심에서 벗어나고 변화의 환상만을 제공할 뿐이다. 결과적으로 거대 한 틈새들로부터 발견하는 것 일체는 비록 그것들이 인간 없는 역사 를 표방할지라도 커다란 흐름의 측면에서 국소화된다. 역사학을 새로 운 정복자로 치부하는 르 루아 라뒤리는 다음과 같은 낙관적 논조로 자신의 취임사를 마감하였다. "수십 년간 사회과학의 변변치 못한 테 두리를 점했던 역사가 이제 주도적 위치를 차지하게 되었다. (…) 그

것은 단순히 자신의 자리에서 타자를 몰아내기 위해 거울의 다른 면을 지나쳐 간다."(같은 책, p.34)

변화에 저항적인 성격은 레비 스트로스의 생기 없는 사회, 단순한 재생산 기계에 상응하는 정적인 사회에 영감의 원천이 된다. 역사는 이전과 이후와 단절되고 자신과 타자의 영역 속에 중첩되는 미동의 현재 속에서 개화한다.

7. 하위결정론 혹은 인과론의 위기

주체와 대상 간의 구분은 그것이 함축하는 두드러진 입장과 더불어 주체가 인식의 외연에 의해 대상을 충족시킬 수 있는 인식의 폐쇄 상태에 인문학이 이를 수 있다는 사실을 포괄한다. 오늘날 뒤엠의 논제인 하위결정론은 점증하는 인문학 연구들의 철학적 기초가 되었다.(피에르 뒤엠, 《물리학 이론》, Vrin, 1981) 그는 새로운 문제 제기를 통해 일체의 단일 인과론적 설명 시도를 무력화한다. 이 원리는 브루노 라투르의 '비환원성' 관념으로 이어진다.(브루노 라투르, 〈비환원성〉, 《백신: 전쟁과 평화》, Métailié, 1984) 앞뒤 모두에 나타난 인과론적 폐쇄는 등가물이 아닌 모사에 해당하는 특이한 실험만이 있다는 논리적 모순과, 다른 한편 "말로 표현할 수 있든 없든 간에 일체의 것이 해석되는" 연쇄망의 또 다른 극으로 귀착된다.(같은 책, p.202) 게다가 상호간 다양한 인과 관계와 더불어 물리학이 거시적·미시적 양 설명 계획에 따른 설명 수준의 재개진 방향으로 나아간 것은 어느 수준의 것이 우선하는지를 알기 위해 과학적 방법을 전반적으로 개방하는 데 기여하였다. 이것이 여러 복잡한 계서제적 지층으로 구성되고, 다양한 묘사를 가능하게 하는 방향으로 이끈다.

해석의 전환

실제의 작업에서 채택된 해석의 전환은 단일 인과론적 도식으로 귀속되는 과학성과 탐미주의적 변종 간의 그릇된 대안에 사로잡히지 않도록 해준다. 특히 1960년대와 1970년대 내내 과학적 이상, 즉 통계학적 수치, 불변의 계량화된 평형을 통해 궁극적 진리를 발견하려 한 아날학파의 영향하에 있었던 역사학의 동요가 컸다.

폴 리쾨르의 시간에 대한 연구 덕택에 우리는 프랑스어의 동일 어휘 속에 동시에 이야기 자체와 이야기된 행동 양자를 포괄하는 역사의 이중적 차원을 재발견한다. 미셸 드 세르토의 표현을 빌리자면, 역사 서술 작업은 항시 진실을 탐색하려는 이상을 지니면서도 모든 객관주의를 무효로 하는 복잡하고 혼합적인 작업이다. "그것은 이야기가 합리적 외양을 가장하지만 오류의 가능성을 전혀 배제할 수 없는 혼합적인 공상-과학이다."(미셸 드 세르토, 〈새로운 열정으로 쓴 역사〉, table ronde avec P. Veyne, E. Le Roy Laduire, 《마가쟁 리테레르》, n° 123, avril 1977, p.19-20)

과학과 허구 간의 긴장 속에서 역사 논설을 펴는 미셸 드 세르토는 그것이 특정 입장과 관계되고, 또한 공동 연구진들의 업적을 참조하며 제도화된 기술에 의해 중개된다는 사실에 특히 주목한다. "역사가 한 사회에 대해 말해 주는 것을 알기 전에 그것이 어떻게 기능하는지를 분석하는 것이 결과적으로 중요하다."(미셸 드 세르토, 《역사 서술》, Gallimard, 1975, p.78) 결과적으로 역사 기술 작업은 전설적이지도 반유토피아적이지도 않은 말의 조건을 부각시키는 사회 구조와 전적으로 상호 관계된다. 미셸 드 세르토는 1975년부터 역사가 이중적 측면에서 문학이라는 사실을 강조한다. 한 가지는 피에르 노라와 자크 르고프의 감수하에 1974년 출간된 《역사 행하기》의 3부작 제목이 환기시켜 주는 것과 같은 수행 작업이란 측면에서, 또 다른 하나는 현실을 반영하는 문학의 기능 면에서 그러하다. 역사문학은 입회의 의례 역할을 맡는다. 망자의 주문 도구로서의 역사 기술은 논설의 심부에 그것을 도입하며 상징적으로 사회가 과거에 대한 언어를 부여하면서 자리잡도록 허용해 준다. 역사 논설은 입회를 위해 과거를 우리에게 말해 주는 것은 아니다. 미셸 드 세르토에 따르면 그것은 망자를 기리고, 삶의 장면으로부터 그들을 배제하는 작업에 참여한다는 이중적 의미에서 묘소의 기능을 갖는다. 역사적 탐구는 가능성의 영역을 재분배하기 위해 과거에 고유한 영역을 현재에 여는 이러한 기능을 내포한다. 따라서 역사 서술 작업은 사람들이 '과거의 미래'를 말하는 빈도가 높아질 정도로 원칙적으로 새로운 해석, 미래를 향해 열린 과거와의 대화의 길을 마련한다. 그것은 자폐적인 객관화 속에 가두어질 수 없다.

이야기: 시간의 후견인

이야기 중심의 역사와는 반대로 1970년 이야기와 결별하려는 《아날》지의 시도는 망상적이고 역사가의 계획과 모순된다. 분명 아날학파는 역사가가 자신의 주관성을 연구 대상에 투사하고 문제 제기하며 선험적으로 리쾨르의 입장에 접근하는 것처럼 보인다. 하지만 실제로 이것이 포괄적인 설명의 해석학적 관점을 채택하는 것을 의미하지는 않는다. 《아날》지는 방법론 학파를 표적으로 삼는다. 따라서 역사화 대상 이야기를 타파하기 위해 주체로부터 멀어지고 사회과학에 의해 혁신된 역사 논설의 과학성에 우위를 부여하는 것은 모순적 문제이다.

《아날》지가 갖는 인식론적 단절성을 보다 잘 드러내기 위해 잡지의 창간자들과 후발 연구자들은 사건과 그것의 이야기라는 비방조의 표현으로 지칭된 것을 무시하였다. 30년 동안에는 연구 대상의 전환과 경제 현상의 재평가가, 그 이후 50년간에는 공간적 논리의 정당화 작업이 행해졌다. 페르낭 브로델은, 단기간은 지리-역사적 토대의 영구성이나 장기 지속과 관련해 볼 때 환상적인 것에 불과하다고 본다. 그렇지만 폴 리쾨르가 잘 지적한 대로 장기 지속은 지속된 채로 남기 때문에 역사 기술의 규범은 사회학 속에서 갈피를 못 잡고 저해된다. 역사가로서 브로델은 역사학 고유의 수사학적 형태를 포섭한다. 겉으로의 표명과는 반대로 그 역시 자신의 논지를 개진할 때 이야기를 꾸며나가는 방식을 취한다. "장기 지속의 역사 관념 자체가 극적인 사건, 즉 이야기로 풀어낸 사건에서 유래한다."(폴 리쾨르, 《시간과 이야기》, t. 1, Le Seuil, 1983, p.289) 분명 펠리페 2세가 아니라 지중해를 주제로 삼은 이야기는 또 다른 유형이지만 그렇다고 해도 그것이 덜 이야기에 속하는 것은 아니다. 지중해는 사람들이 대서양과 아메리카를 향해 나아가기 이전, "지중해가 위대한 역사를 마감하는 순간인" 16세기에 영광의 마지막 순간을 감지하는 유사 인격성을 갖는다.(같은 책, p.297) 결과적으로 이야기하기는 정치-외교적 사실에 대한 고전적인 이야기와 가장 거리가 먼 경우에조차 모든 역사가에게 통용된다. 이야기는 역사 기술을 위해 불가피한 매개를 구성하고 또한 코젤렉이 "우리의 작업 가설은 그것이 이야기될 때 사고될 수 있다는 측면에서 이야기를 시간의 후견인으로 삼는다"고 말한 대로 경험의 영역과 관심의 지평과 관계된다.(같은 책, t. 3, 1985, réed, points-Seuil, 1991, p.435)

시간의 형상은 역사가의 이야기를 통해 나타난다. 그것은 예상되는 과정의 복잡성을 환기시켜 주는 경험의 영역과 단순히 현재의 경험으로는 환원될 수 없는 미래의 현재를 규정하는 기다림의 지평 간에 오간다. "경험의 영역과 기다림의 지평은 극단적으로 대립되지만, 또한 상호간에 필요 조건이 된다."(같은 책, p.377) 이같은 역사 시간의 해석학적 구성은 과학적 최종성이 아니라 인간의 이야기, 세대간에 전개되는 대화를 지향하는 지평을 제시한다. 과거를 재연하고, 그것의 잠재성을 재표출할 수 있는 것은 이러한 전망 속에서이다. 순수히 골동품적인 역사를 비난하면서 역사해석학은 "우리의 기다림을 보다 확고한 토대 위에, 그리고 우리의 경험을 보다 비결정적인 토대 위에" 놓도록 한다.(같은 책, p.390) 현재는 자신과 거리를 둔 역사적 지평으로부터 과거에 의미를 부여한다. 그것은 명멸한 시간적 거리를 "지각의 생기적 전수"로 변형시킨다.(같은 책, p.399) 그렇다면 역사적 재구성의 벡터는 모방과 자기 자신이라는 이중적 형태로 이야기의 정체성을 규정짓는 현재의 심부에서 발견된다. 이야기의 중심성은 자신의 논지를 인과 관계의 메커니즘에 대한 폐쇄적 설명 속에 가두어 버리는 역사의 경향성을 상대화한다. 그것은 "지각하려는 주체의 의도"로 귀속되거나 "윤리적·정치적으로 함축하는 바"에 따라 역사의 포괄성 관념을 거부하도록 허용하지도 않는다.(같은 책, p.488-9)

이중의 해석학

우리는 역사학·사회학·인류학의 세 인문학이 앤소니 기든스가 번역 과정과 해석 과정이라고 부른 이중의 해석학과 대면하고 있는 사실을 재발견한다.(앤소니 기든스, 《사회 이론과 현대 사회학》, Stanford,

1987) 우선 인문학은 행위자들에 의한 행동의 표상이 적절한 인식의 담지자임을 고찰해야 한다. 두번째로 인문학은 그 자체가 해석학이다. 이 이중적 해석 범주는 행위자가 활동과 대응 능력, 즉 기든스가 '행위성'이라 부른 것 덕택에 행위자에 의한 파악과 인문학을 통한 인식의 제도화에 의해 효력을 지닌다. 이러한 변화 능력은 인간에 적절하고, "표상이 행위자의 행위성과 불가분리의 관계에 있는" 역사·사회학·인류학에 공통된 실용주의적 지평을 열어 준다.(장 피에르 올리비에 드 사르당, 〈사회과학의 베버적 지평〉, 《기원》, 10호, janv, 1993, p.160) 만약 인식론적 지평이 실용주의적이라면 우리가 도달할 것에 대해 예단할 수 있다. 예견은 회고에 다름 아니게 된다. 인문학은 이유와 방법을 놓고 동요할 것인데, 왜냐하면 "비결정론은 나에게는 전 사회과학의 대상에서 나타나는 특이성처럼 보이는 이러한 행위성에 고유하기 때문이다."(장 피에르 올리비에 드 사르당, 《인식론과 사회적 요구 간의 역사》, Actes de l'université d'été de Blois, sept. 1993, IUFM de Créteil, Toulouse, Versailles, 1994, p.32)

경계 지대의 탐색: 알랭 코르뱅

이러한 비결정론은 자기 학문의 영역적 한계 내에서 선구자적 탐색을 벌인 역사가 알랭 코르뱅에 의해 예증화된다. 그의 작업은 '대상의 불확실성'을 상징한다.(알랭 코르뱅, 〈팽창의 현기증〉, 《근현대사 잡지》, 39호, 1992, p.103) 알랭 코르뱅이 역사 인식의 심부에서 탐색을 벌인 경계 영역들은 관례적이고 전통적인 분류학으로 다루어질 수 없다. 말로 표현할 수 있는 한도 내에서 지각과 부지각 사이에 놓여 있는 대상 자체가 단순한 인과론의 전개를 불가능하게 만든다. 지각과 감성의 역사 영역에 대한 혁신적 연구자로서 알랭 코르뱅은 에르네스트 라브루스가 행한 리무쟁의 회고적 사회기술학 분야에 불만족해했는데, 이 영역에 대한 뤼시앵 페브르의 열망을 실현코자 하면서 매춘의 역사와 더불어 새로운 대상을 탐색하였다.(알랭 코르뱅, 《혼례식의 신부들. 19세기 성적 황폐함과 매춘》, Champs-Flamarion, 1982) 그는 우선적으로 사회적 표상들과 관련된 후각의 발현에 대한 연구를 행하였다. '매춘이 죽은 고기, 도살과 갖는 유사성'은 왕립의학회 회원이자 1794년에 설립된 파리위생청의 초대 청장인 장 노엘 알레의 《비망록》에서 제시된 관념에 논리성을 부여한다. 방취(désodorisation)에 대한 이같은 탐닉은 '집단적 지각 과민'을 초래한다.(알랭 코르뱅, 《독취와 황수선화. 18-19세기. 후각과 사회적 상상》, Champs-Flammarion, 1986, p.1) 역사와 문학의 영역 안으로 위스망스와 같은 작가의 환상 소설과 장 노엘 알레의 탐색이 비집고 들어간다. 알랭 코르뱅은 이러한 후각적 굴절이 무엇과 상응하는지를 인식하는 문제를 제기한다. 습관적으로 무시되고 사소한 것으로 간주된 이러한 감각이 어떻게 급작스럽게 집단적 소요를 야기하는가? 알랭 코르뱅은 자신의 연구 영역 외부의 것을 지향하도록 하는 고전적인 과학사의 목적론적 전망에 의해 무시된 파스퇴르 출현 이전의 비과학적 분위기 속에서 1750-1880년에 나타난 복잡한 결합태를 복원한다. 알랭 코르뱅은 씩은 물질, 기체학 (…) 그것의 사회적 차원, 즉 본능적·동물적 감각과 유기체의 악취를 지닌 인간으로의 전환에 대한 이러한 연구를 부각시키기 위해 브루노 라투르의 대칭 원리를 재확립한다. 후각의 비위를 거슬리게 하는 것은 노동자의 살갗이 닿는 곳으로 역한 냄새를 풍기는 짐승의 우리이고, 빈자의 변소이며 퇴비이다.(같은 책, 1986, p.268)

후각과 사회적 상상 간의 관계를 재복원한 이후 알랭 코르뱅은 서구인들이 18세기부터 그들의 욕구를 표출해 나간 새로운 지점을 제시한다.(알랭 코르뱅, 《공허의 영역》, 《1750-1850년간 서양의 욕구》, Champs-Flammarion, 1990) 그는 사람들이 자신의 환경과 정서 속에서 어떠한 전망을 가졌는지를 밝히고자 한다. 행위자들에 대한 논설과 더불어 그는 시대착오를 피하려는 역사가들 본유의 우려를 품고 지각의 심부를 헤쳐 나간다. 이러한 욕구의 상승은 "온갖 종류의 것들로 연구 대상을 확장하고 정확히 이처럼 뒤섞인 대상들 속에서 이야깃거리를 마련한다."(알랭 코르뱅, 《시간의 영역》, 앞의 책, 1995) 출현 과정에 주목하는 이러한 형태의 역사는 브로델의 장기 지속적 관념의 틀과 거리를 유지한다. 이것은 반대로 새로운 욕구를 검증하는 논설을 통해 불연속성을 드러내며 추론적 작업에 대항하여 구체적 관심 대상에 주목한다. 인과 관계적 재구성에 대한 거부는 말해진 것과 그렇지 않은 것 간의 구분을 의미한다. "나는 연안에 이르기까지 통과해 가는 어떤 철책 수로를 구축하는 일을 거부한다."(《공허의 영역》, 앞의 책, 1990, p.322)

인식의 절차

이러한 지각의 역사는 역사학의 한계 내에 머무를 수 없다. 우리가 나타난 현상을 고찰할 때 말해지지 않은 것을 증명되지 않은 것 속에 동화시킬 수 있는지의 여부를 알기 위해 언어철학의 문제들을 숙고하게 된다. 게다가 이러한 역사가 거론된 주제의 성격에 대한 질문을 함축할 수도 있다. 이와 관련하여 폴 리쾨르의 해석학적 통찰력이 제시하는 철학적 고찰은 푸코의 마지막 저작으로 시신에 특별한 관심을 보인 《자신에 대한 우려》에서처럼 역사가의 논설에 영감을 줄 수 있다. 이러한 통찰력은 미국의 역사가인 피터 스티어스와 캐롤 지노비츠 스티어스가 명명한 '감정론' 내지 감정의 새로운 역사의 확립에 제시해주는 바가 매우 크다.(캐롤 지노비츠 스티어스·피터 스티어스, 《감정과 사회적 변화: 신역사심리학에 대하여》, New York, Holmes and Meier, 1988)

일반적으로 역사적 탐구 영역 내에서의 표상이나 지각의 인식은 유물적이기보다는 관념적이고 상징적인 대상의 연구를 지향한다. 연구과정은 선행한 현상이 후행하는 현상을 결정하거나 생기시킨다고 보는 인과관계론을 적용 가능하게 할 정도로 일직선적 노선이 아니다. 한편 역사는 생기·일관성·동시대성을 알아낼 수 있다. 우리는 우리가 이해할 수 있는 현상의 공동적 생기를 관찰한다. 하지만 이것은 인과 관계의 문제가 아니다.

역사 과정의 탈운명화는 표명된 인과관계론의 이같은 도식적 위기와 더불어 진행된다. 생기는 더 이상 그것이 이미 확립된 방향의 출발점으로 기능만 담당하는 목적론적 관점에 의해 전제되거나 부수적으로 취급되지 않는다. 이러한 영역의 확장은 하위결정론 관념으로 인도되는 과거의 가능성을 증대시킨다. 이것은 매순간마다 모든 것이 가능하다거나 비결정론이 무차별론으로 될 수 있다는 것만을 의미하지는 않는다. 하위결정론 관념은 동시에 가능성의 다수성과 어떤 가능성은 도래하게 하고, 또 다른 가능성은 도래하지 않게 하는 제약의 존재를 의미한다.

이같은 개방/폐쇄의 변증법은 강좌의 실용적 역사와 관련하여 로제 샤르티에의 연구에서 중심적 위치를 차지한다. 제약의 내부에서조차 가능성이 생기는 사실은 로제 샤르티에로 하여금 식자층 문화와 대중문화 간의 대립이라는 단순한 논지와 결별하도록 해준다. "이 책이 저술된 것은 무엇보다 대중문화의 관념 자체에 대한 고전적 용례에 반해서이다."(로제 샤르티에, 《앙시앵 레짐기 프랑스의 강연자들과 강연들》, Le Seuil, 1987, p.7) 그는 사회적 구분과 문화적 구분 간의 완벽한 합치에 근거한 이러한 공식을 보다 유동적인 분할 구도로 대비시킨다. 그렇지만 그에 따르면 역사적 대상의 가장 현저한 복잡성은 일체의 결정론을 거부하고 절대적 불확정성을 선택하는 것을 함축하지는 않는다. 이것이 로제 샤르티에가 개진한 강좌의 핵을 이루는 관념이다. 그것은 다양한 인식 절차와 동시에 업적에 내포된 전략을 이해하도록 해준다.

8. 베버의 이상형

딜타이의 노선을 따르되 역사 고유의 연구 영역에 대해 보다 급진적 입장을 취한 막스 베버는 역사 연구의 포괄적 속성에 대해 이야기한다. 19세기 독일 역사학파와의 논쟁을 통해 베버는 "역사의 기원 자체가 사건의 연속성의 식별 방식이나 경험적 차원의 지각 탐색과 마찬가지로 과학적 접근 방식으로 포괄되는" 단계의 정당화에 의해 전수된다고 본다. 여기서 그에게 중요한 것은 본질적으로 물리적 현상과 관계한다는 것이다. 이러한 수준은 직관적 방식으로만 파악될 수 있기 때문에 역사 행위자들이 빈번히 후각적인 체험의 차원에서 느끼는 것을 설명하는 일이 연구자들의 임무가 된다. "막스 베버의 전 노력은 다음 문제에 경주되었다. 어떠한 조건하에서, 그리고 어떠한 한계 속에서 이해에 기초한 판단이 모두에게 가치를 지닐 수, 즉 진실될 수 있을까?"(레이몽 아롱, 《역사비판 철학》, Vrin, 1969, rééd. Le Seuil, coll. 'Points,' 1970, p.240) 이러한 이해 노력에 기초하여 막스 베버는 사실 판단과 가치 판단 간에 급격한 구분을 두며, 이를 모든 과학적 탈존재론의 근본 원리로 삼는다. 그는 역사이며 사회학인 행동의 경험 과학과 그가 "대상의 유효하고 정당한 지각을 탐색하는" 도식적 학문(권리 · 논리 · 윤리 · 심미주의)으로 지칭한 것 간의 구분을 절대시한다. (카르린 콜리오 텔렌, 《막스 베버와 역사》, PUF, 1990, p.13)

독특한 학문

베버에 따르면 역사는 일반 법칙의 표명 내지 법칙론적 단계에 이를 수 있는 실험과학으로 분류되는 표의학과 특이성의 학문, 현실의 학문 수준을 끌어올리는 역할을 한다. 후자들과는 반대로 역사는 독특한 형상을 가치화할 가능성에 접근한다. 베버는 우연성의 체계를 덜 거론하는 것은 아니지만, 그것을 법칙과는 이질적인 것으로 여긴다. 그것은 딜타이의 방식으로 설명을 요소로 하는 자연과학을 이해하는 정신과학과 대비되지 않는다. 설명과 이해의 두 수준은 인지적 접근에 접근하고, 설명적 이해의 관념을 일차적으로 부각시킬 정도로 통합적인 관계 속에 놓인다. 따라서 합리적 설명은 베버적 귀결이고, 인간 행동의 지각적 특성은 합리적인 해독의 시도를 보다 강력히 허용한다. 사회학자나 역사가가 지향할 것은 이 학문들을 최종적 합리성의 이상적 유형과 대면케 하고, 또한 심리학적 합리성과 내재적 합리성과 관계시키며 행위자의 행동을 해석하는 일이다.

결과적으로 베버는 지각 내지 '지향된 감각'에 의해 구조화된 것으로서의 행동을 연구의 중심에 놓는다. 그는 반성적 의식의 정도에 따라 배열된 계서화의 기능 속에서 사회적 행동의 유형을 마련한다. 전통적 · 정서적 · 합리적 행동이 가치를 부여받으며, 합리적 행동이 가장 우위에 놓인다.(베버, 《경제와 사회 I》, Plon, 1971, p.22-23) 베버가 보편적 역사의 측면에서 일반화의 가능성을 발견한 것은 마지막 단계, 즉 최종적 합리성 단계에서이다. 불연속적인 각 수준간의 이러한 변증법은 그가 《프로테스탄티즘의 윤리와 자본주의 정신》에서 그러했던 것처럼 연구의 감각을 예리하게 해주지만, 한편 일체의 역사적 목적론과 거리를 두게 만든다. "베버는 사회적 관행과 관계하는 방식으로 역사 속에 감각이 있고, 그에게는 지각된 것 이상의 진정한 행위가 없다고 인식하였다. 하지만 이것이 지각의 발전에 의해서건 지각의 과정으로서이건 세계가 행동에 의해 이루어진다는 것을 함축하지는 않는다."(콜리오 텔렌, 《같은 책》, p.94) 널리 알려진 것과는 대조적으로 베버는 프로테스탄티즘이 자본주의의 기원이 된다고 주장하지 않는다. 그는 두 현상간의 관계에서 특정 인과 관계를 전혀 거론하지 않는다. '이상형'을 제시하면서 그는 보다 겸손하게 프로테스탄티즘이 어떻게 직업 노동, 개인주의에 의미를 부여하고, 또한 자본주의 정신의 파급에 기여했는지를 보여 주고자 하였다.

사회과학의 베버적 국면

막스 베버는 오늘날 프랑스에서 장 피에르 올리비에가 사회과학의 베버적 국면이라는 표현을 거론할 정도로 특별한 관심을 다시 얻고 있다.(《기원》, n° 10, janvier 1993, p.146-160) 분명 베버의 사고가 제대로 소개된 시점은 제2차 세계대전까지 거슬러 올라간다. 즉 레이몽 아롱의 논지가 발간된 시점부터이다.(《현재 독일의 역사 이론에 대한 고찰, 역사의 비평철학》, Vrin, 1938) 다음으로 쥘리앵 프룅이 프랑스에 베버의 논지들을 소개하는 노력을 기울였다.(《막스 베버의 사회학》, PUF, 1966) 만약 베버가 그토록 오래전부터 알려지고 논의되었다면, 이것은 분명 프랑스 사회학 연구자들이 그의 저술을 잘못 인식해서 그런 것은 아니다. 이러한 측면에서 프랑스와 독일 사회학 간에 접촉이 중단되지 않았다는 사실적 증명이 가능하지만, 접촉이 있었다 해도 프랑스에서는 뒤르켕이 완벽한 성공을 거두어 20세기초 학문적 지배력을 행사했으며, 그러한 영향력은 1960년대에 구조주의의 승리와 더불어 더욱 두드러진다. 베버·지멜·딜타이의 모든 전통은 정당한 대접을 받지 못하고 있었다. 모니크 이르쇼른이 지적한 대로 두 성향간의 분리는 명백하며, 베버에 대한 참고가 프랑스어로 이루어진 경우는 드물고, 이 점은 영어로 된 색인이 풍부한 것과는 대조적이다.(《막스 베버와 프랑스 사회학》, L'Harmattan) 분명 이처럼 더딘 사실에 대해 1955년부터 독점권을 갖고 있던 플롱사의 권리와 관련된 상업적 요인들을 거론할 수 있겠지만, 플롱사가 베버의 저술을 활발히 발간할 특별한 동기를 갖고 있지 않았다면 그것 또한 베버의 텍스트들을 편집하거나 재편집할 대중적인 상업적 필요를 느끼지 못했기 때문일 것이다.

이러한 상황은 당대에 주도적이었던 뒤르켕-마르크시즘과 대립적인 사회학 성향이 자발적으로 수그러진 점과 무관하지 않다. 사실 기계적 물리학을 모형으로 삼은 콩트의 실증주의 계열과 정신과학을 자연과학과 분리하는 포괄적 사회학 계열 사이에 대립되는 두 가지 관점이 있었다. 결과적으로 지멜·딜타이·베버의 역사에 대한 비판적 철학과 역사학을 심리화하는 것을 비난한 실증주의적 전통 간에 전후에 다시 단절이 발생하게 된다.(실비 메쥐르, 《시공간》, n° 53-54, 1993, p.19-27)

한편 이러한 상충을 초래한 독일 사회학의 흐름에 대한 그릇된 이해가 프랑스에서 계속 유포되고 있었다. 게다가 규정되고 거론된 베버의 관점은 해석학적 계열에 속해 있었다. 그것은 계량화하려는 경험적 야망과 더불어 실제의 존재를 대상으로 삼는 자연과학과 공통된 사회과학의 인식론적 자립성과 상응한다. 하지만 이러한 인식론은 사회적 사실들을 사물로 취급하는 게 불가능하다는 측면에서 자연과학과의 관계 속에서만 자립적일 뿐이다. 이러한 본유의 영역은 "역사성이라는 초석 및 유형화, 비교주의, 유포된 신어법이라는 세 축대에 의해 규정된다."(장 피에르 올리비에 드 사르당, 〈사회과학의 인식론적 통합〉, 《인식론과 사회적 요구 간의 역사》, 앞의 책, 1994, p.16) 역사성의 초석은 베버에 의해 독특한 공간−시간적 좌표에 의해 표시되는 만큼 재생산이 불가능한 것으로 정의된다. 그것은 사회과학을 수용 가능케하는 해석학적 차원에서 개방성을 띤다. "끊임없이 사회적 행위자들은 행위 감각을 예리하게 하며 이러한 감각 자체가 이 행동들의 요소가 되고, 행위에 따른 파급 효과가 항상 존재한다."(같은 책, p.17) 첫번째 축대인 유형화 역시 베버의 이상형에서 차용된 것이다. 그것은 이름에 상당하는 지위를 갖는 인공물을 이용하도록 허용한다. 어려운 점은 "모든 묘사 또한 해석이기 때문에 해석으로부터 차용된 묘사 계획에 따라 유형론을 실체화하는 일이다."(같은 책, p.18) 두번째 축대는 보다 전통적이다. 이것은 인문학에서 해석학의 도구로서 활용된 지 오래된 비교주의이다. "마지막으로 유포된 신조어는 있는 그대로의 토착적 표상이다."(같은 책, p.20) 그것은 행위자들이 행한 분석의 묘사 안에 병합되는 것, 즉 베버의 이해 대상과 결합되는 것을 의미한다.

역사학

장 클로드 파스롱이 사회학적 추론을 정의하면서 포퍼적 영역을 실험과학의 영역과 대비시키는데, 후자는 이론적 명제의 반박 가능성에 부적절한 역사과학의 부분을 구성하지 않는다. 결과적으로 그는 자신이 역사과학(사회학·인류학·역사)으로 지칭한 것을 규정하면서 이 학문들의 자립성에 대한 베버적 구분과 이것들 각각에 대해 대상의 한계를 그을 필요성을 고려한다. 이 계획에 따르면 사회과학들은 법칙론적 학문의 영역에 속하지 않는다. 장 클로드 파스롱에 따르면 이 학문들은 표명의 특성이 강한 지시론적 영역에 속한다. 이러한 특성은 베버로부터 차용한 또 다른 요소, 즉 사회학적 추론에 의해 분류된 이상형의 중요성에 상응한다. "여기서 이해의 본질을 이루는 것은 논리적 관계가 아니라 엄격성을 요건으로 하고 있으나 끊임없이 교정될 여지가 있는 유형학적 관계이다."(같은 책, p.384) 베버로부터 차용한 또 다른 중대한 요소는 유형론과 관계하여 맥락적 파악을 중시하는 역사과학의 비교사적 사고이다. "둘 또는 그 이상의 역사적 맥락들이 비교적 추론에 의해서만 상이한 것 내지 근접한 것으로 구분될 수 있다." (같은 책, p.369) 이것은 사회과학의 이론적 영역으로부터 자연적 언어와 그것의 맥락과는 분리된 일체의 불변적 형식화를 망상적인 사고로서 배제한다. 이와는 전혀 반대로 개념들은 지시성을 포괄하며, 장 클로드 파스롱이 혼합적 명목(semi-nom)으로 지칭한 반은 개념적이고 반은 지시적인 이러한 '잡종적' 유형은 베버의 이상형과 상응하는 것이다.

제 III 장
이야기

1. 역사가: 수사학자

키케로

역사가가 문학적 모태로부터 점차 해방되어 가는 한편, 다소간 두드러지게 수사학과 연계되어 갔다. 이러한 경향이 뚜렷이 드러난 시점은 기원전 1세기 키케로가 공화정 보전을 위한 투쟁을 벌이던 시기였다. 키케로는 로마 최고의 웅변술을 바탕으로, 우선적으로 법률-정치적인 구두 변론을 통해 공화정 진영에 봉사하고, 다음으로 새로운 역사 기술을 옹호하면서 공화정의 제도들을 보전하려는 투쟁에 가담하였다. 그는 기원전 64년 카틸리나에 대항하는 데 지대한 노력을 기울였다. 키케로는 히브리다 · 카틸리나와 경쟁하여 원로원 의원으로 선출되었는데, 이에 카틸리나는 모반을 일으키고 키케로를 제거하기로 결심하였다. 키케로는 원로원을 소집하고 카틸리나 추종자들의 처리 방침을 선언하였다. 그러나 결과적으로 카틸리나의 공범자들은 예고된 모반을 일으키고 제단 앞에서 서약하였다. 베스타 여신단은 이 사건을 모반에 대해 보다 능동적으로 대처해야 할 전조로 해석하였다. 키케로는 당시 원로원 자신이 이 문제를 처리할 사안으로 간주하고, 원로원이 이들을 사형에 처해야 한다는 생각을 갖고 있었다. 만약 로마가 키케로를 이 분쟁의 승자로 선언하면 그는 모반자를 상대로 확고한 공격을 가할 수 있게 될 것이었다.

이러한 갈등은 로마 공화정이 겪는 위기의 다양한 징후 중 한 요소라고 볼 수 있다. 당시 키케로 입장에서는 정치 활동과 거리를 두고 스스로와 주변 상황을 성찰해 볼 수 있는 시기였다. 키케로는 역사서를 저술하고 싶어했고, 만약 그럴 시간이 없으면 수사학의 이론적 기초를 확립코자 하였는데, 궁극적으로 기원전 46년 《웅변에 관하여》(Les Belles Lettres, 1921)을 발간하였다. 웅변가는 세 가지 의미를 담고 있다. 좁은 의미로는 대중 앞에서 연설하는 것을 의미하지만, 그것은 또한 국가의 서기와 같은 사람을 의미한다. 키케로에 따르면 웅변가는 철학 · 변증법 · 민법 · 역사 등 견고한 일반 문화를 숙지하고 있어야 한다. 고대의 환경이 다른 시기들보다 웅변가가 여력을 발휘할 수 있는 모범적 사례 내지 대상으로 활용될 수 있는 것은 바로 이러한 측면에서이다. 차후 로마에서 역사의 도덕적 완벽성을 구비할 수 있는 고전적 기능들이 발견되며, 역사는 가장 기본적인 장르로서 나타나게 된다. 역사는 "세기의 증인, 진리의 빛, 추억의 삶, 삶의 모태, 고대의 사자(使者)"(키케로, 같은 책, 2, 9, 36)이다.

《웅변에 관하여》에서 키케로는 자신의 역사 관념을 피력하였다. 그는 상당히 장기간에 걸친 연대기 형태를 취하였다. 그는 내외적으로 특징적인 사건들의 이야기를 연대순으로 제시하고, 각 연도의 마지막 시기에 중요한 정치적 사건을 확정하는 형태의, 로마 시대를 주도해 온 연표의 장르에 만족하지 않아 이에 거리를 두었다. 그는 후자의 형태가 간략한 문체로 기술해 나가는 자신의 즐거움을 빼앗고 논설을 '장식하는' 멋을 놓치는 측면에서 이를 못마땅하게 여겼다. 역사가는 즐거울 뿐만 아니라 효율적인 논지를 만들기 위해 수사학 학교에서 강의를 받아야 한다. 연표 작성자와는 대조적으로 역사가는 자신의 능력껏 모든 수사학 수단을 활용하여 텍스트를 장식해야 한다. 역사가는 자신의 논설을 미화하려 애쓰면서 "사실들을 장식하는"(키케로, 《웅변에 관하여》, 2, 12, 54) 사람이 되어야 한다. 키케로는 주저 없이 빨리 써내려가는 역사 기술 방식을 권한다.

결과적으로 키케로는 연표 역사 장르를 규정하기 위해 연표 이외에 서사시의 다양한 요소들을 살펴보지만, 서사시와는 대조적으로 역사적 논설을 특징짓는 진실 탐구의 욕구를 망각하지 않는다. 그의 역사 서사시는 인류의 도덕적 보루 역할을 할 진실 탐구의 지평을 추구한다. 키케로가 정의한 역사는 "세기의 증거, 진리의 빛, 추억의 삶, 삶의 모태, 고대의 사자"(같은 책, 2, 9, 36)이다. 따라서 그것은 역사 장르를 규정하기 위해 수사학적 효율성을 활용하도록 영감을 주고, 그런 한편 두 가지 형태의 논설을 구분한다. 웅변이 법정의 구두 변론 영역과 관계할 때는 상대의 마음을 격정적으로 뒤흔드는 것이어야 하지만, 역사의 영역에서는 논설이 도도하고 유려한 문체로 이루어지고 투박함을 피하면서 정규적인 리듬을 유지해야 한다.

그럼에도 불구하고 수사학의 특성을 담은 역사에 적절한 이러한 문체는 범할 수 없는 어떤 역사의 규범들을 따라야 한다고 키케로는 생각한다. 첫째 그릇된 것을 결코 말하지 않고, 다음으로 진실만을 말하기로 맹세하며, 셋째 호의건 악의건 모든 당파성을 회피하고, 마지막으로 시간적 추이 내지 사건의 순서를 존중하여 연대를 언급한다. 역사 시론은 섭리를 본질적 원리로 삼는 실용적 도덕성과 신실함에 기초를 둔 정의에 의해 인도받는 행동철학을 예시한다. "정의의 기초는 선의의 서약, 즉 말과 행동의 신실함과 진지함이다……. 선의의 서약은 또한 말로 표명되어야 한다."(키케로, 《의무론》, I, VII) 결국 사회 관계를 공고히 해주는 것은 한 고대적 형태의 애국심 고취라는 측면과 관련된다. "이성과 감성의 대상이 되는 모든 것, 일체의 사회 관계를 검토함에 있어서 공화정이 우리 각자에게 갖는 의미와 존재성보다 중요하고 귀한 것은 없다. 우리의 부모·자식·친척·친구가 귀하다고 하지만, 오로지 조국만이 이 모두에 대한 우리의 애정을 포괄한다. 그리고 조국을 위해 그것이 이익이 된다면 죽음을 무릅쓸 각오를 누가 하지 않겠는가?"(같은 책, p.110)

살루스티우스

역사기술의 한 형태로서 키케로의 법률수사학으로부터 정치수사학으로 영역이 옮아가게 되는데, 이는 키케로의 동시대인이며 카틸리나의 모반 당시 23세였던 살루스티우스에 의해 이루어진다. 간음으로 인해 원로원에서 배제된 것을 비롯해 적지않은 곤경을 겪은 후 그는 직업으로 가장 출중한 로마 권력가 중 1명인 카이사르의 진영에 들어갔으며, 카이사르는 그에게 감찰관직을 거쳐 원로원 의원이 되는 길을 열어 주었다. 기원전 50년 그는 《카이사르에게 보내는 편지》에서 평민을 수탈하는 부패한 귀족에게 부여된 우월성, 당파 싸움 및 부에 대해 신랄하게 비판함과 동시에 마찬가지로 토지를 상실하여 하층 도시 프롤레타리아트로 전락한 사람들에 대해서도 비판의 칼날을 세웠다. 이러한 이중적 사회 위기 상황에서 카이사르와 같은 출중한 인물민이 로마를 구원할 수 있다고 설파하였다.

기원전 44년 카이사르의 암살로 인해 그는 그다지 변변치 못한 정치경력을 끝맺고 역경에 처하였다. 그는 관직에서 은퇴하고, 또 다른 정치 수단으로 느껴진 역사기술 작업에 헌신하였다. 격언의 효율성을 인식한 살루스티우스는 꼭대기에서 바닥에 이르기까지 명확성을 기하려는 마음으로 본질에 집중하며 정확한 문체를 추구한다. 예컨대 베르킨게토릭스가 로마에 항복했을 때, 그는 이 사건이 담는 인상적인 면을 강조하기 위해 다음과 같이 감정을 배제한 채 간결한 문장으로 표현하였다. "베르킨게토릭스는 항복하였고, 그의 군대는 무릎을 꿇었다." 살루스티우스는 자신이 겪은 위기의 순간을 보다 잘 표현하기 위해 감정에 휩쓸리지 않고서 인상적인 어법의 전환을 즐겨 사용한다. "살루스티우스는 비대칭성, 언어적 충격, 중요 요소간의 조응, 간결한 기술, 대구를 좋아한다. 그는 내적 부조화를 표명하기 위해 문체를 내용에 맞춘다."(외젠 시젝, 《고대 로마의 역사와 역사가들》, Presses universitaires de Lyon, 1995, p.124) 그는 정치적 활동이 뜸해진 틈새를 활용하여 43-41년에 《카틸리나의 음모》를 출간하였다. 그는 카틸리나를 자신의 주변에 당대의 모든 악을 집결시킨 야망꾼의 모습으로 묘사하였다. 피폐한 귀족, 군대의 잔병, 몰락한 농민, 무정부적 성향의 평민 등 잡다하게 구성된 모반군의 혼합적 연합을 통해 득세하려 한 한 젊은 이의 야망을 질타한다.

얼마 지나지 않아 그는 기원전 111-105년의 로마와 유그르타 간의 충돌을 추적한 《유그르타 전쟁》을 발간하였다. 이 이야기를 통해 그는 일부 로마 귀족의 부패 과정을 묘사하였고, 번민으로 가득 차 적들의 명백한 연약함을 경계하는 공화정기 자신의 진정한 영웅들에 대해 말하였다. 역사 수사학의 입장에서 쓴 도덕주의적 요소는 그에겐 이전의 수사학자만큼 중요한 의미를 지니지 않았다. 자신이 겪은 정치적 위기 상황에서 살루스티우스는 카틸리나를 로마의 내적 악을 상징하는 인물로, 유그르타를 외적 악을 상징하는 존재로 다룬다. 살루스티우스에게 역사 기술의 모형은, 예외적인 정치적 인물의 성격이나 필요한 도덕적 잣대에 관심을 표명한 측면에서, 투키디데스의 역사 기술이었다. 살루스티우스는 그리스의 모형을 로마인의 심성이라는 새로운 맥락에 적용하면서 극적인 투쟁을 대립적 측면에서 묘사하거나 사건을 설명하는 방식을 그로부터 차용한다.

티투스 리비우스

키케로가 정의한 역사시학은, 공화정이 몰락하고 정치적 위기가 악의 근원에 대해 생각하는 도덕적 열기를 북돋우게 됨에 따라 로마에서 개화하게 되었다. 따라서 역사는 도덕적 치유의 도구, 교육의 원천, 작가가 되는 수단이 되었다. 작가이자 역사가인 티투스 리비우스가 키케로의 노선을 따라 자신의 작품을 기술한 것도 이러한 야망이 있어서였다. 아우구스투스 시대에 파도바에서 태어났고, 클라우디우스의 가정교사였던 티투스 리비우스(기원전 59년-기원후 17년)는, 아우구스투스에 의해 역설적으로 '폼페이우스 성향'을 갖고 있다는 말을 들을 정도로 자신의 공화정 성향을 부인하지 않고도 황제의 주변에 머무를 수 있었다. 그는 살루스티우스와는 대조적으로 정치를 직업으로 택하지 않았다. 그는 기념비적 역사 서술 작업에 헌신하고자 하였다. 현재 36권만이 존속한 1백42권의 책을 통해 그는 내전의 마지막 기간과 제정의 성립 과정을 기술한다. 참고 문헌을 활용한 역사가로서 그는 폴리스의 건설 이래 로마 역사의 처음부터 끝까지 이야기를 확대해서 이야기한다. 따라서 그의 접근은 더 이상 접근 불가능한 보편적 역사가 아니라 로마로 한정된 역사이다. 역사가 확장되지 않는다 해도 로마 자체로 전력을 다해 추구할 역사 연구의 대상이 된다.

《로마사》에서 그는 궁극적으로 왜 로마가 퇴락하게 되었는지를 밝히기 위해 전통적인 연대기 작가의 예를 따라 로마의 역사를 이야기하려 하였다. 만약 티투스 리비우스가 진실의 문제로부터 어느 정도 자유로웠다면 그 이유는 그가 도덕적인 측면에 자신의 이야기를 맞추었기 때문이다. 티투스 리비우스에게는 완전한 객관성이란 신화에 불과했기 때문에 역사가로서의 그의 야망은 일정 수의 모범적 사례들을 통해 로마 정신의 윤리적 재무장의 수단으로서 역사의 유용성이란 측면에 놓여진다.

그의 역사는 로마 정신이 퇴락한 사실을 보여 주는 방식으로 전개된다. 로마인들이 자신의 주요한 덕목을 상실할 때 로마는 병약해진다. 정치는 윤리의 법칙을 따른다. 로마의 출범을 이상적으로 그리면서 티투스 리비우스는 시작 당시의 위대함을 로마 공화정의 점진적인 고통으로 이끈 품성의 퇴락과 대비시킨다. 투키디데스가 규정한 사실 중심의 역사라는 기준으로 볼 때 그는 가련한 역사가처럼 보인다. 그는 원사료를 회의주의적 입장에서 수용할 수 없다고 여기며, 거의 원사료에 의거하려 하지 않는다. 문서는 본질적으로 사료의 진정성을 검증함이 없이 그보다 이전의 작가들에 의해 마련된다. 신실한 진실 탐구 태도와 대비되는 이러한 자유로움은 분명 결과적으로 많은 오류와 침묵 그리고 왜곡을 초래하였다. 예컨대 그는 세르비우스 툴리우스가 에트루리아 출신임을 숨기고 그를 라틴인으로 취급하였다. 카르타고인들이 2만 명 이상 사망하고 2만 명 이상이 포로로 잡힌 것에 비해 로마군은 1천5백 명의 손실만을 입었다는 기록도 그렇다. 여행을 별로 하지 않은 티투스 리비우스가 언급한 지리 내용을 참고할 만한 전거로 삼기는 어려우며, 이런 오류뿐 아니라 군사나 정치 분야에 대한 그의 지식이 일천한 점을 고려할 때 더욱 그러하다.

티투스 리비우스는 19세기에 고대 로마의 가장 위대한 역사가로 간주되었다. 그의 역사 설명이 갖는 힘은 이야기의 진정성이 아니라 이야기를 전개해 나가는 문학적 능력에 있다. 그의 역사 기술은 한니발이 알프스를 가로질러 원정한 장면, 스키피오가 아프리카를 향해 출발한 장면처럼 서사시적 감흥을 자극하는 고통과 즐거움의 감성적 표현에 가치를 둔다. 이러한 인물들에 대한 장광설은 당대의 관행에 따른 것으로 허구적이며 본질적으로 이야기를 극화하고 다소간 전사들의 고결한 면면을 설명하고자 한다. 티투스 리비우스는 인물 묘사와 관련하여 완벽한 모습의 묘사를 통해 자신의 이야기를 극적으로 진전시키려는 열망을 품는다. 그는 이야기에 나오는 역동적인 장면들을 계속해서 담고자 한다. 결과적으로 티투스 리비우스는 자신의 저술을 통해 효율적으로 당대의 혼란스러웠던 모습을 드러내 준다.

그의 성공은 로마에 즉각적인 반향을 일으켜 '매우 웅변적'이라는 찬사를 받았으며, 이후에도 그러하여 1856년 그와는 반대로 과학주의의 입장에 서 있었던 텐은 《티투스 리비우스에 대한 소고》를 그에게 헌정했을 정도였다. 티투스 리비우스의 저술은 특히 이야기 대상이 된 사건들의 사실성보다는 당대의 혼란상을 보여 주는 데 의미가 있으며, 무엇보다 공화정 말기의 무질서를 보여 주는 정확한 증거가 된다. 이 저술은 로마가 벌인 모험의 시발이 되는 애초의 건립 신화를 활용한다. 미셸 세르가 지적한 대로 로마 건립의 분기점이 된 형제 살해 이전으로 거슬러 올라가면 로마가 그 유산을 이어받는 트로이의 재난 이야기가 나온다. 결과적으로 구오리엔트 세계의 잿더미 위에서 권력의 이양이 효력을 얻게 되지만, 그것은 또한 오리엔트의 숙명적 복수에 대한 로마인들의 지속적인 두려움을 야기한다. 따라서 로마는 성화 의례를 통해 이 원초적 폭력을 원거리에 유지하려고 한다.(아니타 조네, 《티투스 리비우스가 본 폭력》《신화학과 사료 편찬》, Strasbourg,

1996) 티투스 리비우스가 신화와 역사 간에 주입하는 긴밀한 관계에 의해 그는 상상을 통한 로마인들의 본질적 요소들을 추출하려 한다. 예컨대 르네 지라르가 지적한 대로 배제 내지 폭력 국면과의 사회적 관계를 구성하는 순간의 얽힌 국면, 초기 로마인의 무훈과 같은 출범 당시의 생생한 느낌을 지니고서 초기 로마인의 심성을 전달해 주는 신화를 삽입한다.(르네 지라르, 《희생 제물》, Grasset, 1982)

2. 고대의 작가: 타키투스

수사학으로부터 역사로

기원 1세기말 공화정 체제가 붕괴하여 제정으로 대체되며, 라신이 '고대의 그림'이라 지칭한 변화를 겪고 난 이후의 정치적 상황에서 타키투스(기원전 56-120)는 피데스(충성, 서약, 불편부당) 못지않게 웅변의 자질에 눈을 돌리면서 수사학에 동일한 관심을 부여한다. 결과적으로 웅변은 역사가의 주요 덕목 중 한 가지가 되었다. 키케로처럼 타키투스는 웅변가들 사이에서 교육을 받으며 성장하였다. 그는 탁월한 웅변가로서 경력을 시작하여 일찍이 호민관이 되고, 25세에 재무관이 되었다. 그러나 이러한 경력은 그가 《웅변에 관한 대화》에서 설명하고 있듯이 그를 실망시키는 결과를 초래했다. 당시 정치 체제는 외관상의 공화정과 다가올 과도기 체제인 원수정에 기초하고 있었다. 이러한 기능은 로마에서 군주의 권위를 갖춘 유력한 인물——그가 승계자를 결정할 권한을 갖는 것은 아니지만——에 의해 장악되었다. 그렇지만 그는 이러한 정치 체제가 사법적 고발로 인해 자신에게 위험을 초래할 수 있는 만큼 웅변적 재능을 펼칠 분위기를 허용하지 않는다고 보았다. 웅변은 옥타비아누스가 아우구스투스의 이름으로 최초의 로마 황제가 된 기원전 1세기 중엽 공화정의 몰락과 더불어 활력을 상실하게 되었다. 원로원 출신의 행정관들이 귀족의 진영과 정치적 이상을 옹호하는 귀족적 가치는 더 이상 고려 대상이 되지 못하였다.

타키투스는 기원 68년 네로의 서거 이후 율리우스-클라우디우스 왕조가 종식을 고하게 된 정치적 변동 상황에서 역사를 자신의 웅변적 재능을 펼칠 피난처로, 그리고 귀족 진영을 옹호하려는 마음을 털어놓을 무대로 보게 된다. 그는 최초에는 양부인 율리우스 아그리콜라의 전기 기술에 헌신하여 이를 97년에 발간하였으며, 여기서 그를 폭군인 도미티아누스 시대의 위대한 정복자로 추앙하였다. 타키투스는 어두운 부분을 감추지 않고 정복을 통해 자행된 잔혹한 사실들을 인정하고 이를 확증하였다.

98년에 발간한 저술 《게르마니아》에서는 로마 문명의 압박으로 좌절당했지만, 자유라는 매력적 요소를 지니고 있었던 민족의 삶을 묘사하였다. 보다 이전에 간행된 민속학적 성과물을 활용하며 그는 이 민족에게서 로마 건립 이래로 로마인들이 이상적으로 여겼으나 상실된 가치를 발견하였다. 타키투스 시대의 게르만족은 조금은 예전의 로마인의 모습을 지니고 있었다. 게르만족은 당시의 로마와는 반대되는 모습으로 제시된다. 이들의 힘은 자유에서 비롯되기에 이를 부인하는 것은 무의미하다.

69년과 70년의 위기를 묘사한 《역사》에서 타키투스는 로마군의 다양한 분파간에 친족 살해의 비극적 분쟁을 겪으면서 네로가 어렵사리 제위를 승계한 이야기를 다룬다. 위기가 절정에 달한 이 순간은 제국의 비밀스런 통치 수단을 파악하는 데 아주 적절한 시기이다. "나는 전투로 인해 피로 얼룩지고 모반이 횡행하며 평화시조차 잔혹한 양상을 띤 대재앙의 시대에 살고 있다고 타키투스는 적고 있다."(타키투스, 《역사》, I) 제위 획득의 제1요건이 군사력인 만큼 차후로 황제를 옹립하는 것은 군대가 된다. 결과적으로 타키투스는 더 이상 기능하지 않는 원수정 체제하에서 겉으로는 공화정적 모습을 띠고 원로원의 권능이 유명무실화되어 가는 위선의 외양을 벗기려 한다.

타키투스의 위대한 업적은 내부적으로는 폭정으로 유혈이 낭자하고 외부의 경계 지역은 불안한 당대의 억압적인 환경 속에서 살아간 로마인의 전 연대기를 담은 《연대기》이다. 타키투스는 그가 아시아의 총독으로 있을 때 경험한 참극, 정복욕의 상실 등을 통해 로마가 큰 비극에 직면해 있는 것을 발견한다. 제국은 정복을 시도하지만 이는 갈수록 원거리에서 이루어져 위험하였고, 제국은 결과적으로 속주를 피폐시키고 사치를 일삼아 몰락의 길로 들어설 수밖에 없다. 14-37년까지 티베리우스제의 치세에서 보듯이 권력자가 잔혹하게 권세를 부리고 폭력과 위선이 일반화된 퇴락의 징후를 보이게 된 것도 바로 바로 이러한 곤경에서였다.

타키투스는 자신의 도덕적 교훈을 보다 효율적으로 전하기 위해 이중적인 대립 구도를 취한다. "이들은 같은 열망을 지니고서 게르마니쿠스에 대해 애정을 보였다. 젊은 카이사르의 매우 간결하고 친근한 문체는 고압적이고 신비로운 티베리우스의 표현 방식이나 분위기와는 대조된다."(타키투스, 《연대기》, I, 33) 미덕을 갖춘 훌륭한 영웅으로서 게르마니쿠스는 로마 원정대가 위험에 처하게 되었을 때 다음과 같이 처신한다. 그는 환심을 사려함이 없이 자신의 군사에게 직접적으로 말하며 로마적 가치를 존중할 것을 덩부한다. "아니오. 나의 아내와 자식도 나의 아버지와 공화정보다 더 고귀하진 않소. 그러나 이들은 자신의 위엄을 지키도록 해주어야 하오. 로마 제국은 또 다른 군대를 갖추고 있소. 여러분의 영광을 위해서는 나의 아내와 자녀들을 희생할 수 있지만 지금은 여러분의 분노로부터 그들을 구할 것이오. 그것이 무엇이건 여러분이 저지르려는 범죄는 나의 피로만 속죄될 수 있는 것이며, 아우구스투스의 손자를 살해하고 티베리우스의 며느리를 암살하는 행위는 여러분을 가장 죄질이 나쁜 범죄자로 만드는 것이오. 사실 최근 며칠 동안 여러분이 방약무인함으로 인해 저지르지 않은 일이 어디 있소? 지금 나를 둘러싼 이 무리들을 어떤 이름으로 불러야 하오? 내가 여러분을 군사라고 부를 수 있소? 여러분은 여러분의 황제의 아들을 사로잡기 위해 군대를 매복시켰는데 여러분이 시민이오? 여러분은 원로원의 권위를 좇아 만행을 일삼고 있소. 적에게조차 인정하는 것, 즉 사절의 신분 보장, 인간의 권리를 여러분 모두가 무시하고 있소."(같은 책, I, 17)

그러나 자신의 군대를 재건하려는 이같은 궁극적인 시도는 게르마니쿠스의 말이 담는 설득력에도 불구하고 실패하고 마는데, 왜냐하면 질투심이 많은 황제 티베리우스가 로마로부터 그를 멀리 오리엔트에 두었기 때문이다. 그리고 그는 19년에 안티오키아에서 사망하였다. 티베리우스는 외면적 권한을 넘어서서 조직적으로 잔혹한 힘을 행사하는 괴물로서 등장한다. 그는 제국을 부식시키는 위선의 악을 퍼뜨려 그것이 자신이 차지한 권력의 본질이 되도록 하였다. 타키투스는 왕이 죄악을 짓고 아그리피나의 암살과 같은 맹목적 폭력에 초자연적인 힘을 부여하려는 로마의 비극적 운명을 극화한다. "신들은 마치 범죄를 부인이라도 하려는 듯이 잠잠한 바다 위 고요하게 반짝이는 별들로 가득 찬 밤을 제공한다."(같은 책, XIV, 5)

역사: 수사학적 작업

타키투스는 키케로의 노선에 서서 역사를 수사학적 작업, 즉 표현

기술에 기초를 둔 장르로서 인식한다. 그럼에도 불구하고 그는 역사의 존재 이유가 진리에 봉사하고 인과 관계의 견고한 분석을 통해 품행을 교정하는 데 있다는 측면에서 역사와 허구를 구분한다. 타키투스의 역사시학은 연대적 순서의 존중, 필요한 지리적 정보의 유포, 배우의 의도에 대한 설명, 중요 사건 이야기하기, 원인의 탐색뿐 아니라 대단한 평판을 얻은 인물들의 성격과 삶을 모범적 예로 제시하려는 의지 등 키케로의 지식 추구 방식을 추종한다.

하지만 그가 《연대기》에서 표명한 문체는 키케로가 추천한 문체와는 상이하다. 키케로가 상례적으로 기술하는 차분한 방식과는 대조적으로 타키투스는 독자들을 보다 즉흥적이고 격정적으로 몰아가는 데 적합한 표현 방식을 취한다. 타키투스는 무엇보다 독자의 감성, 동시대인의 심성에 호소하면서 직접적인 효과를 노린다. 그는 종종 두려움, 경건함, 흠모의 감정을 표출하여 보다 압도적인 감흥을 전달하기 위해 이야기의 시간적 논리를 희생한다. 그것은 감성에 우위를 부여하는 역사시학이며, 장려한 문체로 씌어진 서사시와도 같다.

타키투스가 주장한 논지들은 특히 구조화되어 있고, 웅변적 규칙에 따라 그것들이 타키투스에 의해 배척된 결정이나 인물과 관련될 때조차 설득력을 지닌다. 타키투스의 전체 이야기를 관통하는 수사학적 노고는 다양한 형태의 위선, 군중의 가변성, 품행의 변화를 거부하는 현자의 탐색 방식에 해당한다. 그런 한편 그는 가장 효율적인 방식으로 존재의 복잡성과 도덕적 가치의 숭앙을 묘사하는 데 일차적 목적을 두었으며, 이러한 측면에서 18세기초 이탈리아 철학자인 비코는 그리스인들이 플라톤을 배출했으되 타키투스와 같은 인물을 배출하진 못했다고 기술한 바 있다.

3. 십자군 이야기로부터 삶의 이야기로

십자군은 연대기 작가라는 직업을 탄생시켰다. 제1차 십자군 원정 때부터 보에몽 드 타랑트의 주변에 머물렀던 익명의 기사인 고드프루아는 《익명의 십자군사》를 기술하였다. 오리엔트에 한번도 가본 적이 없는 역사가 노장의 기베르는 제1차 십자군의 역사를 기술하기 위한 자료를 추적하는 과정에서 이 최초의 증거를 발견하였다. 그런데 사리에 맞지 않는 이야기 묘사가 빈출하는 것은 특히 제4차 십자군의 콘스탄티노플 장악으로 원정군이 심리적 충격을 겪고 나면서부터이다. 원정군의 핵심 인물 중 1명인 샹파뉴 백작령의 원수 조프루아 드 빌라르두앵은 1207년부터 《콘스탄티노플 제국의 역사》를 기술하였다. 그는 스스로 취급한 공문서와 동시에 사건의 와중에서 취득한 정보를 활용하였다. 자신의 논지와는 모순되는 모든 자료를 숨긴 채 그는 애초에 이집트에 도착하여 비잔틴으로 향하기로 예정된 원정대의 우회 대목에 이르기까지 연쇄적인 사실의 전개 논리를 따른다.

13세기초에 빌라르두앵은 속어인 프랑스어로 기술한 첫번째 인물이라는 측면에서 최초의 프랑스 역사가로 간주된다. 그는 여기서 자기 저술에 등장한 인물들의 행위에 대한 적절한 이유를 캐는 데 몰두하면서, 이야기의 통합성과 연속성의 엄격한 규칙을 존중하며 간결한 문체에 큰 비중을 두고 여러 제후와 대표자들이 주장한 내용들을 재진술하는 방식으로 이야기를 전개하였다. 그는 역사가가 정치 질서의 책임 영역에 대해 기술할 권위를 지녔던 고대의 전통을 되살린다. 그의 곁에서 제4차 십자군에 호종했던 로베르 드 클라리는《콘스탄티노플 점령사》에서 일반 기사들의 일화들을 담았다. 그는 일개 기사에 불과했지만 이야기 속에서 결정적 전투들과 출중한 기사들의 무용담을 상세히 묘사한다. 동료 전사들의 구체적 삶에 더 많은 설명을 할애하고, 빌라르두앵과는 달리 덜 명시적인 방식으로 일화와 삽화로 가득 채워 이야기를 전개한다.

주앵빌

연대기 작가인 장 드 주앵빌(1225-1317)은 루이 9세(성왕 루이)를 따라 제7차 십자군에 참여했으며, 그가 쓴 연대기는 매우 방대한 분량으로 씌어져 그가 루이 9세의 손자인 단려왕 필리프의 왕비인 잔 드 나바르의 요청에 따라 1309년에 발간된《성(聖) 루이의 역사》로 이어진다. 주앵빌을 통해 그와 친숙했던 왕에 대해 예외적으로 많은 증거를 접할 수 있다. 사실상 그는 여러 시기에 걸쳐 왕을 근거리에서 호종하였으며, 결과적으로 많은 증거를 남겨 놓고 있다. 게다가 자크 르 고프가 지적한 대로 우리는 그의 글을 통해 세속인이 쓴 기록을 접할 수 있다.(자크 르 고프,《성(聖) 루이》, Gallimard, 1996)

주앵빌은 왕을 경건한 인물로서뿐만 아니라 기사로서, 그리고 서구 사회에서 세속적인 가치가 점차 중요시되던 시대에 세속의 성인으로서 바라본다. 주앵빌은 모범적 전기에서 흔히 나타나는 경이로운 사건의 묘사 방식을 피하고 적절한 증거를 제시하며 왕의 전기와 자신의 자서전적 기술을 혼합한다. 그는 '나' 혹은 '우리' 식의 일인칭 화법을 구사한다.

이처럼 타인의 전기와 자신의 자서전을 결합하는 과정에서 주앵빌은 라울 글라베로부터는 비난받았지만, 신의 존재의 유물론적 증거를 탐색했던 13세기 사회에서는 중요하게 간주된 한 요소에 의미를 부여한다. 주앵빌은 빈번히 왕을 접촉하는 행운을 누리고 있었고, 왕은 자크 르 고프의 표현대로 성유물에 해당하는 정보적 가치를 지니고 있었다. 주앵빌은 죄악을 두려워했고 빈자를 사랑했으며 정의를 이루려고 고심했던 왕, 평화의 왕, 기독교적 자비를 널리 보급하려 한 왕의 초상을 묘사하며 성왕 루이의 성자 전기를 쓴다는 느낌으로 많은 사례들을 제시한다. 한편 전기는 왕이 때로 격정에 휩싸이고, 잔혹한 형벌을 내리며, 왕비에게 무관심했던 점 등을 기술하는 면에서 나름의 비판적 안목을 보이고 있다.

세속적 전기: 기욤 르 마레샬

13세기초인 1226년 《기욤 르 마레샬의 생애》(조르주 뒤비, 《기욤 르 마레샬》, Fayard, 1984 참조)라는 또 다른 형태의 세속 전기가 나타난다. 이 전기는 그의 아들이 음유시인에 요청하여 씌어진 것으로, 일반에 알려지기 전에 전문적인 청자들에 의해 암송되도록 하기 위해 시적인 형태로 작성되었다. 1145-1219년에 삶을 영위했던 기욤 르 마레샬에 대한 칭송의 글은 성자들의 생애 이야기를 모델로 하여 기술되었다. 이 이야기는 가계의 족보를 제시하며 기사도적 가치를 독자들에게 전하는 형태로 전개되기 시작한다. 기욤은 두 딸과 네 아들 중 둘째였고, 또 다른 어머니에서 태어난 2명의 이복형이 있었기 때문에 상속

서열은 네번째였다. 이런 경우 대체로 일찍이 8세 내지 10세경에 집을 떠나 수련을 받는 것이 관례였다. 아버지는 그에게 거의 잊혀진 존재였고, 실제 그에 대한 무용담에서도 아버지의 죽음은 외적 증거나 추정을 통해서만 드러난다. 기욤이 20세가 되었을 때까지도 최소한도의 부자간 애정 표현이 글에 배어 있지 않다. 기욤은 자신의 삶을 꾸려 나가기 위해 '곳곳을 배회할' 운명을 띠고 있었다. 솔즈베리 백작의 후견을 받고 있던 그는 왕비이며 아키텐 여백작인 알리에노르를 뤼지냥 백작의 공격으로부터 지켜야 할 상황에 놓였다. 그는 단기로 무모하게 68명의 기사를 상대로 전투를 벌였다. 그가 포로가 되자 왕비는 그를 되찾아오기 위해 다른 볼모를 제공하였고, 그는 왕족들과 어울리게 되었다. 그는 마상 시합에 심취했으며, 전기 작가는 그가 적어도 16차례의 마상 시합에 참여했다고 적고 있다. 기욤은 치열한 흥정 끝에 자신의 기치하에 모인 최정예 기사들을 차출하여 당시 조소의 대상이었던 영국 기사팀을 재건하였다. 시합의 승리자로서 그는 명성을 얻었지만, 마상 시합에 뒤이은 축제를 주관하고 획득물을 재분배해 주느라 실제 축적한 재산은 거의 없었다. 그가 진정한 사회적 상승을 이룬 것은 결혼을 통해서였다. 그는 왕을 통해 매우 부유한 랑케스터 영지 상속녀와 결혼하였고, 그의 입지는 확고하게 세워졌다. 기욤의 전기 덕에 우리는 13세기초 기사들이 마음속에 품었던 열망의 표출 방식, 돈보다는 명예, 국가보다는 충성을 택했던 양상을 확인할 수 있다.

4. 기사도적 가치의 묘사: 프루아사르의 묘사

대중의 환심 사기

수도사들이 성자 전기를 필사하는 전통을 보전하는 데 그친 수도원의 문서집 이외의 것에 역사가들이 관심을 보이기 시작하던 중세의 시점에서 이 분야에 대한 기술이 나타난다. 14,5세기의 역사가들은 엄격한 시간 순서에 따른 사건 배열을 원칙으로 하는 이야기, 즉 보다 고대적인 연대기 장르를 부활시키면서 도시의 관문과 제후의 궁정을 들락거렸다. 한편 중세말의 연대기 작가들은 자신의 이야기를 꾸며 나가는 데 심혈을 기울여 이 장르를 보다 풍요롭게 하였다. 단순한 사실 중심의 이야기에 불만족해한 이들은, 14세기의 연대기 작가인 프루아사르가 말한 대로 '재료를 역사화하기 위해' 의미 있는 특정 일화들을 재발견하고 원인을 탐색하며 수사적 기법을 활용하였다. 프루아사르에 따르면 연대기 작가는 독자의 환심을 사야 한다. 종종 쓰지도 읽을 줄도 모르는 전사 귀족으로 구성된 궁정의 독자들은 자신의 위세와 특권적인 사회 지위를 칭송하는 무용담을 듣고 싶어했다.

1337년 에노의 부르주아 가문에서 태어난 프루아사르(1337-1404)는 궁정의 분위기 속에서 성장했다. 연대기 작가는 귀족의 열정, 관대하게 베푸는 심성, 지속적인 무훈, 축제를 비롯한 대규모의 대외적 행위를 강조하며 귀족의 가치를 선전 방식으로 표현한다. 프루아사르는 도덕주의적 관점에서 미래의 세대에게 용맹한 전투심, 무한한 관대함, 여흥의 향유 등 명예로운 기사도적 행동률을 묘사한다. 프루아사르는 용맹과 충성을 출중한 덕목으로 간주한 당대의 분위기를 전달한다. 결과적으로 그는 왕이 도시에 입성하는 장면, 마상 시합, 다양한 형태의 전투 모습 등 장관적인 장면들을 극화한다. 종종 이야기의 효율적 전개, 독자들에게 극적인 미화 장면을 제공하기 위해 실제의 진실은 희생된다. 독자들의 환심을 사려는 마음으로 연대기 작가는 귀족들의 미덥지 못한 장면은 묘사를 줄이고, 반면 출중한 무훈과 축제적 여흥에 대해서는 보다 장황하게 설명한다.

기사도적 가치의 창안자

연대기 작가는 일종의 발행인 역할을 행한다. 그는 쓰지도 때로는 읽을 줄도 모르는 귀족을 스스로 자기의 업적을 칭송할 줄 아는 인물로 대체한다. 연대기 작가가 묘사한 역사 장면에서 부르주아 세계는 부재하고 시골의 변변치 못한 인물들은 철저히 무시된다. 예컨대 1358년 자크리의 난을 묘사하는 장면에서 주동자들이 '악당' '광분한 개들'로 묘사된다.

프루아사르가 '올바른 탐색'을 통해 '정의롭고 진정한 역사'를 구성하려 하는 경우에도 그는 이야기의 전체적 전개를 위해 종종 진실을 희생하며 독자들에게 미칠 효과를 진실성보다 우선시하였다. 그렇지만 그의 글이 종종 왜곡된 형상 이면에서 자신이 기술 대상으로 삼는 기사 계급의 세계관을 정확히 드러내 주는 경우도 있다. 그는 자신의 글을 통해 젊은 세대에게 명예로운 기사도적 행동률을 환기시키며 역사적 설명이 갖는 교육적이고 처방적인 기능을 제시하려 한다.

프루아사르의 목적은 미래의 세대에게 기사의 무장이 갖는 바람직한 모습을 알게 하는 것이기 때문에 그의 이야기는 종종 군사적 연구의 장을 제시한다. 한편 이 성직자는 전투나 포위에 참여한 적이 없어 군사적 사실에 대해 직접적으로 아는 바가 없었다. 게다가 그는 크레시(Crécy) 전투에서 프랑스군은 기사가 31명, 궁수가 2백91명 죽은 반면, 영국군은 총 23명의 희생자(기사 3명, 궁수 20명)를 냈다고 한 대목에서는 사실에 전혀 근거하지 않은 수치를 제시한다.(필리프 콩타민, 《프루아사르: 역사가》, in J. J. N. Palmer, dir., 1981, Londres 참고) 전투 방식은 본질적으로 관례적으로 정해진 순서에 따라 이루어지고, 기사도적 이데올로기는 개별적인 무장을 특권화해 주며 대중들에게 전투의 경과를 전달한다. 하지만 이러한 왜곡에도 불구하고 그는 전투에 대한 복수의 이미지를 제공하며 다양하게 전투에 대한 일종의 민속학적 설명을 제시한다. 여기서 프랑스나 영국의 격식에 따른 마상 시합과 터키의 기이한 방식의 전투, 아일랜드의 야만적인 전투, 프리지아의 대중적인 전투, 첫 공격을 당하자마자 도망치는 카스티야 전사의 습관 간의 차이를 엿볼 수 있다.

또한 그는 자신의 구체적·물질적 경험을 바탕으로 무장한 귀족 전사의 모습을 기술하면서보다 확실히 전투에 대한 표상을 제시했을 것이다. 프루아사르의 저술이 갖는 가치와 미래의 영향을 가늠케 해주는 것은 바로 이같은 경험적 차원이다. 《연대기》의 제3권부터 그는 부지불식간에 기억들에 의존한다. 현재의 삶이 점차 중요성을 띠고 자신의 개인적 추억이 사건들의 '객관적' 기억 위에 포개진다. 과거와 현재의 대립은 더욱더 당대의 체험 속에 각인되어 나타난다.(미셸 징크, 《프루아사르와 시간》, PUF, 1998) 오귀스탱 티에리에 영감을 준 월터 스콧이 찬미해 마지않았던 프루아사르의 업적은 인문주의 시대인 19세기에 특히 빛을 발하게 된다.

5. 국가의 이성에 대한 추상록: 코민

이번에는 또 다른 맥락에서 국가의 정상급 지위에 있던 코민이 1524
년 용담공 샤를과 루이 11세에 연이어 봉사하면서 특별한 자료인 《회
상록》을 남겼다. 1447년 부르고뉴 백작에 봉사하는 출중한 귀족 가문
에서 태어난 코민은 1468년 페론 회담으로 삶의 전환점을 맞이하는데,
그는 비밀리에 루이 11세와 관계를 맺고 1472년 왕의 진영에 참여하기
위해 용담공 샤를의 진영을 떠난다. 루이 9세는 그를 시종장 겸 고문으
로 삼고 많은 땅을 할양해 주었다. 그가 토지, 연금 등 다양한 형태의
하사를 받았다는 사실은 루이 11세의 곁에서 그의 비중이 매우 컸음을
보여 준다. 코민은 왕국에서 은급을 가장 많이 받은 40인에 속하며, 푸
아투와 쉬농 백작령의 원수가 된 인물이다. 부유한 몽소로 영주의 딸
과 결혼한 덕에 그는 토지를 상속받아 아르장통의 영주가 되었다.

이 《회상록》이 16세기에 샤를 캥에 의해 '왕의 행동 지침서'라 불릴
정도로 실용주의적 개념의 옹호자인 그가 쓴 역사 저술 일체는 양면적
인 성격을 지닌 상당수의 계획을 담고 있다. 그는 왕의 결정이 갖는 윤
리적 성격이 아니라 손해의 극소화, 이익의 극대화라는 측면에서 효
율성을 비판의 기준으로 삼는다. 왕의 행동의 합법성 혹은 도덕성 여
부는 거의 중요하지 않고, 그것의 효용 여부가 가장 중요한 척도가 된
다. 그리고 《회상록》의 저자 입장에서 본 루이 11세는 보다 전문적이
고 경제적이며 근대적인 정치의 모범적 사례를 제시한다. 코민의 역사

적 관심은 온건 · 중용의 관념에 바탕을 둔 권력 행사와, 본질적으로 외교를 염두에 둔 사실 인식의 실용적 교훈에 있다. 그의 근대성은 또한 국가적 한계를 뛰어넘으려는 관점에서도 엿보인다. 이탈리아 · 사보이 · 영국 등에 연이어 사절로 파견된 적이 있는 그는 용담공 샤를과 루이 11세 간에 갖는 자신만의 통로를 통해 양자를 정치적으로 결연하게 하는 계획에도 참여했다. 그는 많은 나라를 주파하면서 각 문제에 대해 갖는 입장이 나라별로 다양하다는 인식을 하게 되었다. 또한 그는 동맹이나 권력이 항시 위협받고 역경과 마주하기에 일시적이고 취약할 수밖에 없으며, '상대방의 동기나 이야기를 들으려 하지 않고' 전횡을 일삼는 '맹목적인' 제후들을 경계하였다. 왕과 자신의 귀족주의적 성향 사이에서 그는 타협의 여지를 발견하였지만, 그것은 어디까지나 일시적 상호 공동의 이익을 위할 때에만 그러하였다.

전통의 외양을 한 근대성

조엘 블랑샤르에 따르면, 코민의 실용주의는 도덕주의적 · 섭리주의적임과 동시에 전통적인 논설의 외양을 띠고 읽혀진다. 그는 "전혀 응징받지 않은 제후들의 잔혹함과 사악한 행위"에 대해 언급하면서 이야기를 끝맺는다. 제후들이 번영을 구가한 근원을 망각하고 신의 명령을 무시할 때, "신은 그들에게 전혀 예상치 못한 적을 내보내신다. 왜냐하면 신은 모든 것을 보고 계시고 인간의 삶은 하잘것없으며 이런 삶은 비참하고 짧기 때문이다."(코민, 《회상록》, cité par Philippe Contamine, préface, Imprimerie nationale, 1994) 《회상록》 속에는 근대적 언어와 고대적 언어가 이처럼 교착되어 있기 때문에 이를 중세적 가치에 뿌리를 둔 변신론으로 보는 필리프 콩타민과 본질적으로는 개혁 성향을 표명하는 상투적인 표현의 글로 보는 조엘 블랑샤르 간에 해석과 논쟁이 촉발되었다.

코민에 따르면, 역사는 이 세상에서 발생한 대사건들을 인식하여 알리는 도구이다.(조엘 블랑샤르, 《아날》, n° 5, 1991, p.1071-1105) 이러한 관점에서 보자면 코민의 저술은 사실주의 영역을 개척한 것이다. 그는 이야기에서 자신의 매개를 통해 위대한 인물들 옆에 존재한다는 인상을 제공하기 위해 번호를 매기고 주제별로 요약을 한다. 이 역사가가 '창문의 틈새 구멍'과 같은 묘사 대목을 통해 부르고뉴 공작에게 감동을 준 것처럼 추억을 되새기는 듯한 그의 묘사는 결코 진실로부터 동떨어진 게 아니며, 당파적인 견해를 피력하고 있지 않다는 인상을 부여하기에 충분하다.

코민은 자신의 사적 견해를 은폐하기 위해 다양한 수사학적 기법들을 활용한다. 예컨대 그는 특정 사실을 주장하고 싶을 때 축적·열거·반복의 방법을 통해 타인의 판단을 재생산하여 설득하려 하며, 혹은 정반대로 언급된 사실로 인해 불편하게 되었을 때에는 우회적으로 표현하는 방법을 동원하였다. 또한 1475년의 보기 드문 호기를 이용하지 못한 용담공 샤를의 미흡함을 보여 주려 할 때 그는 여러 관계 사실을 중첩적으로 노출하여 이를 강조하였다.(장 뒤프르네, 《필리프 코민에 대한 연구》, éd. Champion, 1975) 반면 1477년 자신의 불미스런 일을 환기할 때에는 이를 직설적으로 표현하지 않고 다음과 같이 암시하는 것으로 만족한다. "위에서 말한 루이 9세가 자신의 소망대로 푸아투와 브르타뉴의 경계 너머로 나를 파견하였다." 두 적대 진영, 처음에는 용담공 샤를, 다음으론 왕의 진영에 봉사하는 이중적 처신을 행한 후 그는 루이 9세의 전기 작가가 되었다.

코민은 결정할 사안들의 복잡하고 종종 모순되는 특성을 헤아리기 좋은 위치에 있었다. 개인적 경험을 통해 그는 상대편의 입장을 고려하여 어느 정도 중립적이고 타협적인 결정을 내리는 시야를 갖게 되었다. 발생하는 모순을 배격함이 없이 그는 오히려 반대로 수사적 기법을 활용하고, 더불어 중략하거나 이야기를 계속 변화시키는 방법을 통해 자신의 복잡한 인생 역정을 묘사하는 과정에서 나타나는 불연속적이고 중첩되는 내용을 복원하려 한다. 예컨대 그는 놀라운 효과를 만들어 내고 즉흥적인 감정을 표출하며 열정적인 토로를 위해 연대기 순서에 따른 이야기를 중단하곤 하였다.

근대성 혹은 모반

코민의 저술에 대해서는 논쟁의 여지가 많다. 그의 역사 저술에는 그가 샤를로부터 루이 9세에게 옮겨간 사실을 정당화하는 데 심혈을 기울인 면에서 모반적 성격이 강하게 엿보인다고 장 뒤프르네는 주장한다. 그는 이반에 따른 죄의식으로 인해 역사에서는 모반이 상례적으로 일어난다는 점을 강조하고, 또한 신화적 설명보다는 실용주의를 내세운다. 결혼 흥정이나 계약의 파기와 같은 사실에 직면하여 코민은 명예·성실·상호적 약속 등 기사도의 전통적인 가치를 평가절하한다. 장 뒤프르네는 코민을 당대에 권력을 누렸으면서도 당대의 시각과 대비적 안목을 지녔던 인물로 평가한다.

반대로 조엘 블랑샤르는 코민을 당대의 전형적 인물로 평가한다. 코민의 서신에 바탕을 두고, 그는 이탈리아가 상당한 정도로 그의 지적 형성에 중요한 영향을 주었다고 본다. 그는 사실 이탈리아 상인이나 인문주의자들과 빈번히 교류하였다. 블랑샤르는 또한 당대의 외교관들이 코민에게 제공한 교훈, 즉 사절들이 국가간의 관계에서 본질적인 중재자 역할을 하기 때문에 외교는 계속해서 변할 수밖에 없다는 점에 대해서 강조한다. 블랑샤르에 따르면 코민의 상대주의, 실용주의는 바로 여기서 비롯된 것이지 변절의 결과가 아니라는 것이다. 《회상록》에서 엿보이는 코민의 동기는 결과적으로 당대의 흐름에 위배되는 게 아니라 새로운 가치 창출에 있었다. 이런 사실과 더불어 그가 루이 9세를 선택한 것도 사람이라기보다는 정치에, 그리고 생트 뵈브의 표현대로 '조용히 등장한' 마키아벨리의 선구자로서 근대 국가에 의미를 부여한 것이다. 게다가 주앵빌로부터 코민에 이르기까지 역사 서술은 회상적 성격을 띠고 특이한 삶의 역정과 개인적 행동의 윤리성을 표현하며 표출하는 것인 만큼 주관성의 축을 따라 발전해 왔다.

6. 낭만적 미학

역사 서술상의 주목할 또 다른 시기는 프랑스 혁명과 1815년의 왕정 복고 이후 시기이다. 역사는 혁명의 문턱을 봉쇄하길 원하는 자들과 평화로운 프랑스에서 혁명의 성과를 안정적으로 지키길 원하는 자유주의자 간에 대충돌이 이루어지는 장이 되었다. 당시에는 보다 먼 과거와의 단절을 어떻게 생각하고 당대와 화합시키며, 또 어떻게 전통과 변화된 현재를 꿰어 붙일지 하는 점을 인식하는 문제가 제기되었다. 1815년 이후 마련된 정치 무대로 인해 호전적인 역사 서술이 경쟁적으로 등장했다. 한편으로 고증주의자들 상당수가 반동적인 귀족 정파들이었다. 이들은 혁명의 문을 폐쇄하고 제3신분에 대항하여 귀족의 권리를 다시 합법화하기 위해 프랑스 국가가 게르만적 기원에서 출발했다는 불랭빌리에의 논지를 지지하였다. 이들과 반대로 자유주의자들은 보다 차별되는 새로운 혁명 세대 입장에서 논지를 전개하였다.

이 역사가들 대부분은 혁명적 사건을 제대로 인식하지 못하였다. 1815-1820년에는 혁명이 발생한 지 25년 정도 흘렀고, 따라서 먼 거리에서 혁명을 바라보며 초래된 간극을 인식하고 안정을 되찾은 정치체제는 1789년의 단절보다는 이전 과거와의 연결을 통해서 공고할 수 있다고 보았다. 즉 혁명에 따른 대격변을 수용하되 그 뿌리는 국가의 과거에서 발견될 것이다. 왕당파 석학들의 방식에 따라 주관성을 배제한 순수히 사실적인 역사 서술, 그리고 계몽주의자의 철학적 역사의 방식에 따라 사실들을 무시한 채 역사적 감각에 의해 역사를 서술하는 방식 양자를 비난하면서, 이 세대는 국가적 계획 속에서 역사를 종합적으로 조직하는 자의 모습을 발견한다. 이 역사가들은 중산층 입장에서 혁명의 성과를 안정적으로 유지하길 바라며, 당시에는 그들의 투쟁을 근대의 자유주의적 부르주아의 입장과 동일시하였다. 1830년부터 자유주의 역사가의 시대가 열린다. 역사가 프랑수아 기조는 1832-1837년에 내각의 수상이 되었고, 1840-1848년에 루이 필리프의 곁에서 국가적 기억을 체계적으로 복원하여 이를 권력의 진정한 표상으로 삼는 위치에 놓였다.

이 역사 세대는 역사적 인식의 이중적 해체를 선도하면서 과학적 역사를 정교화하는 시험을 행하였다. 첫째로 이들은 국가 고문서 목록을 체계화하여 전문적인 연구의 발전에 기여하였다. 둘째로 이들에게 전문화는 역사적 감각을 활용하는 수단이었다. 이들은 결코 제시된 역사 사실의 단순한 정확성만을 추구한 게 아니었다. 이들은 사실들을 해석적 재구성 작업과 분리하지 않았다. 이런 작업을 통해 논지를 일반화하기 위한 과학적 탐색의 의지, 그리고 특이성과 개별성을 특질로 하는 사실들을 보다 세심하게 존중하는 자세 간의 긴장을 통해 역사 기술이 이루어진다. 이들에게 국가는 상기할 만한 과거의 실체적 진실에 접근하려는 야망이 펼쳐지는 장소였다. 그것은 거리, 혁명적인 단절로 인한 불연속성을 특징으로 하고 지방색, 세세한 묘사, 생생한 이야기 솜씨를 통해 새로운 역사적 감성을 이끌어 낸다. 게다가 이러한 낭만적 미학은 19세기초에 유럽을 지배한 귀족 취향의 표현을 지향하며 역사가들의 심중을 관통하는 유일의 요소였다.

오귀스탱 티에리

오귀스탱 티에리는 프랑스 신사학의 모험에 참여한 이 세대의 대표적 인물이다. "우리는 지금껏 프랑스 역사라 할 만한 것을 갖고 있지 않다"라고 그는 1820년에 쓰고 있다.(《프랑스사》, Le Courrier français, 1820) 진정한 프랑스 역사는 지배층의 활동을 관찰하는 데 만족하지 않고 하층민들의 생활상을 재평가해야 한다. "그것은 시민의 역사, 하층민의 역사, 백성의 역사를 결여하고 있다."(같은 책) 오귀스탱 티에리는 고증학적 연구 방식을 수용한다. 그는 베네딕트 수도회에서 시행된 고증학적 연구 방식을 활용하지만, 동시에 새로운 역사 기술의 영감으로 작용한 허구와 낭만주의적 역사학의 모형도 수용한다. 그는 월터 스콧의 《아이반호》와 같은 작품에 찬사를 보낸다.

티에리에 따르면, 이야기는 과학과 동시에 예술 활동이라는 이중의 야망을 갖고 매우 정교하게 만들어지는 종합의 산물이다. 그러기에 동시에 극적이면서도 고증학적이고, 낭만주의적 감성과 진실 탐구를 병행한다. "나는 수사학적 과장 없이, 그리고 고풍적 느낌을 자아냄이 없이 장중한 문체로 당시의 특징적인 인간들의 모습을 담되 나 자신의 언어로 이를 표현하려는 자그마한 소망을 갖고 있다. 또한 원사료까지 추적하여 상세한 내용을 다면적으로 추적하지만 이야기를 훼손하거나 전체의 통일성을 깨뜨리려 하지는 않을 것이다. 매우 다양한 방법론간에 화합을 시도하며 두 장벽 사이에서 끊임없이 고민할 것이다. 나는 두 가지 위험 사이에서 길을 뚫고 나갈 것이다. 한 장벽은 지나치게 고전적인 규격성을 부여하려 하고 지방색의 매력이나 엄중한 진실을 결여하는 것이며, 또 다른 장벽은 어쩌면 시적일지도 모르지만

19세기의 담화 면에서 볼 때 중요성이나 의미를 상실한 무수한 사소한 사실들에 묻혀 이야기를 제대로 전개해 나가지 못하는 것이다."(오귀스탱 티에리, 《10년간의 역사 연구》, préface, 1834, M. 고셰, 《역사학의 철학》, Presses Universitaires de Lille, 1988, p.46)

쥘 미슐레

역사가의 풍모를 갖춘 쥘 미슐레는 1830년의 혁명으로부터 탄생했다. "40년간에 걸친 이 노작은 한순간, 즉 1830년 7월을 조명하려는 것이다. 이 기념할 만한 순간에 거대한 빛이 드리워지고 나는 프랑스를 인식하게 되었다."(쥘 미슐레, 《프랑스사》, préface de 1869, dans 《전집》, IX, Flammarion, 1974, p.11) 1798년에 태어난 미슐레는 혁명 사건을 거리를 두고 생각할 수 있는 '차' 세대에 살았다. 샤를 페기에게 미슐레는 역사적 천분을 지닌 인물로 비춰졌다. 보다 나중에 페르낭 브로델과 조르주 뒤비는 미슐레의 권위를 받들어 콜레주 드 프랑스의 정교수로 취임하였다.

국가의 신성함을 널리 부각시킨 인물이 미슐레라고 보는 데 이론의 여지가 없다. 미슐레는 그 어느 사제 못지않게 영원한 프랑스에 가치를 부여하기 위해 당대를 풍미하는 성직자와도 같은 위치를 점하였다. 그에게 이 프랑스는 역사만을 위한 무대가 아니었다. 이 점을 그는 생애의 마지막 시기인 1869년 자신의 유명한 《프랑스사》 서문에서 분명히 하였다. "프랑스는 역사가 아닌 연표를 가지고 있다."(미슐레, 같은 책, p.11) 역사가는 신실한 사제의 마음으로 충만해야 한다. 사라진 조상들이 겪은 삶의 숨결을 재발견하는 일이 이들의 임무이다. 예컨대 그는 망자들의 죽음에 대한 비밀 고백을 듣기 위해 망자들 스스로 펜을 쥐게 한다. 역사가는 과거 역사 속 인물들이 다시 일어나 삶의 수수께끼를 스스로 벗기도록 만들 권능을 지니고 있다. 이러한 방식으로 역사가는 혼돈스런 다양한 목소리들을 잠재우고 음부에서까지 방황하도록 선고받은 망자들의 탄식을 달래 주어야 한다. 역사가가 전달하는 내용은 보조적인 것에 그쳐서는 안 되는데, 왜냐하면 미슐레의 생각으로 역사가란 영혼의 자유, 따라서 불멸의 형태나 운명의 개별화를 허용해야 하기 때문이다. 역사는 그것이 "얼려진 것에 열기를 불어넣을" 수 있을 때 완전히 부활한다.(같은 책, p.15) 반면 이처럼 고귀한 사명은 역사가 스스로의 소명을 다하고 스스로 과거의 불행과 진정으로 동일시할 것을 요구한다. "왜냐하면 결국 모두가 사멸할 것이고 죽은 자를 사랑함으로써 시작하게 될 것이기 때문이다."(미슐레, 《주르날》, 1839, dans 《주르날 앵팀》, t. 1., 1828-1848, Gallimard, 1959, p.289)

미슐레가 본 신성의 이전

미슐레는 그리스도교에서 그리스도의 강생과 수난의 형상을 끄집어내고, 그리스도교의 성스로운 관념들을 국가와 민중의 영역에 이관해서 적용해 보고자 하며, 그런 한편 교회가 특권적 권력을 행사하여 억압을 행하고 교회의 제도화를 통해 원래의 신실함을 상실한 것에 대해 강도 있게 비판하였다. 이러한 차원에서 미슐레는 중세를 세 시기로 구분하였다.(르 고프, 《또 다른 중세사를 위해》, Gallimard, 1977과 비교) 그는 첫번째 시기에 교회의 서약과 최초의 한정된 공동체들 간에 영성적 결합이 실현된 점에서 이 시기를 진정으로 주목할 시점으로 간주한다. 이 '아름다운 중세'는 성인으로 화신된 사람들의 세계이다. 그것은 순진무구한 아이의 시대이다. "성 프란체스코는 자신이 말한 것만 알고 좋은 것만 말한 아이이다."(미슐레, 《프랑스사》, préface de 1869) 감화적인 서약의 상징적 인물이었으나 결국에는 희생양이 되어 버린 중세의 위대한 여주인공은 잔 다르크이다. 그녀는 순결한 처녀로서 민중의 가치를 체현하고, 동시에 프랑스 국가의 근대적 가치를 일깨워 주는 역할을 하였다. "과거의 마지막 이 인물은 또한 태동하는 근대의 최초의 인물이기도 하다. 그녀에게서는 동정녀의 모습과 더불어 조국의 모습이 나타난다."(미슐레, 《프랑스사》, 중세편, R. Laffont 1981, p.791)

미슐레는 역사에서 고통을 통해 고귀하게 된 민중들의 사례들을 추출한다. 그에게 민중은 그가 추출한 역사 이야기와 역사 감각의 철학적 소재이다. 그는 통합 과정을 통해 실현된 프랑스 국가의 창건 이야기를 극화한다. 그는 프랑스 국가가 프랑스 혁명 자체에서 유래한다는 어감을 담는다. 미슐레는 이를 보다 의미 있게 기념하게 위해 프랑스 혁명 이야기를 선택한다. 그는 프랑스 혁명을 둘로, 즉 영원한 근원적 혁명과 그가 이야기하여 기념하기로 한 1789년의 체현된 혁명으로 세분한다. 그는 이러한 역사적 기념을 일체의 시간적 논리를 초월한 내적 필요에 의한 것이라고 느낀다. 그 이유는 그가 프랑스 혁명사의 기술을 결심한 것이 루이 9세 이후 근대 이야기에 도달한 시점이기 때문이다. "나는 루이 9세 때부터 군주제가 시작된다고 본다. 나는 우연히 이에 착안하게 되었다. 어느 날 랭스를 지나갈 때 성스러운 성당의 장엄함에 피부 깊숙이 느꼈다. (…) 거기서 이상한 장면이 내 마음을 사로잡았다. 둥그런 탑에 사형 집행당한 자들을 묘사한 꽃장식이 새겨져 있었다. 사형을 집행한 줄이 있고 귀가 떨어진 몸체도 각인되어 있었다. 장애인의 모습은 죽은 자들 이상으로 처연한 모습이다. 어떻게 이럴 수 있단 말인가. 그 무슨 기묘한 대조인가. 결혼식이 열리는 축제의 교회가 이처럼 음울한 장식을 달고 있다니. 민중의 사형대가 제단 위에 달려 있다니. 하지만 이들의 눈물이 둥그런 천장을 통해 왕들 머리 위에 흘러내릴 수 없었을까? 이는 혁명의 종부 성사이며 신의 분노가 아닌가? 나는 만약 무엇보다 우선적으로 내 스스로 민중의 영혼과 신실함을 드러낼 수 없다면 군주정 시대를 제대로 이해하지 못할 것이다. 나는 이 점에 착안하고 루이 9세 다음으로 혁명에 대해 기술하였다."(미슐레, 《프랑스사》, t. I, p.35)

미슐레는 혁명이 최후의 만찬을 마련하고 있다는 점에서 혁명 이야기 대목에 그리스도의 강생 이야기를 중첩시킨다. 1790년에 흘린 눈물과 피를 보라. "이 법과 피를 너희 모두에게 주노라. 이것은 나의 피니 마셔라."(롤랑 바르트, 《쥘 미슐레》, Le Seuil, 1988, p.50) 그의 열정은 계속 이어진다. "전 유럽 앞에 프랑스는 자신의 진정한 이름이며 삭제 불가능한 유일의 이름이니, 그것은 혁명이다."(쥘 미슐레, 《민중》, p.35, Calmann-Lévy, 1877) 미슐레는 결과적으로 더듬거리는 이야기 방식의 연대기 역사와 완전히 결별한다. 그의 야망은 전체주의적인 것이고 죽은 자의 부활을 통해 프랑스 국가에 대한 흠모의 열정을 선언한다. "나의 위대한 프랑스여, 만약 당신의 삶을 재발견하기 위해 한 인간이 죽은 자들의 생애를 몇 번이고 들추어 내야 한다면, 그것이 나에게 위안을 줄 것이고 그 점에 대해 당신에게 거듭 감사한다. 그리고 가장 부끄러운 일은 여기서 당신을 떠나야 한다는 것이다."(쥘 미슐레, 《프랑스사》, p.27)

불가능한 이야기 말하기

미슐레는 역사에 모든 것을 헌정하면서 민중의 언어를 말하려 시도하는데, 왜냐하면 롤랑 바르트가 쓴 대로 그에게는 민중이야말로 역사가가 담아야 할 중요한 실체이고 철학적 초석이기 때문이다. 결과적으로 미슐레의 임무는 민중들을 이야기 대상으로 삼는 데 있으며, 한편 생애 말미에는 이야기를 어떻게 풀어 나가야 할지 알지 못하여 막막해하였다. 자크 랑시에르의 철학에 의하면 미슐레는 "빈자들이 자신의 목소리를 내지 못하도록 하면서 빈자들에 대해 말하는 기술을 발명하였다."(자크 랑시에르, 《역사의 이름들》, Le Seuil, 1992, p.96) 미슐레는 이런 식의 이야기 전개가 어렵다는 것을 알면서도 자신이 민중 속에서 태어났기에 그가 이들의 언어를 잘 감지하고 있다고 과신하였다. 그는 1869년 이러한 부활의 우주론이 최종적으로 실패했음을, 즉 자신의 논리가 궁지에 빠졌음을 인정하였다. "나는 보통 백성으로 태어나 항시 심중에 민중을 두어 왔다. 그들의 오랜 역정을 밝히는 것이 나의 바람이고 기쁨이었다. 나는 46세에 정도 이상으로 민중의 권리를 그려냈고, 64세에는 민중의 오랜 종교적 전통에 대해 말하였다. 하지만 나는 민중의 언어에 접근할 수 없었다. 나는 민중의 이야기 방식을 알지 못하였다."(미슐레, 《우리의 자손》, 1869, V, 2, p.299) 롤랑 바르트가 쓴 대로 "그는 어쩌면 불가능한 말을 노래할 수 있었던 의미에서 최초의 근대적 작가였다."(앞의 책, p.144)

7. 이야기로의 복귀: 폴 베인, 미셸 드 세르토, 로렌스 스톤

19세기와 20세기의 역사가들이 이야기-역사와 결별했다고 믿으면서 사회과학의 기초를 세울 수 있다고 여겼던 장기간에 걸친 공백기이후, 오늘날 역사가들은 반대로 역사 개념이 이야기 대상 활동과 이야기 자체 양자를 의미하며, 또한 화자의 행위와 이야기 대상을 혼용하고 다의적 가치를 지니고 있다고 본다. 역사가는 자신의 기술 행위, 그리고 이것과 허구적 이야기 간의 유사성 및 두 영역을 구분하는 경계에 새로이 관심을 갖도록 요청받는다.

폴 베인

1970년대 초반 선풍적 인기를 끈 폴 베인은 이야기로서의 역사를 재차 환기시키는 《어떻게 역사를 쓸 것인가》라는 제목의 책을 출간하였다. "역사는 사건의 이야기이며, 모든 것이 여기서 유래한다."(폴 베인, 《어떻게 역사를 쓸 것인가》, Le Seuil, 1978, p.14) 그가 이 책에서 역사 인식론을 다룬 목적은 어떤 점에서 역사가 과학이 아닌지를 밝히려는 것이다. 아리스토텔레스의 논지에 바탕을 두고 그는 역사를 '이야기 전개'로 본다. 상황의 변화는 설명을 필요로 한다. 대조적으로 역사의 방법론적 측면은 중요하지 않은 부분으로 간주된다. 그에 따르면 역사란 사실의 이야기이다. 역사 영역의 불확정성은 중요도의 순서에 따른 모든 계서제적 구성 전개를 무의미하게 만든다. 설명만이 관심 대상 이야기의 소재로 작용하는 사실들에 독특한 가치를 부여한다. "사실들은 역사의 설명을 위한 조직, 즉 물질적 원인, 목적이나 우연이란 측면에서 과학적 요소는 희박하고 삶의 단편이나 말과 같은 인간적 혼합물——역사가들이 자기 방식대로 다루고 객관적 연결성과 상대적 중요성인 사실들——이라는 점에서 고립적으로 존재하지 않는다."(같은 책, p.36) 결과적으로 역사의 설명이란 이야기가 포괄적인 실타래로 엮어지고, 한 인과 관계가 다른 여러 갈래의 이야기 실타래 중 선택된 일화에 다름 아니다. 그러므로 역사가는 근본적으로 개념적이건 유형적이건 이론적 부분을 중요한 요소를 제시하고 역사의 구체적 특성을 이야기하기 위해 예비해 두는, 설명의 개괄적 틀 정도로만 여기는 경험주의자이다. 역사가가 행하는 종합 작업에 대해서는, 역사가가 확률 이론에 따라 자신의 가설적 설명의 설득력을 높이기 위해 누락된 부분들을 채워 나가는 독특한 방식에 일조하는 면이 있다고 베인은 생각한다.

미셸 드 세르토

1975년 미셸 드 세르토의 중요한 저술인 《역사 서술》이 출간되었다. 이 책은 책명이 명백히 지시해 주는 대로 역사 기술의 실제 방법에 관한 것이다. 세르토는 역사의 의미가 역사를 하는 행위라는 측면에서의 역사 서술과 역사를 이야기한다는 사실 측면에서의 역사 서술 양자를 동시에 가리키게 된 연유를 제시한다. 즉 역사 장르가 과학과 허구적 문학 간의 긴장 속에 놓이게 된 사정을 알려 준다. 역사의 이야기 방식은 역사가가 개진하는 이야기 안에 과거의 망자를 끌어들이면서 망자를 매장하고 추념하는 의례의 역할을 행한다. 이것은 현재 특유의 모습을 열어 준 과거를 자신의 적절한 언어로 제시하면서 한 사회가 자리매김하도록 허용해 주는 상징적 기능을 갖는다. "과거의 자국을 남기는 일은 망자에게 자리를 마련하되 가능한 것들의 영역을 재분배하는 작업이다."(미셸 드 세르토, 《역사 서술》, Gallimard, 1975, p.118) 세르토는 '묘'라는 제목하에 17세기에 유행한 문학과 음악 장르에서 이러한 기능을 비교하였는데, 여기서 역사 서술은 과거를 배제하거나 기념한다는 이중적 의미에서만 과거를 말할 뿐이라는 것이다.

만약 역사가 무엇보다 이야기라면 그것은 또한 진술의 장소와 인식의 기법을 언급하고 역사 제도 일반과 관계되는 작업이라고 세르토는 말한다. "역사에서 사회와의 관계를 도외시한 모든 논지는 허상이다. (…) 사회 관계를 언급하지 않는 과학적 논설은 실제의 것을 천착하는 게 아니다. 그는 과학적이기를 그만둔 것이다. 역사가에게 중심적인 문제로서 사회 체제와의 관계가 바로 역사의 연구 대상이다."(《역사 서술》, p.70) 역사 기술상의 이러한 고려는 방대한 작업의 길, 즉 매 시대마다 동시대의 역사적 논설을 복원하기 위한 역사서술학적 탐색의 길을 열어 놓는다. 미셸 드 세르토는 역사를 과학과 허구 간에 놓인 긴장의 측면에서 파악하며, 특히 그것이 특정 진술과 관계되고, 또한 실제로는 제도적으로 관행화된 기법에 의해 중재되며 연구자 집단에 의거한다는 사실에 주목한다. "역사가 사회에 대해 말하는 바를 인식하기 이전에 그것이 어떻게 기능하는지를 아는 게 중요하다."(같은 책, p.78) 역사가의 작업은 전설적이지도 않고, 적합성의 측면과도 상계되지 않는 이야기의 조건을 발생시키는 사회 구조와 전적으로 관계된다.

미셸 드 세르토가 제시한 중심 문제는 과거의 텍스트들의 강좌와 관련된 문제이고, 그는 연구자들이 활용한 문서들이 총체적 틀을 벗어나지 않은 세 가지 부류의 분석에 해당하며, 상호간에 배타적이지 않은 것으로 파악하였다. 이 세 가지는 자료의 객관적 배열, 내적 논리 구조의 조명, 다른 연구자의 해석과 관련해서 파악하기이다.

사료의 객관적 거리 유지

첫째로 미셸 드 세르토는 장 오르키발이 가톨릭의 근 · 현대사를 다룬 1957-1963년의 강좌로부터 깊은 인상을 받았다. 세르토는 그가 참여한 콩파뉴 예수회의 영성에 대한 글들을 담은 새로운 잡지 《그리스도》──이 예수회의 원사료를 통해 상실된 근대성을 재발견하려는 목적으로 발간한──에서 고증학의 엄격한 규칙에 지대한 관심을 갖게 되었다. 장 오르키발은 상세한 사실 추구에 절대적 가치를 두었다. 미셸 드 세르토는 그와의 접촉을 통해 랑글루아와 세뇨보스에 의해 19세기말에 규정된 규칙 이래로 모든 역사 연구의 기본이 된 사료에 대한 내 · 외적 비판 방법을 체득하였다. 이러한 사료 비판은 연구자들을 방대한 문서에 담겨진 진정성을 평가하기 위해 원사료를 정교하고 세세하게 탐구할 수 있도록 이끌었다. 역사는 당시 이념의 역사에 시간론적 일관성을 부여하기 위해 필수적인 도구로 작용한 원문 번역과 고전철학의 핵심으로 자리잡았다. 그에게 철학은 마리오 로크의 표현처럼 '읽는 기술'이었다. 결과적으로 미셸 드 세르토는 이 완벽한 고증학파 덕에 과학적으로 역사가의 작업을 행할 준비를 마쳤다. 그렇지만 장 오르키발에 의해 규정된 삶은 단순히 과거 사료의 긍정적인 복원에 제한되지 않으며, 그는 세르토가 자신의 방식으로 구분한 세 시기를 전적으로 다른 방식으로 정의했었다. 고증학 작업을 행하는 연구자 자신이 금욕 내지 중용을 실천하는 '정화적인' 첫번째 시기에 뒤이어 "사람이 스스로 발견한 것을 알고 있음을 확인하는 계몽 내지 발견"이 뒤따른다. 역사가가 금욕적인 시기 이후 자신의 탐색 대상으로서 타자의 모습을 발견하는 시점이 있다. 그리고 이 시기 이후 "역사가가 더이상 자신이 아닌 또 다른 자신의 출현이라는 증식 과정을 통해 연구 대상과 자신의 주관을 연결시키는 통합적 경험 단계가 이어진다. 이러한 경험은 역사가로 하여금 자신의 '내적' 경험을 공유하는 타자와의 결합을 통해 상실한 자아를 재발견하는" 작업을 행하도록 한다.

사료의 구조적 논리

두번째 단계에서 세르토는 구조주의자로부터 영감을 받아 언어적인 통합적 측면에서 구분을 둔다. 이것은 특히 그가 장 드 레리가 14세기 후반 브라질 원정 당시 획득한 증거를 분석하고, 레비 스트로스가 이를 '민속학의 일과'로 삼게 된 경우에 해당한다. 제네바의 칼뱅파 프로테스탄트였던 장 드 레리는 탐사를 시도하여 출발점에 되돌아오는 과정에서 리오 강가에 사는 투피남바족을 발견하였고, 기행문 속에 이 미개 부족에서 발견한 기본적인 사실들을 담았다. 세르토의 관심을 끈 것은 민속학적 이야기의 심부를 구성하는 이러한 내용들이었다. 그는 이것을 한편으로는 순환적 진행으로, 다른 한편으로는 야만 세계와 문명 세계 간의 이분법적 사고로 여겼다. 이런 사고는 종국적으로 두 대립 세계 안팎의 모습을 차별화하는 논설의 내적 파열의 측면에서 복잡한 양상을 띠게 된다. "애초의 위험하고 회의적인 양극성을 세 지점간의 삼각형으로 구성되는 순환적 도식이 대체한다."(미셸 드 세르토, 앞의 책, p.231) 여기서 장 드 레리의 표현에 따르면 제네바는 출발점이자 회귀점이고, 신세계의 이타성은 한편으로는 이국성을 다른 한편으로는 윤리적 소망을 담지하는 제3의 좌표를 구성한다.

타자의 해석학

"서구의 저술 내부에 끼어든 타자의 업적 내지 이타성은 타자의 해석에 대한 길을 열어 놓는다. 그것은 그리스도교 외부의 신세계에서 펼쳐진다."(같은 책, p.231) 장 드 레리는 귀환 이후 번역 활동을 통해 미개 부족의 용어를 신학 용어로 대체하면서 이러한 해석학을 시도하였다. 세르토의 경우 14세기의 서술 방식에 접근하면서 20세기에 이해하기 쉬운 방식으로 이러한 해석 활동을 확장하였다. 결과적으로 세르토가 공간적 차이와 시간적 차이라는 이중적 간격을 새로운 번역 작업을 통해 해소하려는 노력을 통해 자신의 저술에 이를 담게 되었다.

번역을 위해서는 타자의 관점을 식별하는 두번째 번역 작업에 선행하는 차별화 작업의 이해가 필수적이다. 세르토가 예수회 소속 신비주의자인 장 조셉 쉬랭의 자료를 장 드 라 크루아가 활용한 방식을 연구하게 된 것도 이러한 해석학적 틀 내부에서인데, 세르토는 고증학 작업의 상당 부분을 이 부분에 할애하였다. 세르토는 이 작업을 단순히 영향이나 차용의 측면에서가 아니라 오로지 "장 드 라 크루아가 누구인지 알도록" 허용해 주는 두 저술의 독특성에 심취하여 그 내용을 간파하기 위해 행한다.(미셸 드 세르토, 《역사의 부재》, Mame, 1973, p.43) 결과적으로 그는 텍스트의 효용성이나 수용성 측면에서 의미를 부여한다. 어쩌면 예컨대 전통은 다양한 변화, 그리고 때로는 단절을 겪으며 관행이 되는 살아 있는 전통이 될 수 있다. 결과적으로 말은 항시 변화된 모습으로 재차 행해진다. 17세기중에 세속화되고 근대 국가가 부각되는 사회에서 종교적 기대는 점차 정치 제도에 대한 관심으로 전환된다. 16세기에 종교 개혁과 더불어 찾아온 이러한 급변적 상황은 서구의 근대화의 길을 연 것이고, 역사가인 세르토의 저술 일체는 이러한 '건설적 단절(rupture instaurastrice)'의 측면을 다룬다. 이는 "중심을 향한 주제의 순환"을 지향하며 주관적 경험으로서 인지되는 영성에 대신할 성화된 유형의 우주론의 붕괴를 야기한다.(미셸 드 세르토, 《결합》, n° 19, nov. 1966, p.15)

시대착오나 합일주의에 함몰하지 않으려 애쓰면서 세르토는 저술이나 강의 등 총체적 행위를 통해서 잊혀진 부분을 해석해 나가는 길을 개척하며, 그가 과거로부터 발굴한 텍스트들과 긴밀한 대화를 나눈다. 그는 루댕이 소장한 한 다발의 문서를 공개하면서 "우선적으로 이해하려 힘써야 한다"고 썼다.(미셸 드 세르토, 《루댕의 소유》, 1990, p.18) 1970년 세르토가 이 문서를 출간했을 때 아날학파는 심성의 연구를 주도적으로 행하고 있었다. 세르토의 목적은 1968년 《교사와 마법사》라는 제목의 책을 발간한 로베르 망드루의 업적과 매우 비슷한데, 이 역사가는 뤼시앵 페브르에 의해 규정된 역사 기술 성향의 진정한 상속자라 할 만한 인물이었다. 어쩌면 아날학파의 분석 대상 분야에 미셸 드 세르토가 개입했다고 볼 수도 있다. 여하튼 결과적으로 그의 저술은 심성 자체의 관념을 인식하고, 그리고 엘리트의 문화와 대중 문화 간에 가정된 대립물 내부에서 작용하는 방법에 대한 비판적인 시각을 담고 있다.

세르토는 이미 1968년 5월의 운동에 대한 분석에서(미셸 드 세르토, 《말의 효능》, Desclée de Brouwer, 1968, p.89) 그리고 1970년 도미니크 쥘리아 및 자크 르벨과 함께 기술한 논문에서(〈망자의 미〉, 《오늘의 정치》, 1970) 대중에게 '수동적' 지위를 부여한 관점을 비판하면서 메커니즘상의 불만족을 표명하였다.

17세기 중엽에 절정에 달한 위기의 분석 작업은 세르토에게 자신의 객관적 지표와 전환에 대한 믿음의 행위, 믿음의 역사의 시도였다. 역사가는 스핑크스의 수수께끼를 마주했을 때와 같은 신비의 수수께끼에 직면한다. 세르토는 원시적 심성을 신비의 눈으로 바라보고 다양한 교회와 경계선상에 놓인 전통적 관점과 거리를 유지한다. 반대로 그는 근대성의 중심부에는 말하기와 행위 간의 구분 면에서 근대성이 갖는 경험의 파악할 수 있는 요소와 그렇지 못한 요소가 동시에 작용하고 있음을 보여 준다.

신비의 표현들

신비의 표현들은 신비 자체의 변질된 실체 면에서뿐 아니라 장 조셉 쉬랭이 '실험과학' 으로 지칭한 것의 흔적인 신비적 언어와 텍스트의 실체라는 이중적 의미로 연구되어야 한다. 언어의 사회적 실체를 언급하는 것만으로는 충분하지 않다. 지각은 실체의 상징을 기술의 대상으로 삼는다. 신비는 법, 장소, 경험의 한계를 감안한 실체성을 부여받는다. 미셸 드 세르토와 더불어 새로운 인류학, 믿음의 역사를 규정하게 되는 것은 신비의 사고에 부여하는 이같은 부재성과 환원 불가능성 내부 자체에서이다. 필리프 부트리가 지적한 대로 지각에 대한 이같은 탐색은 세르토로 하여금 심성의 역사로 제시된 것을 믿음의 역사로 변형하도록 이끈다. "믿음을 단언하는 것은 역사 속에서 온전한 의미를 지니는 행위의 지위를 믿음에 부여하는 것이고, 그렇게 하지 못함은 그 지위를 회피하도록 하는 것이다. 역사가인 미셸 드 세르토의 '영감'이 작용하는 곳은 어쩌면 역사의 파악 가능한 부분과 그렇지 못한 부분, 과거와 현재의 지성적 노력과 타자의 환원 불가능성 간의 이러한 긴장 속에서이다."(필리프 부트리, 《르 데바》, n° 49, mars-avril 1988, Gallimard, p.96)

세르토는 연구 대상과 방식이 기존의 연구자들과는 현저히 상이했으며, 그는 로베르 망드루와는 다르게 이성과 진보의 입장에서 바라본 법의식의 영역으로만 연구를 한정하진 않았다. 만약 역사가가 법 문서만을 본질적인 흔적으로 추적한다면 고문서가 침묵하는 내용은 역사가에게 논쟁의 대상이나 증거가 되지 못하는 아쉬움이 있다고 망드루를 향해 직선적으로 표명한다. 연구자는 다양한 인식과 믿음 체계를 동원하여 논쟁의 소지가 많은 대상의 분석에 접근할 수 있는 열어 놓고 길을 개척해 나가야 한다. 이것은 필리프 부트리가 역사가 지녀야할 일종의 덕목으로 지칭한 것, 즉 문서에 동시대의 잣대를 들이대기를 회피해야 하고, 고문서의 매력에 흠뻑 젖어 추정된 '진실'에 함몰해선 안 된다고 말한 것을 함축한다. 이러한 해석학적 경향은 다른 입장에서 바라보도록, 루댕의 경우에는 진실과 관련하여 특권적인 증거를 고정적으로 인식하려 함이 없이 정치가로서뿐 아니라 마술사·의사·성직자 등 제반 입장에서 사고하도록 이끈다.

이런 이유로 역사가는 타자의 이해를 향한 발걸음을 내딛으면서 모든 돌출적인 견해를 거부하고 수수께끼의 해결이 이에 저항하는 것으로 인해 결코 완전히 좌절되지 않음을 인식하는 근본적 겸손함을 견지해야 한다고 세르토는 말한다. "역사가가 문화에 대한 문학적 분석을 지향할 수 있는 것도 바로 이러한 측면에서이다. 역사가는 항시 인식의 근저에 폭력이 도사리고 있음을 환기하면서, 그리고 선택·비평·억압의 사회적 메커니즘의 존재를 설파하면서 순수를 가장한 관객의 진술 내용 마지막 부분까지 분쇄하도록 애써야 한다. 역사가가 특권적 입장에 있다면 그것은 차분한 안목을 견지한다는 측면에서 그러하다. 하지만 초기의 민속학자들이 모호하게 주장한 것처럼 문화의 해방, 궁극적으로 자유로운 자발성의 분출을 정치 진영에서 기대하는 것은 헛된 일일 것이다. 고대의 분배의 역사는 사람들 사이에서 발견되는 그 어떤 요소도 다르지 않으며, 모든 조직은 억압을 전제로 한다는 사실을 우리에게 일깨워 준다. 단순히 이러한 억압이 항시 문화의 계서화된 사회적 분배를 따라 행해졌는지 하는 점은 명백하지 않다. 어쩌면 우리가 그것을 해결하는 방법을 알고 있을 경우 정치나 문화적 행동의 중추적 문제가 제기된 순간에 우리의 생생한 정치적 식견을 환기하는 것이 나쁘진 않을 듯하다."(미셸 드 세르토·도미니크 쥘리아·자크 르벨, 〈망자의 미〉, 《오늘의 정치》, déc. 1970, p.23)

로렌스 스톤

조금 후 1979년 탁월한 영국 역사가인 로렌스 스톤의 논쟁적인 논문이 출간되어 1980년 《르 데바》지에 프랑스어로 번역되었다. 그는 '이야기로의 회귀'(로렌스 스톤, 〈이야기로의 회귀 혹은 새로운 역사에 대한 고찰〉, 《르 데바》, 1980, p.116-142)의 필요성을 강조하였다. 영국 사회사의 전문가로서, 특히 영국 혁명의 원인에 대한 저술로 유명한 이 역사가는 인구의 증가를 자원의 증가와 대입한 맬서스의 인구론이나 1960년대에 큰 영향을 끼친 아메리카의 '클리오메트리시앙(cliométricien)'——이 학파는 역사의 한 조변수(助變數)를 배제하는 것으로부터 출발하여 가능한 발전을 자극하면서 역사의 재서술을 시도했던 미국의 반사실주의자들이다——모델에 기초를 둔 아날학파의 업적을 '환경-인구통계학적' 모델로 지칭하면서, 이 '환경-인구통계학적' 모형이건 마르크스주의적 모형이건 다양한 변종 형태로 나타나는 구조주의자나 과학자의 방법론을 거부한다. 예컨대 이 역사가들은 정해진 원칙 없이 아메리카의 역사가 될 수 있는 것을 발견하려 시도하였다. 대조적으로 로렌스 스톤은 인간을 가장 중요한 연구 대상으로 삼아 이야기하고 묘사하는 방식의 역사의 필요성을 옹호한다. 이야기 방식으로 회귀하는 첫번째 이유는 사람들이 역사 설명상의 결정론적 모형에 대한 환상을 상실했기 때문이다.(같은 논문, p.123)

8. 역사 인식의 시학

　인문학과 과학적 야망 간의 긴장 속에 놓인 역사 강좌에 적절한 비결정론은 역사 기술 과정에 특별한 중요성을 부여하고, 동시에 문학성을 부여한다. 그것의 기초를 이루는 자료들로 구성된 역사 강좌의 '얇은' 조직은 이야기 과정 자체와 활용된 수사학적 수치에 관심을 기울이도록 이끈다. 그것은 인식의 시학적 구성의 길을 연다. 이것은 구조주의적 순간을 특징짓고 지시 대상물과 급격한 단절을 통해 이야기를 짜나가는 언어적 전환 방법으로 복귀하는 것을 의미하지 않는다. "역사를 그 본유의 이름과 재화합하도록" 촉구한 철학자 자크 랑시에르의 최근 논설(《역사의 이름들》, Le Seuil, 1992, p.208)은 총체적으로 세 가지 요소, 즉 과학적·이야기적·정치적 요소를 역사학의 구성 틀로 삼는다고 보았다.

　심성사 연구자들이 사회 전문적인 범주들과 문화의 형태 간에 공식화된 합의와 거리를 둔 것과 동일한 방식으로 항시 현장 작업자의 말을 재추적하는 일을 주요 임무로 삼은 자크 랑시에르는 더 이상 사회적·문화적 범주들과 동일시라는 측면에서 후자의 이야기에 만족해하지 않는다. 강좌의 조건이나 순서 간의 관계는 단순하지 않다. 그것은 불명확한 경계, 자율성, 독특한 경험, 자크 랑시에르가 민주적 이단이라 지칭한 것에 해당한다. 말의 점차적인 주관화는 표현의 대상과 표현을 동일시하지 못하게 만든다. 자크 랑시에르가 왕정기 혹은 공화정기의 옛 연대기 학파나 한편으로 역사의 알려지지 않은 부분, 무언의 말을 파헤치고자 한 아날학파와 등을 맞댄 것도 저급한 말이 갖는 말의 부적절한 측면 때문이다. "브로델이 《지중해》에서 빈자들의 르네상스를 말했을 때, 그것은 대중의 부정적인 모습, 즉 민주정 시대에 적절한 특성인 말하는 자의 급증을 의미하였다."(자크 랑시에르, 《정치학》, 21 janvier 1993) 장기 지속, 계량화된 연속, 복수-세속적 영구성은 단순한 말의 증식 너머의 차원으로 나아가야 한다. 역사학이 자신의 목적을 충실히 시행하기 위해 필요로 하는 것은 세 가지 차원, 즉시간 · 개념 · 과거를 연계하여 숙고하는 일이다.(같은 책, p.208)

아를레트 파르주는 고문서에 대한 관심과 하층민의 말을 추적함이 없이 복원하려는 욕구를 갖고서 1960년대의 최상의 잡지 중 하나인 《논리적 반동》에 공동으로 참여한 자크 랑시에르와 같은 작업을 시도하였다. 아를레트 파르주는 역사가 공식적인 이야기들 이면에서 지워져 가고 있다고 말하며, 존속한 것을 더 잘 알기 위해 지워진 부분에 주의를 기울인다. "여기서 사라진 것으로부터 무언가를 재발명하려는 것은 아니다. 회피된 부분은 역사가에게조차 사적 영역에 속하지 않는다. 그것은 전수 불가능하고 은밀하며 현재적이면서 사멸한 것이다." (《사물의 일상적 과정. 18세기의 도시에서》, Le Seuil, p.151) 역사가 진실을 표명하는 바탕인 텍스트적 · 이야기적 · 구문적 절차에 대한 관심은 특히 앵글로 색슨 세계에서 개발되고 폴 리쾨르 덕택에 프랑스에 알려진 모든 이야기 전개식 역사 저술의 요소들을 재이해하도록 인도한다. 이야기 전개식 논설의 발전은 언어적 전환, 법칙론적 모형의 비판, 인식의 지층으로서의 이야기 탐색, 분별력의 발휘를 통해 이루어진다.

제 IV 장

시간의 전개

1. 시간의 이중적 속성: 아리스토텔레스와 아우구스티누스

 역사 해석은 사람들이 주변 세계에서 겪어 나가는 친숙성과 이미 상실한 세계의 이질성 사이에서 작업을 수행하려는 욕구 차원에서 이루어진다. 그럴 경우 현재와 과거를 대비시키는 불연속성은 새로운 역사 기술 의식을 전개하기 위한 수단이 된다. "결과적으로 시간적 거리는 장애가 되지 않는다. (…) 실제로는 시간적 거리를 염두에 두고 이해의 폭을 넓히는 긍정적이고 생산적인 가능성을 보는 것이 중요하다."(한스 게오르크 가다머, 《진리와 방법》, Le Seuil, 1976, p.137)

 철학자인 폴 리쾨르가 시간에 대한 성찰을 통해 다양한 논리적 문제들을 해결해 나가려는 의도를 갖게 된 것은 외향성과 내향성 간의 관계에서 발생하는 이러한 긴장이다. 그는 실제의 시간과 현상의 조건으로서 인지되는 시간간의 단절적 관계에 대해 숙고하여 1980년대 중반 역사를 주제로 발표한 3부작 《시간과 이야기》를 발표하였다.(Le Seuil, 3 tomes, 1983-1985) 폴 리쾨르는 이야기를 확장하여 시간의 흐름이라는 순수히 우주론적 개념과 시간 내부적인 접근 간의 긴장 속에 놓인 세 가지 시간, 세 가지 논설로서 인식되는 역사성의 체계에 대해 숙고한다.

아리스토텔레스

한편 아리스토텔레스는 인간이 갖는 의식 외부에 놓인 시간 개념에 대해 논의한다. 그는 이야기 형식에 의해 시간적 경험을 산정해 보려 한다. 시간의 차원을 계산하는 데 불가피한 성찰은 결과적으로 이야기를 풀어가는 능력이다. 시간은 이야기가 시간적 차원에서 구성되는 순간에 진정한 차원을 획득하는 것과 동일한 방식으로 이야기 방식에 바탕을 두어야 인간적이 된다. 시간을 말하기 위해 필요한 이야기 이전에 아리스토텔레스는 《시학》에서 미메시스(mimesis, 모방) 활동의 중요성에 우선성을 둔다. 기원의 측면에서 "시학 예술 일반은 전적으로 자연적인 두 가지 원인을 갖는 것 같다. 모방은 사실 유아 시절부터 인간 본유의 경향성이다. 그리고 인간은 모방의 성향이 강하다는 점에서 다른 동물과 상이하다. 주목할 또 다른 이유는 철학자뿐 아니라 다른 사람들에게도 동일하게 제공되는 즐거움이다."(아리스토텔레스, 《시학》, 4, 1148b 4-23, Le Livre de poche, Hachette, 1990, p.105-6)

아리스토텔레스의 강좌는 두 가지 모순을 회피하려 한다. 하나는 미메시스를 단순한 모방, 앞서 존재한 것의 단순한 복사로서 축약해 보는 것이고, 다른 하나는 미메시스를 플라톤적 방식으로 존재의 배가라는 차원으로 확장하는 일이다. 허구의 공간을 열어 주는 창조적 모방의 역할을 재고하기 위해 리쾨르는 상류와 하류 간에 시적 변화의 한 기능 축을 중심으로 전개되는 세 가지 형태의 미메시스를 구분한다. "우리는 결과적으로 형성된 시간의 중재에 의해 재형성된 시간보다 선행한 시간의 운명을 추적한다."(폴 리쾨르, 《시간과 이야기》, p.87) 첫번째 미메시스와 더불어 이야기하기는 상징적이고 시간적인 차원

못지않게 식별의 구조 측면에서 행동 세계에 대한 사전 이해에 뿌리를 두고 있다. 모방 행동의 심부에서 두번째 미메시스는 '마치 무엇처럼' 정도로 표현하는 기능성 수준에 해당한다. 그것은 행위자의 위치, 그들의 목표와 수단, 행위 결과의 상호 작용 이외의 것들과 관계하여 잡다한 요인들을 혼합하며 형상 작용의 역동적 속성을 실현하는 중개자적 기능이다. 세번째 수준의 미메시스에서는 행동과 출발의 시간을 복권하며 재형상의 수준이 텍스트의 세계와 강연의 세계의 교호를 통해 이러한 형상의 운명을 표상한다고 리쾨르는 본다. 이러한 세번째 차원에 로베르 조스나 볼프강 이세가 언급한 수용의 미학 못지않게 '응용'의 관념을 활용한 가다머의 해석학이 부가된다.

하지만 아리스토텔레스는 논리적 곤경에 이르는데, 왜냐하면 그가 시간을 불변이고 통일적이며 동시에 항시 동일하다고 생각하기 때문이다. 아리스토텔레스의 우주는 시간으로부터 벗어나 있다. 오로지 아리스토텔레스만이 움직이지 않으면서도 움직임이 하나의 조건이 되는 시간의 역설에 마주한다. "시간이 움직임도 아니요, 동시에 움직임이 없는 것도 아님은 명백하다."(아리스토텔레스, 《자연학》, IX, 219 a 2) 아리스토텔레스는 자연적인 시간의 방식으로 측정된 시간과 상황이나 인간이 시간의 행동을 따른다는 명백한 사실간의 관련성을 발견하는 데 이르지 못한다. 게다가 그는 인간의 시간과 변화하는 시간을 관련짓지 못한 채 "시간의 행위하에서 관찰되는 것이 그 무엇이건 시간은 소비된다"는 격언을 모토로 삼는다.(같은 책, 221 a 30-221 b 2)

성 아우구스티누스

이러한 우주론적 시간과 대비되는 것으로 문제를 정면으로 드러내는 친밀한 심리학적 시간이 있다고 아우구스티누스는 말한다. "시간이란 무엇인가? 만약 누군가가 그것을 나에게 묻지 않으면 나는 그것을 안다. 하지만 누군가가 나에게 묻고 내가 그것을 설명하려 하면 나는 그것을 알지 못한다."(《고백록》, XI, 14, Garnier-Flammarion, 1964, p.264) 그는 과거가 더 이상 시간이 아니고 미래 또한 그렇다면 시간을 도대체 어떻게 파악할 것인가 하는 모순으로부터 이야기 전개를 시작한다. 이러한 논리적 곤경은 존재하지 않는 시간을 어떻게 측정할 것인가 하는 또 다른 문제와 연관된다.

성 아우구스티누스는 현재, 즉 과거에 대한 기억과 미래에 대한 기다림을 포함하는 보다 넓은 범주의 시간성으로 확장된 현재를 향하여 응답한다. "과거의 현재는 기억이고, 현재의 현재는 비전이며, 미래의 현재는 기다림이다."(같은 책, 20, p.269) 결과적으로 아우구스티누스에게는 현재에 의해 미래와 과거가 존재하는 것이 된다. 아우구스티누스는 인류의 시간을 측정하는 수수께끼를 해결하려는 의지를 갖고 있었다. "나는 우리가 경과하는 시간을 측정할 것이라고 보다 강도 있게 말한 바 있다."(같은 책, 21) 역사가가 마련하는 길은 현재에 의해 과거 속에서 미래를 이끄는 움직임이다. 시간은 공간이 아니기 때문에 시간의 공간과 부합되는 특이한 공간 속에서 이처럼 이동한다는 주장은 새로운 논리적 곤경에 다다른다. 그리고 아우구스티누스는 그가 다음과 같이 덧붙였을 때 그 문제를 잘 인식하고 있었다. "공간을 갖지 않은 것을 우리가 측정할 수는 없다."(같은 책) 그렇게 되면 그것은 확장되는(intentio) 시간과 밀접한 관계를 유지하는 것, 그리고 우주론적 시간을 대체하는 역할을 하며 그가 '영혼의 축소(distensio animi)'로 지칭한 것 간에 구분을 지으면서 인간의 시간 의식을 분리하는 게 된다. "결과적으로 나는 시간이 확장임을 안다. 하지만 나는 진정 알고 있는가? 아니면 내가 알고 있다고 믿는 것인가?"(같은 책, 23장) 아우구스티누스는 시간의 두 차원을 폴 리쾨르처럼 변증법적으로 다룬다. "3차원적 관점에서 재형성된 삼각적 현재 이론은 축소(distensio)와 확장(intensio)을 야기한다.(《시간과 이야기》, 1, p.39) 성 아우구스티누스의 근본적인 기여는 삼중적 속성을 지닌 현재의 심부에서 반복된 위 구분과 시간의 확장과 관련된 영혼의 확장 간에 관계를 체계화한 점에 있다. 그렇지만 우주론적 시간과 내적 시간 간의 이같은 이율배반은 철학적 성찰에 의해 해결되지 않는다.

이야기 대상이 되는 시간

우주론적 시간과 내적 시간 사이에 역사가 이야기 대상으로 삼는 시간이 존재한다. 이 사실은 시간을 특정의 연계 수단에 맞추어 재형성하도록 허용한다. 폴 리쾨르는 이야기 자체와 진실 추구라는 야망 사이에서 스스로 적절한 긴장을 유지하며 역사의 논설을 풀어 나간다. 이야기의 시학은 시간의 철학적 이해 과정에서 나타나는 논리적 궁지를 회피하는 방식으로 나타난다. 리쾨르는 이 단계에서 참조보다는 재형상의 관념을 선호하는데, 왜냐하면 이것은 역사 시간의 3등분 방식에 적절한 연계 요소들로부터 역사적 '실제'의 관념 자체를 재규정하는 문제이기 때문이다. 실제 이러한 연계 요소들 중에서 시간론이나 역법과 같은 역사가에게 친숙한 범주들을 발견하게 된다. 이 "역법상의 시간은 경험된 시간과 우주적 시간 간에 역사가가 실제적으로 부여하는 첫번째의 가교이다."(《시간과 이야기》, 3, p.190) 그것은 측정이 가능하다는 점에서 물리적 시간과 가까우며, 경험적 시간으로부터 차용된 개념이다. 역법상의 시간은 "경험된 우주론적 시간"이며 "우주적 시간을 인간화한다."(같은 책, p.197)

세대에 대한 언급은 리쾨르에 의해 공적인 시간과 사적인 시간 간의 이러한 연계성을 허용하는 실제적 역사 연구의 중대한 매개로 간주된다. 세대에 대한 언급은 존재의 유한성 저편, 동시대인들과 조상들을 분리하는 죽음의 저편에 지고 있는 빚을 검증해 보도록 허용한다.

결국 오늘날 거시 담론의 창시자인 이탈리아의 역사가 카를로 긴즈부르는 그가 '지침적 흔적(trace indiciaire)'으로 규정한 갈릴리의 패러다임과는 상이한 새로운 패러다임으로 제시한 흔적, 즉 세세한 사항을 살피는 흔적의 관념을 배태하였다.(카를로 긴즈부르, 〈흔적〉, 《신화, 상징, 흔적》, Flammarion, 1989, p.139-80) 사료와 고문서에 의해 구체화되는 흔적의 관념이라는 역사가의 항상적 대상은 시간의 재결합태에 덜 중요하거나 덜 본질적인 것은 아니다. 폴 리쾨르는 철학자 에마뉘엘 레비나스로부터 질서의 혼란 내지 단순한 지침자로서의 '흔적' 개념을 차용한다.(〈흔적〉, 《타인에 관한 인본주의》, Fata Morgana, 1972, p.57-63) 하지만 그 역시 자신의 역사 저술 속에 흔적의 관념을 새겨넣는다. 역사가인 아를레트 파르주는 고문서에 대한 탐색을 통해 진정성 속에 녹아 있는 이러한 흔적을 복원하려는 욕구를 갖는 게 중요하다고 말한다.(《고문서의 감상》, Le Seuil, 1989)

결과적으로 이야기를 엮어 나가는 작업은 정치적 · 군사적 · 외교적 현상의 고전적 이야기와 더불어 원거리에서 파악을 해야 하는 다른 사람들뿐 아니라 모든 역사가에게도 부과된다. 따라서 이야기는 역사적 성과물을 만들고, 경험의 공간과 미래의 지평을 연결하는 데 불가피한 매개를 구성한다. 이야기는 역사의 인문적 속성을 지닌 흔적 자체이다.

2. 역사적 시간에 대한 현상학적 고찰: 후설

후설과 더불어 나타난 대로의 현상을 고찰하거나 묘사하기 위해 의식의 내밀한 시간을 드러내려는 시도가 행해진다.(후설, 《시간의 내밀한 의식의 현상학을 위한 강좌》, PUF, 1964) 시간에 관한 후설의 현상학은 공제의 현상을 그것의 대칭인 확장(protention) 현상과 구분하면서 혁신적인 관점을 제시한다. 시간에 대한 현상학의 또 다른 성과는 최초의 회상과 '재회상하는' 두번째 회상 간에 구분을 두는 일이다. 그는 이같은 재회상이 어떻게 과거의 제시를 가능하게 하며, 또한 어떻게 자신의 대상에 충실하게 머무를 수 있는가 하는 문제를 부각시킨다. 경험된 시간의 통합 속에서 재추상하는 행위가 갖는 이러한 함축성은 기억 자체 속에 내재된 기다림의 차원을 통합적으로 담아야 한다. "현재는 우리가 경험해 온 것과 동시에 재기억된 과거의 예상을 실현하는 것이다. (…) 이러한 의미에서 현재는 재기억된 미래의 도래이다."(같은 책, p.68) 즉 시간이 내재적이거나 외부적인 요소가 아니라 의도의 관계망으로서 간주되기 때문에 의식은 전적으로 현재 진행되는 경험의 유입에 해당한다. 결과적으로 후설에 의하면 시간은 주관적일 따름이며, 한편으로 그것은 객관화된 현실이다. 세계와 마찬가지로 시간은 항시 의식을 위해 '이미 거기에' 존재하였다. "시간 자체는 궁극적으로 객관적 시간(제1수준), 시간-대상의 객관화된 시간(제2수준), 내재적인 시간(제3수준)의 세 수준에서 성찰된다."(같은 책, p.81)

후설은 현상학적 접근에 힘입어 역사학의 반성적인 고찰을 제안하는 방향으로 나아간다. 그가 《위기》라는 마지막 저술 활동을 통해 다루고자 한 것도 바로 이러한 것이다.(《유럽 학문의 위기와 선험적 현상학》) 후설은 나치즘에 사로잡힌 독일에서 그것의 느낌을 재파악하려 시도하였다. 분명 그는 역사성의 주제를 이미 접했었지만 당시 위기는 절정에 달하였고, 게다가 유대계 선조를 두고 있었던 후설은 개인적으로 희생자의 입장이었다. "후설로 하여금 역사적으로 사고하도록 이끈 것은 역사의 비극 자체였다."(폴 리쾨르, 〈후설과 역사 감각〉, 《현상학파에 대해》, Vrin, 1986, p.22)

리쾨르는 당대의 비극에 직면한 후설의 사고가 경직되어 있다고 진단하는데, 왜냐하면 초월적 현상학이 역사에 특별히 흥미를 끌 만한 영역을 제시해 주지 못하기 때문이다. 논리주의와 심리학주의에 대해 후설이 가한 이중적 비판에는 일차적으로 역사적 우연성을 고려할 만한 소지가 없다. 오히려 반대로 후설의 문제 제기는 "초월적 환원의 선험적 작용에 의해 그러한 가능성을 배제하는 것 같다."(같은 책, p.25) 분명 시간성은 모든 경험의 통일적 형태로서의 의식에 내재해 있다. 그렇지만 의식과 더불어 어떻게 역사를 실현할 것인가? 이를 행하기 위해 후설은 역사를 목적론과 융화시킨다. 계몽주의의 전통에 충실하여 그는 이성, 자유, 보편자에 의해 계몽된 유럽이라는 사고방식을 고수한다. 결과적으로 그의 역사 감각은 철학적 기능의 실현이란 측면에 초점이 모아진다. "유럽의 위기는 방법론적 곤경에 접해 있다."(같은 책, p.33)

유럽이라는 프로젝트의 위기에 봉착하여 후설은 객관주의, 최고도로 실현된 수리-물리적 인식이 갖는 무한한 환원의 치명적 악영향을 지적한다. 이러한 역사적 차원이 외부적인 것이 아니라 의식에 내재한 것이라고 여기며, 후설이 현상학과 역사주의 연결고리를 마련하는 것은 바로 이 대목에서이다. "역사는 우리의 역사이고, 역사 감각은 우리의 감각이다."(같은 책, p.34) 리쾨르는 비판철학과 존재론적 사고 간의 연결이란 측면에서 후설이 "이미 내재성의 틀 위에서 마무리된 반성적 철학의 집단적인 계획을 투시하고 있음을 발견한다."(같은 책, p.40)

비판적 언급을 통해 리쾨르는 이념의 역사, 즉 지나치게 탈맥락화한 관념론에서 예상되는 과도성에 반대하며 역사가들의 역사에 체계적으로 대응할 것을 촉구한다. 결과적으로 그는 역사학 자체의 우회성을 거론한다. 게다가 그는 모든 역사적 사실에 고유한 예측 불능한 부분적 속성을 역사 본유의 감각적 통합성과 대비시킨다. 역사가 갖는 이러한 역설은 항시 역사성의 영역에 고유한 긴장의 끈을 결코 놓지 않으려 애쓰는 리쾨르의 탐구 활동에서 중요한 한 축을 이룬다. 이러한 요소는 이미 1949년 그의 후설 강좌에서 명백히 가시화된다. "《이념의 낙관성과 모호함의 비극성》은 책임지는 존재의 복수성, 사고하는 현상이 임무의 통합, 지각의 도래 방향으로 나아가는 역사의 구조로 복귀한다."(같은 책, p.53)

3. 하이데거의 역사성

하이데거의 해석학과 더불어 해석학의 보다 축소된 개념, 딜타이에 따른 정신과학의 단순한 인식론으로부터 《존재와 시간》(1927, Gallimard, 1964)에서의 이해의 존재론으로 사고의 전환이 이루어진다. 하이데거에 따르면 시간은 외부가 아니라 우리 자신에게서, 즉 그가 '거기에 존재함(Dasein)' 개념으로 표현한 존재성에서 찾는 것이다. "매번 '자신의 것' 인 Dasein——그가 '나는 존재한다' 와 같은 구성적 방식으로 규정한 의미로——은 결과적으로 단순히 그것에 기초해서 세계의 현상들이 전개되는 것과 같은 의미의 시간이 아니라, 반대로 자신의 존재에 고유한 양태로서의 시간 속에 있다."(프랑수아 다스튀르, 《하이데거와 시간의 문제》, PUF, 1990, p.19) 따라서 하이데거에게는 특정적으로 경과한 시간과 시간에 대한 의식의 양태 간의 예상되는 구분이 아니라 시간화의 유일하고 독특한 경과 과정이 있을 뿐이다.

거기에 존재함

리쾨르나 하이데거처럼 우리는 현상의 감춰진 특성, 즉 존재의 저편에서 주체나 객체가 아니라 존재의 문제가 제기되는 장소, 선언의 장소를 인식할 수 있다.(폴 리쾨르, 《텍스트로부터 행동으로》, Le Seuil,

1986, p.89) 즉 해석학적 현상학의 문이 열린다. 현상의 마주침에서 나타나는 불투명성, 존재 문제의 망각이 해석학적 우회를 정당화해 준다. 이러한 본질적 요소는 정신과학의 기초가 되는 존재론적 토양을 지향하면서 보다 심원하게 숙고해 나가는 축대가 된다. 딜타이와 관련하여 하이데거의 두번째 변화는 이해의 관념에 대한 지나치게 심리적이고 낭만적인 성향에서 벗어난 데에 있다. "《존재와 시간》에서 이해의 문제는 타자와의 교신 문제로부터 전적으로 해방되지 못한다."(같은 책, p.90) 하이데거는 타자와의 관계 문제를 대체하고자 하는데 이는 주관성 관념, 세계에 존재한다는 관념을 배가시킬 위험이 있다. "이해 문제를 세속화하면서 하이데거는 그것을 탈심리화한다."(같은 책, p.91) 이러한 근본적인 대체는 하이데거의 철학을 언어로부터 출발하는 게 아니라 언어를 향하도록 이끈다. 사실 하이데거 논지의 삼각 요소인 상황-이해-해석은 지향 능력으로서 감지된 이해를 가능하게 하기 위해 모든 언어 체계의 정박소로부터 출발한다. 이것은 해석의 관념이 개입하는 세번째 장소인데, 왜냐하면 텍스트의 발췌 이전에 "상태의 발췌가 이루어지기" 때문이다.(같은 책, p.92) 두번째 연결 장치로서 언어의 문제가 개입하는 것은 이같은 삼차원적 사고의 경과라는 측면에서이다.

하이데거는 역사적 시간에 대한 성찰을 통해 결정적 요소를 추출한다. 그는 시간이 갖는 이중의 논지적 궁지를 해결하려 시도하는데, 아우구스티누스와 후설은 내적 시간을 지향한 반면 아리스토텔레스와 칸트는 우주론적 시간을 지향한 인물로 대별한다. 거기에 존재한다(Dasein)는 관념은 물리적 세계와 심리적 세계 간의 전통적 대립을 무효화할 가능성을 제시한다. 하이데거는 시간성에 대한 숙고를 세 가지 차원에서 보다 연장하여 생각한다. 첫째로 그는 시간의 문제를 염려라는 기본 구조 속에서 포괄된 전체성으로서 개진한다. 둘째로 과거·현재·미래라는 시간의 세 차원을 통합성, 즉 외부화의 공통된 과정(ek-statique) 안에서 관련시킨다. 셋째로 "이처럼 외부화된 통합의 과정은 뚜렷한 분류를 필요로 하는 여러 시간성의 계서화를 이루도록 한다." (폴 리쾨르, 《시간과 이야기》, t. 3, p.116) 하이데거는 염려 자체 속에 시간의 복수화, 즉 과거·현재·미래로의 해체를 원칙으로 삼는다. 현대 철학의 측면에서 염려는 무엇보다 후설에게는 의도성을 내포한다. "모든 의식은 어떤 것에 대한 의식이다." 하이데거는 의도성이 우려(Souci)를 선험적(실존적) 구조, 거기 존재함의 전체성이라고 여긴다. 염려는 본유의 실존적 특성을 파악하려 시도하는 염려이다.

도래의 우선성

따라서 하이데거는 시간과 맺어지는 다른 두 가지 관계보다 우선적이 될 차원에 일차적 관심을 기울인다. 그의 의도는 역사적 사고에 나타나는 두 가지 고전적 암초를 피하려는 것이다. 그 중 하나는 전체로서의 역사적 현상을 공적 영역에 속한 것으로 보는 것이고, 다른 하나는 과거와 미래를 구분하면서 역사를 단순한 회상으로 축소시키는 것이다. 반대로 하이데거는 "어떻게 과거로의 회귀가 본질적으로 미래를 향한 지향보다 선행하는가?"라는 전수된 유산의 관념을 주장한다. (폴 리쾨르, 같은 책, p.136) 하이데거적 해석학은 반복의 개념과 함께 과거의 억제되지 않은 잠재력이나 가능성이 미래의 방향에서 재현되도록 허용한다. "결과적으로 현재가 하이데거가 시간성으로 지칭한 존재가 되어가도록 만드는 것은, 미래가 갖는 이러한 통일적 현상이다."

(프랑수아 다스튀르, 같은 책, p.69)

그렇지만 이러한 접근법은 리쾨르가 시간성의 논리적 궁지라고 지적한 것과 직면하는데, 이에 따르면 우주론적 시간과 내적 시간, 하이데거적 관점으로는 과학적 일상성을 띤 범속한 시간과 존재성의 은밀한 시간을 총체적으로 포괄하는 적절한 매개를 발견할 수 없게 된다. "만약 죽음을 향한 존재와 세계의 시간이라는 양 극단에 강조점을 둔다면 역설적으로 모든 허위에 대항한 해석학 과정 일반에 숨겨진 극단적 대립을 발견하게 된다."(같은 책, p.173-4)

존재의 허위

우리는 하이데거의 시간에 대한 고찰을 심원한 것으로 간주할 수도 있지만 또한 리쾨르처럼 비판적으로 바라볼 수도 있는데, 특히 1950년대에 리쾨르는 존재의 허위 개념의 용례를 두고 신랄한 비판을 가하였다. 당시 하이데거에게 존재는 역사와 동시에 밀려갔다 밀려오는 식으로 자동적으로 역사가 되는 것이었다. 하이데거의 사고에서 이처럼 존재에 급격할 정도의 우월한 지위를 부여한 결과 그러한 존재가 모든 것을 흡수하여 전혀 새로운 체계를 형성할 위험이 있고, 동시에 철학과 신학 간에 그은 구분이 희석될 수밖에 없었다. 게다가 존재의 절대화는 과학 세계와의 일체의 대화를 차단하는 결과를 초래한다. 하이데거 철학 전문가인 미셸 하르는 존재의 역사적 허위와 관련하여 리쾨르의 것과 유사한 유보를 자신의 논지 안에 개진하였다.(《하이데거와 인간의 본성》, Millon, 1990) 하이데거의 업적에 기울인 열정에도 불구하고 그는 하이데거가 인간적인 속성 일체를 존재에 부여하고 있다고 여긴다. 존재의 기억, 일종의 존재의 우아함이 있다. (…) 하지만 그것이 우리에게 어떠한 의미를 남길까? 그것으로부터 미셸 하르는 일종의 역사적 운명주의로 귀속하는 하이데거의 지위에 대해 비판을 가한다. "만약 모든 망각의 기원이 존재의 끝부분이라면 망각은, 그리고 이러한 망각을 망각하면서 방황에 빠지는 주체는 다름 아닌 인간이다. 오직 사람이 실수하는 것이지 존재가 그러한 것은 아니다."(미셸 하르, 같은 책, p.191)

이러한 방황은 분명 운명과 역사성의 조건 자체이지만 하이데거는 그것으로부터 주관성 일체를 제거하게 되는데, 왜냐하면 그의 자유 행위는 존재로부터 모든 실제적 그리고 이론적 관계와 절단된 채 머무르고 종국에는 완전한 박탈 상태에 이르기 때문이다. "사람이 원하고, 추구하는 일치이고, 특정의 목적을 전적으로 거부하는 상황에 놓이게 되지 않은 경우가 없다."(같은 책, p.196). 인간의 유사-소멸(quasi-dis-parition)로부터 생기되는 이러한 기묘한 자유가 무엇일지 미셸 하르는 자문한다. 이와 관련하여 하이데거가 활용한 은유들이 주목의 대상이 된다. 사람은 존재가 되기를, 존재의 증인이 되기를 갈급해한다. 그는 순수하게 수동적인 지위 내지 불능의 지위로 전락한다. 하이데거는 모든 것을 통합하는 존재와 개별성이 순수하고 단순하게 억압받는 사람 간에 그릇된 대칭성을 상정한다. 하이데거적 해석학의 단견이 인식론을 향한 반대의 길을 주파하지 못하는 것과 마찬가지 방식으로 존재와 인간 간의 급격한 비대칭성은 존재론으로부터 윤리학으로 거슬러 올라가는 것을 더 이상 허용하지 않는다. 하이데거의 역사적 분석은 진정으로 타자의 위치를 알지 못하며, 결과적으로 윤리적 차원의 지위에 이르지 못한다.

4. 이야기: 시간의 후견인

딜타이

　슐라이어마허 이래 해석학은 멀리 떨어진 것과 가까이하고 문화적 거리를 추월하여, 결과적으로 타자에 대한 이해를 증진하기 위해 정당한 보편적 규범의 정교화를 추구하는 보편적 프로그램을 지향하여 지역적·종교적 지평으로부터 벗어난다. 하지만 슐라이어마허의 계획을 적절하게 역사적 탐구 수준에서 실현한 것은 특히 딜타이의 업적이다. 랑케와 드로이젠이 역사에 과학적 차원을 부여할 목적으로 자연과학의 주변을 탐색하던 시기에 딜타이는 이들과는 이해의 지평을 달리하여 인식론을 물리의 세계 본유의 것과 물리의 세계로부터 추론한 것으로 양분하였다.(딜타이, 《정신과학 속에 역사학 정립하기》, 1910, Cerf, 1988) 딜타이는 나중에 노베르트 엘리아스가 결합태(configuration)로, 막스 베버는 이상적 유형으로 묘사한 다양한 형상이나 규범으로 안착되는 방식에 따라 삶의 형태가 이루어진다는 가설에 입각하여 역사를 단순한 직관을 넘어서서 과학적 인식의 토대 위에 세우고자 하였다. 결과적으로 해석학은 미신적인 심리학이 아니라 이해의 객관적 틀을 마련하려는 노고를 통해 빛을 발한다. 해석학은 역사, 그리고 그것의 적절한 존재 조건에 대한 반추에 바탕을 둔다. 딜타이가 종국적으로 해석학의 문제를 지나치게 심리학적 문제로 종속시킨 논리적 궁지에 빠졌을지라도 "그가 문제의 핵심을 간파하지 못한 것은 아니다. 즉 역사적 흐름의 근저로부터 솟아오르는 통합적 감각의 중개에 의해서만 삶이 삶을 파악할 수 있음을 인지하고 있었다."(폴 리쾨르, 《텍스트로부터 행동으로》, Le Seuil, 1986, p.87)

가다머

결과적으로 우리는 시간 자체이기도 한 연속성의 깊이 위에서만 불연속성을 사고할 수 있다. 이러한 인식은 역사적 해석학이 전통과 역사학 사이, 역사의 과정과 역사에 대한 인식 사이에 추상적 단절을 해소한다고 본 가다머에게서 나타난다. 이해는 모태의 형태로 주관성을 담고 있는 게 아니라 '과거와 현재'가 지속적으로 매개하는 전수 과정을 통해 도출된다.(한스 게오르크 가다머, 《진리와 방법》, Le Seuil, 1976, p.130) 해석학적 계획은 전통을 구성하는 친숙성과 이질성의 양 다리 사이를 포섭하려는 야망을 담는다. 그렇다면 과거와 현재를 대립시키는 불연속성은 새로운 역사 서술 시각을 전개할 성공적 수단이 된다. "따라서 시간적 거리는 극복 대상의 장애가 아니다. (…) 실제적으로 시간적 거리 속에서 이해에 부여되는 긍정적이고 생산적인 가능성을 찾는 것이 중요하다."(같은 책, p.137) 리쾨르로 하여금 가다머의 접근 방식 못지않게 시간성을 순수하게 고찰하는 방식의 여러 논리적 궁지를 회피하도록 자극한 것은 외향성과 내향성, 안쪽과 바깥쪽 사고 간의 긴장을 고려하는 내부적 요구이다.

이야기는 역사 저술에 임하고 코젤렉이 말한 기다림의 지평과 경험의 공간을 읽어나가기 위해 필수적인 매개를 구성한다. "우리의 작업

가설은 이야기가 단순히 전개되기보다는 사고되는 방식으로 이야기에 시간의 수호자 역할을 부여하는 것이다."(폴 리쾨르, 같은 책, p.435) 시간의 형상은 역사의 이야기를 통해 전개된다. 이처럼 주시된 역사적 형상은 가능한 과정들의 다양성을 환기시켜 주는 경험의 공간과 현재 경험으로부터의 단순한 도출이라는 공식으로 환원될 수 없는 현재가 될 미래를 규정하는 기다림의 지평 사이를 오간다.(같은 책, p.377)

언어적 전환

역사적 진실 표명의 이야기 맥락에 대한 관심은 특히 앵글로-색슨 세계에서 개진된 모든 계열의 설명들이 이룬 성과를 재이해하도록 이끈다. 이야기 주제들의 전개는 사실 언어적 전환, 법칙론적 모형의 비판, 인식 수단으로서의 이야기에 대한 고찰로부터 도출된다. 이야기식의 역사는 또한 이야기가 설명적 가치를 지니게 되는 방식을 보여줄 수 있는데, 이것은 인과 관계와 결과라는 뚜렷이 구분되는 두 가지 기능이 조합된다는 측면에서 종속 요소의 지속적 결합을 통해 가능하다. 이처럼 시간적 관계와 논리적 관계는 별 문제없이 확인될 수 있다. 혹은 이 과거의 단어를 부적절한 용법으로서 무시하는 편이 나을지도 모른다. 이야기의 흐름을 주도하는 것은 이야기에 적절한 설명 능력을 부여하는 작업이다. 윌리엄 드레이 역시 1950년대부터 인과 관계론은 법칙론으로부터 분리되어야 한다고 주장하였다.(윌리엄 드레이, 《역사의 법칙과 설명》, Oxford University Press, 1957) 그는 법칙으로 환원 불가능한 인과 관계 체계를 옹호하면서, 동시에 그것을 환원 가능한 것으로 보고 제반 설명 형태를 배제하는 논지를 비판하였다. 그보다 조금 후 게오르크 헨리크 폰 라이트는 유사-인과 관계적인 설명에 근거한 혼합적 모델을 역사 및 인문과학 일반에 가장 적절한 것으로 간주하였다. 그에 따르면 인과 관계는 맥락이나 그 안에 배열된 행동과 긴밀히 연관된다. 엘리자베트 앙스콩브의 저술에서 영향을 받은 그는 행동의 이유들과 행동 자체간의 상호 얽힌 관계에 주목한다. 폰 라이트는 의도에서 비롯된 논리적 연관성에 기초를 두고 목적론적 형태를 취하면서 비논리적이고 순수하게 외적인 인과관계론에 반대한다. 이 두 수준의 혼합적 관계가 이야기의 형상적 특성 속에 자리한다. "내 생각으로 궁극적 결과는 혼합 요소들의 종합적 이야기에 해당한다."(폴 리쾨르, 《시간과 이야기》, t. I. 앞의 책, p.202)

아서 단토는 역사 이야기 내부의 다양한 시간성을 반복해서 말하며, 역사가의 관점이 유동적일 수밖에 없음에도 불구하고 과거를 고정된 실체로서 보려는 환상을 문제시한다. 반대로 그는 이야기 내적인 세 차원의 시간을 구분한다.(아서 단토, 《분석적 역사철학》, Cambridge University Press, 1965) 표명된 영역은 이미 두 가지 상이한 요소, 즉 묘사된 사건과 묘사된 사건을 맥락 요소로 하는 더 커다란 사건을 내포한다. 그는 화자의 입장이라는 다른 시간적 측면을 부가한다. 이같은 시간적 구분의 인식론적 결과는, 궁극적 사건이 인과 관계 면에서 볼 때 이전 사건에서 비롯될 수 있다는 점에서 인과 관계의 역설적 속성을 담고 있다. 게다가 단토의 논증은 역사만이 유일하게 자기 변론적 권리가 있으며, 설명과 묘사를 구분하는 것은 가능하지 않다고 본다.

일부 학자들은 역사의 시적 속성을 거론하며, 역사가의 서술은 이야기 구조의 측면에서 허구와 근본적으로는 다를 바 없다고 전제한 헤이든 화이트처럼 보다 멀리 나아가기도 한다.(헤이든 화이트, 《메타역사》, 1973) 그렇게 되면 역사가 일차적으로 문학적 저작이 될 것이다. 헤이든 화이트는 이야기와 이야기 줄거리 속에 내포된 논쟁 간의 전이를 인정한다.

앵글로–색슨의 이야기 설명 방식을 프랑스에 도입했던 폴 리쾨르는 여기서 두 가지 중요한 성과를 인식하였다. 첫째로 이 논지들은 "이야기한다는 것 자체가 벌써 설명하고 있는 것임을 증명하였다. 아리스토텔레스에 따르면 이야기의 논리적 맥락을 이루는 '상호적 관계'는 차후로 역사적 이야기에 대한 모든 논의의 당연한 출발점이다."(《시간과 이야기》, t. I., 앞의 책, p.251) 두번째로 설명 모델의 다양화와 계서화 덕택에 이야기 설명 방식은 풍부한 내적 설명 자료를 단순한 이야기와 대비시켰다.

그렇지만 역사 강좌에 대한 이해의 측면에서 이러한 진전 사항들을 인정함에도 불구하고 폴 리쾨르는 이야기 설명 방식의 논자들이 역사와 허구 간의 구분 불능을 주장할 때 이 논지들을 따르지 않는다. 상호 간의 근접성에도 불구하고 그는 역사가가 과거에 대해서 갖는 계약 본유의 사실성을 바탕으로 한 인식론적 단절 입장을 견지한다. 로제 샤르티에가 "역사가가 연구 대상이 되는 '죽은 사람과 그의 심성'에 대한 적절하고 통제된 인식을 제공할 임무를 떠안고 있음'을 확인했을 때 폴 리쾨르는 그와 같은 입장에 섰다. 어쩌면 비정상적인 것 같지만 근거가 있는 이러한 주장을 포기하는 것은 온갖 오류에 문을 개방하는 게 되고 말 것이다."(로제 샤르티에, 《르 몽드》, 18 mars 1993) 헤로도토스와 투키디데스 이후 역사가를 탐구 대상과 연결시켜 주는 진실의 계약을 이처럼 환기하는 이유는 과거의 오류와 조장의 제 형태에 반대하는 데 주력하기 위한 것이다. 저술 혹은 추론적 행위로서 역사에 관심을 기울이는 것은 사실과 모순되지 않는다.

진실의 체계가 어떻게 짜여지고, 실수는 어떠한 기능을 하며, 과학으로서 제시되는 다양한 주장들이 통분적 특성을 지니고 있는지의 여부를 파악하기 위해서는 비결정의 영역에 대한 논증을 행할 필요가 있다. 리쾨르는 동시에 실증주의적 시도와 기계론적 시도를 비난하면서 이런 시도들과, 실제와 허구의 이중적 지위를 부여하기 위한 '표상'이라는 제목하의 역사적 현실 분석을 대비시킨다.(폴 리쾨르, 《디오게네스》, n° 168, oct. déc. 1994, p.25) 리쾨르는 논증의 방식에만 갇혀 있지는 않다. "사실은 결코 언어적 존재를 갖고 있지 않다"는 롤랑 바르트의 자극적인 정언에 대해 그는 자신이 '논설의 4변형'으로 지칭한 것과 대비시킨다. 즉 기묘한 말을 사건으로 여기는 능변가와 논설의 변증법적 특성에 의거하는 그렇지 않은 사람, 그리고 논설의 주제로 된 지각과 사람이 논설의 외부에서 말하는 것에 대한 참조를 대비한다.

5. 시간의 역사적 구성

리쾨르에 따른 현상의 세 국면

해소와 존중 사이에서 사건은 해석학적 변형을 이룬다고 그는 생각한다. 연속주의적 입장과 불연속주의적 입장을 화합하려 하면서 리쾨르는 사건에 대한 세 수준의 접근을 제안한다. 첫째는 하의미의(infra-significatif) 사건, 둘째는 지각의 질서, 셋째는 초의미적인 상의미의(supra-signicatif) 사건의 출현이다.(폴 리쾨르, 《실천 이성》, n° 2, 1991, p.51-52) 첫번째의 것은 단순히 '도달하고' 놀라움을 야기하는 것, 기존 제도에 대해 새로운 것을 의미하는 것을 단순히 묘사하는 방식이다. 게다가 그것은 사료에 대한 비판의 원칙을 세운 랑글루아와 세뇨보스의 방법론 학파의 성향과도 부응한다. 두번째로 사건은 법칙의 규범성과 관련하여 그것을 제시한 설명 도식의 내부에서 파악된다. 이두번째 순간은 사건을 부인하는 정도로까지 그것이 일깨우는 법칙의이름으로 사건의 특이성을 포섭하는 경향이 있다. 여기서 우리는 아날학파의 논지를 재인식할 수 있다. 분석의 두번째 단계에 사건을 초의미적인 것으로 보는 해석학의 세번째 순간이 이어진다. 이때에 이르면 사건이 건설적인(바스티유의 예)이거나, 혹은 부정적인(아우슈비츠)정체성을 구성하는 이야기 만들기의 통합적인 부분이 된다. 결과적으로 재론되는 사건은 설명의 지각에 의해 축소된 사건과도, 논설 외부의 하의미의 사건과도 동일하지 않다. 그것은 그 자체로 감각을 생기한다. 초의미적 현상에 대한 이같은 유익한 재론은 그것이 남용과 결점, 즉 오만의 과시에 사로잡히는 결점에 의해 좌절당하는 만큼 감각의 한계 내에서만 생성된다.(같은 책, p.55)

흔적 속 사건의 결정체 생성

사건들은 근거가 있건 없건 흔적을 통해서만 밝혀질 수 있다. 실제의 역사를 언어적 차원으로 환원하지 않을 경우 현상의 결정체 생성은 그것의 명목으로부터 효력을 얻는다. 결과적으로 그것은 오늘날 주로 민속방법론(ethnométhology), 교호 작용의 경향에 의해 문제시되고 숙고되며 해석학적 접근에 의해 확인되는 사건 간의 본질적인 관계를 구성한다.

모든 이러한 흐름들은 역사의미론의 기초를 마련하는 데 기여한다. 역사의미론은 행위의 국면을 고려하고 물리적 · 인과론적 개념들과 결별한다. 사건의 구성은 이야기 전개에 기여한다. 그것은 "실제적 선결합태, 인식론적 결합태, 해석학적 재결합태라는 세 수준에서" 시간의 인간적 경험 감각의 유물화를 확보하는 매개가 된다.(장 뢱 프티, 《실천 이성》, n° 2. 앞의 책, p.15) 이야기하기는 잡다한 사건들의 관계를 설정하는 운영자의 기능을 행한다. 그것은 물리적 설명의 인과적 관계를 대체한다. 역사적 의미의 해석학은 사건을 코젤렉이 반복해서 말한 형이상학의 두 범주, 즉 경험의 공간과 기다림의 지평 간의 긴장 속에 사건을 위치짓는다. 이 두 범주는 서구 근대 사회 속의 경험과 미래 간의 점진적인 결별과 같은 중요한 전환, 그리고 구체적 경험 속에서 읽혀지는 역사적 시간의 주제화를 허용해 준다.

코젤렉에 따르면, 사건의 감각은 결과적으로 시간적 경험과 역사적으로 제도화된 상징 형태의 인류학적 구조의 구성 요소이다. 따라서 코젤렉은 그것의 정체성을 기다림, 행동, 역동적인 개별성 영역에 두는 사건들의 개별화를 문제로 삼는다.(루이 퀘레, 《실천 이성》, 앞의 책, p.267) 그는 사건화의 가능적 조건들을 탐색하며 단순한 묘사보다 심원한 수준을 지향한다. 그의 접근 방식은 역사 개념의 응용성, 구조화하는 능력과 동시에 특이한 상황에 의해 역으로 구조화되는 능력을 지시하는 장점을 지니고 있다. 경험과 미래의 담지자인 이러한 개념들은 단순한 언어의 부대현상설을 역사적 '진실'과 대립시키지 않는다. 이 개념들은 각 상황이나 사건에 영향을 미치거나, 혹은 관계되는 언어와 특별한 연계성을 갖는다.(라인하르트 코젤렉, 《지나간 미래》, EHESS, 1990, p.264) 개념들은 어떤 수사학적 형상으로 환원되지도, 범주들 속에 분류되지도 않는 복잡한 요소이다. 그렇다면 이 개념들이 역사와 언어 간에 완전한 융합을 허용할 정도로 역사의 감각을 충족시킬 것으로 확신할 수 있을까? 폴 리쾨르와 마찬가지로 라인하르트 코젤렉은 이 정도로 논리를 확장하지 않으며, 오히려 역으로 역사 과정들이 추론적인 차원에 머무르지 않는다고 본다. "역사는 언어가 그것을 파악하고, 경험이 공식화해 주는 국면과 결코 완벽하게 일치하지 않는다." (같은 책, p.195) 기다리는 활동의 마지막 뿌리가 되는 것은 실제적 영역이다.

사실성이 그것의 흔적이나 계승자들로 이전하는 이러한 양상은 해석학적 범주 내지 역사 서술적 전환이라 부르는 것의 내부에서 역사학이 진정한 본연의 모습으로 복귀하도록 자극한다. 이 새로운 순간은 역사 서술이 사건 자체와 현재의 지위 사이에서 지속적으로 이동하는 동안 감각의 변형을 초래한다. 그렇게 되면 역사가는 텍스트의 줄거리로부터 사건의 만들기와 지각의 다양한 유형들에 대해 탐색하게 된다. 일신된 역사 서술과 기억에 의해 역사가들은 과거의 추념 작업에 임하고, 인문과학들 안에서 회고하고 해석하는 실질적 노력을 기울인다.

6. 현재의 시간

근대성의 현재화

정보의 세계화, 속도의 가속화에 직면한 현 세계는 "역사의 놀라운 확장, 근저에 자리한 역사적 감각의 압박"을 인식하고 있다.(피에르 노라, 《현대의 역사 서술》, IHTP, 1993, p.45) 이러한 양상은 근대의 역사성 실험을 촉발한다. 즉 더 이상 확정된 것으로서가 아니라 가능한 것, 가시적이고 잠재적인 상황들에 대한 다면적 접근으로서 사건을 재정의할 것을 함포한다. 사건에 대한 역사 강좌는 더 이상 연구된 사건으로 환원되지 않고, 사실의 연쇄망 속에 위치한 그것의 흔적을 통해 숙고된다. 사건에 대한 모든 설명은 일련의 이전 사건들을 함축하는데, 이것이야말로 이야기를 이끌어 가는 추론적 줄거리에 중요성을 부여한다. 감지되는 대로의 현 시간의 역사는 단지 역사가에게 포착된 매우 가깝고 새로운 시간의 열림일 뿐만 아니라 독특하고 단선적인 시간과의 단절 속에서 추구되는 패러다임의 새로운 성향에 참여하고 합리성의 양태를 복수화하는 상이한 역사이기도 하다.

사람들은 극복 불가능한 요소들을 안고 있는 논쟁들의 현재적 역사에 반대한다. 우선 지나치게 사건과 근접해 있다는 시간적 장애가 접근 가능한 자료의 중요도에 따른 자료 분류를 허용하지 않는다. 이러한 비판에 따르면 우리가 역사로부터 드러나는 것, 부대 현상으로 나타난 것을 규정할 수 없다는 것이다. 둘째로 사람들은 미래의 불완전한 시간 활용을 비난한다. 역사가는 비록 나중의 사건 발생을 통해서 지각할 수 있게 될지라도, 연구된 사실의 시간적 운명을 바로 인식하지는 못한다. 이와 관련하여 폴 리쾨르는 현 시점과 가까운 사건을 전망하는 어려움에 대해 관심을 환기시킨 바 있다. 그는 최근의 과거에 대해 구분지을 것을 권고한다. 한편으로 사람들이 "이러한 역사 서술에 장애가 되는 요소는 진행중인 역사의 이해 면에서 예측이 갖는 비중이 상당히 크다는 점이다"라고 말할 때의 미완성의 시간, 즉 다가오는 시간과 다른 한편으로 제2차 세계대전, 탈식민화, 공산주의의 종말과도 같은 폐쇄적인 시간이 있는데, 이와 관련하여 1989년이라는 연도는 일단 마감된 사이클로서 보게 하는 폐쇄된 흥미로운 연대가 된다.(폴 리쾨르, 《현대의 역사 서술》, 앞의 책, p.38) 이와 더불어 최근 30년간의 문서에 대한 즉각적인 접촉을 허용하지 않는 법도 추가적 장애 요소가 된다. 또한 역사적 발자취를 특징짓는 비판 의식의 퇴보도 문제가 된다.

탈운명화의 교훈

하지만 시간의 역사는 또한 로버트 프랑크가 지적한 대로 이처럼 다양한 불편 요인들을 여러 방편으로 재정립하는 능력을 보여 준다. (《인식론과 사회적 요구 간의 역사》, 앞의 책, p.161-169) 미완성의 것에 대한 탐색 작업은 역사를 탈운명화하고 역사 강좌의 내용을 구성하는 연쇄적 인과 관계의 상대화에 기여한다. 현 시간의 역사는 이 점에서 인과적 운명주의를 깨뜨릴 훌륭한 실험실이다. 두번째로 역사가의 취급 방식이 심각한 방법론적 문제를 드러낸다 할지라도 역사가는 자신이 분석하는 사건의 증거들을 조절하며 작업할 수 있다. 그는 구전 자료가 "수많은 문서 사료와 마찬가지로 사건의 동시대 것이 아닌 과거의 것"이기 때문에 신중하게, 그리고 비판적 거리를 유지함과 동시에 그것들을 훌륭한 단서로서 취급한다.(같은 책, p.165) 사회학적 방식으로 영역을 탐색하는 역사가들간의 교호 작용은 이를 "주관성의 객관적 역사를 구현할 수 있는" 훌륭한 지점에 놓는다.

이러한 현 시간적 역사는 역사/기억 관계를 전도하는 데 기여한다. 과학의 곁에 자리한 비판적 역사와 유동적이고 부분적으로는 가상적 성격을 띠는 자료들을 도출하는 기억 간의 전통적인 대립은 변화에 직면해 있다. 역사가 비록 과학성의 일부를 상실할지라도 기억의 문제 제시를 통해 비판적 측면과 기억의 관념에 대한 접근을 조화시킬 수 있다. 이 두 관념은 접근의 소지가 많으며, 현시간의 서술 속에 나타난 구전 자료의 구성 요소들은 기억의 역사를 가능하게 해준다. 이러한 전도는 당시에는 현재였던 과거의 행위자들에 대해 개연성은 있되 아직 확정되지 않은 측면을 이해하도록 허용하기 때문에 문서를 발견하게 하는 효력을 지닌다. 현시간의 역사는 역사 서술 작업을 장기 지속 안에 새겨 놓는다. 결과적으로 현재의 역사가는 과거에 대한 증언, 그의 안목과 그의 연구를 바꿔 놓는다. 그는 연구 대상을 즉각적인 것으로 한정하지 않는다. 그는 본격적인 역사 작업 이전에 빈번히 드러나는 투박한 요소들을 제거하는 행위, 즉 자기 스스로의 의식적 행위를 통제해야 한다.

불연속적인 것으로서 시간 속에 각인된 현재는 미셸 드 세르토가 역사서술학을 정의한 방식을 따라 자신의 존재를 부재로서 이해하려는 노력을 통해 역사화해야 하는 담당자에 의해 작업화된다. 이러한 변증법은 진행되는 시간의 문제와 관련될 때 매우 자연스러운 것 같지만, 사실 이런 변증법의 필요성은 연구자가 현재의 역사를 위해 자발적인 실타래 풀기 작업에 착수해야 할 당위성을 깨닫기 힘들다는 역설에서 비롯된다. "문제는 역사적이 되기 위해 현재의 옛 과거가 바로 최근 과거의 활력을 지니고서 우리에게 요구하는 부재 속에 빠져드는 것과 유사한 운동을 역사가 전제하는지의 여부를 아는 것이다."(폴 리쾨르, 《현대의 역사 서술》, 앞의 책, p.39) 여기서 우리는 현재의 역사가 어떤 점에서 가장 현재적인 시간에 대한 단순한 접근 이상의 보다 심원한 동기에 의해 활성화되는지를 안다. 그것은 하루살이 삶의 거부 못지 않게 연구를 인도하는 감각에 대한 탐색이다. 즉 더 이상 목적론이나 선험적 연속성이 아니라 '동시대적 탈시간' 에 대한 반응의 탐색이다. (장 피에르 리우, 《현재의 역사에 대한 질문》, in Complexe, 1992, p.50) 결과적으로 현재의 역사는 고전적인 의미의 동시대사와 현저히 다르다. 그것은 시간적 깊이에 대한 탐색이고, 빈번히 경험되는 일종의 시간적 좌표 속에 자리매김하려는 시도이다. 경험된 것, 불연속적인 것, 연속적인 것 틈새에서 재화합의 욕구를 지닌 채 과거와 현재 사이의 지속적인 충돌로서 나타나는 현재의 역사는 "급작스럽게 전 과거를 채색하여 현재가 조금씩 과거의 환상으로부터 벗어나게 하는 미완성의 진동"을 허용한다.(같은 책, p.54)

7. 사실성의 시간

양자물리학의 교훈

현대 물리학에서 카오스, 불가역성에 대한 새로운 관심은 진화론적 결정주의와 결별하고 사건을 특징짓는 새로운 형태의 시간 안으로 들어가는 것을 허용한다. 이러한 전반적 맥락은 브로델이 '반딧불,' 즉 중요치 않은 것으로 치부된 사건의 찌꺼기를 추적한 시간으로부터 우리를 멀어지게 한다. 정치 활동은 감각을 신선하게 하는 설명적 계획의 내부에서 전적으로 무효화되는 사실적 불연속성의 급격성 측면에서 과학적 활동에 대한 반향으로서 대응한다. 우연적 과정이라는 개념 자체가 설명을 배제하며 "각각의 추적이 동시에 연장이고 재발명이 되는" 사실적 줄거리를 추적하도록 이끈다.(일리아 프리고지네·이자벨 스탕제르, 《시간과 영원 사이》, Fayard, 1988, p.180) 시간은 새로운 이야기가 구성되는 지침자가 된다. 새로운 과학적 객관성과 이야기 간의 이러한 관계는 인과 관계를 전도 가능한 형평 속에서 관계짓는 인과론의 객관주의로부터 벗어나도록 허용해 준다. 예컨대 카오스 개념과 더불어 문제는 결정론과 가능성을 대립시키는 것이 아니라 왜 진화가 예측 불가능한지를 이해하려 애쓰는 일이다. 양자물리학의 발견과 카오스 이론에 대한 숙고에서 비롯된 이같은 새로운 시간성은 시간의 지침과 인간적 차원 간의 조직적 관계를 맺게 하는 효과를 지닌다. "오늘날 우리가 감지하는 운동은 현재 순간에 깊이를, 미래에는 마디를 제공해 준다. 즉각적인 각 '상태'는 내재적인 시간의 지평에 의해 담겨진 한정된 미래만을 규정하도록 허용한다."(같은 책, p.192)

경험된 시간이 이처럼 시간의 규정 속에 주입된 것은 또한 재기억된 예상의 실현과 회상의 순간으로서 우월한 입지를 현재에 부여한다. 그것은 시간적 통합성을 사고하도록 허용한다. "예컨대 사건은 행동의 창조자이고, 이자벨 스탕제르가 말한 대로 불연속에 의해 담지된 이념들을 실현하는 데 흥미를 갖고서 자신의 이름으로 말하는 상속자들이다. 이 상속자들에게는 사건이 과거와 미래 간에 차이를 만드는 요건이 된다. 사건과 그것의 상속자들 간의 구성적 관계는 더 이상 선험적이지 않다. 결과적으로 사건은 행동가들을 위한 새로운 시간성에 참여하고, 새로운 관행을 자극한다. 따라서 그것이 시간적 폐쇄성 속에 빠지거나 원인으로서 간주될 수는 없는데, 왜냐하면 갈릴레이나 뉴턴·보일 등과 같은 발명가들이 이후에 이루어질 발명에 대해 설명할 권리가 없기 때문이다. 그들이 구현한 사건의 강도를 측정할 수 있는 것은, 그들이 측정할 수단을 증가시켜 주었기 때문이다."

사건의 재귀

역사가들 중에, 그리고 장기 지속에 반대하여 피에르 노라는 일찍이 1972년부터 '사건의 재귀'를 표명하였다.(《의사소통》, n° 18, 1972; repris et remanié dans 《역사 행하기》, dir. J. Le Goff et P. Nora, t. 1., 1974, p.210-228) 그는 '재귀'를 표명함에 있어서 미디어들의 편견으로 인해 이전 세대의 방법론에 충실했던 역사가들의 낡아빠진 향기를 풍기는 것처럼 비쳐진다. 존재하고 지각되기 위해서는 다양한 미디어들이 사건들의 생산 독점을 이룰 정도로까지 주인이 된다. 예컨대 피에르 노라는 드레퓌스 사건과 관련하여 그가 모든 언론사에 취했던 방식 면에서 근대적 의미의 최초의 사건을 발견한다. 대중 매체의 관심사가 된 동시대 사건은 신속하게 사건의 모든 요소들로부터 역사성을 지각하고자 안달한 미디어로부터 비롯되었다. 이러한 동시대 사건들 중 일부는 청취에 의해 이루어지고(1968년 5월의 바리케이드, 1968년 5월 30일 드골 대통령의 하야) 여타 사건들은 이미지와 관계된다.(프라하 침공, 아폴로 우주선의 달 착륙, 티앙(Tien)의 폭동 진압 등) 이처럼 대중 매체는 역사로부터 공격성을 취하여 괴기한 사건을 되돌려 준다.(같은 책, p.215) 즉각성은 일촉즉발의 타격인 만큼 보다 수월하게 사건을 이해하게 하고, 그와 동시에 일격에 의해 전부를 읽으려 하는 만큼 사건을 보다 이해하기 어렵게 만드는 측면이 있다. 피에르 노라에 따르면, 이러한 역설적 상황은 역사가로 하여금 미디어가 사건을 만들어 내는 방식을 이해할 수 있게 하는 사건의 해체 작업을 필요로 한다.

역사의 시학

사건의 흔적을 파헤치는 사실 중심적 역사로의 전환은, 해석학의 범주나 역사서술학의 전환이라는 틀 내에서 역사학이 진정 자신의 자리로 복귀하도록 자극한다. 이러한 새로운 시점은 사건 자체와 현재의 입장 간에 역사 서술상의 변동이 계속해서 일어나는 상황에서 감각의 변형을 추적하도록 촉구한다. 역사가는 텍스트의 줄거리로부터 사건의 형성이나 지각의 다양한 유형에 대해 탐색을 벌인다. 역사 서술이 과거를 재탐색하는 이러한 움직임은 국가적 기억의 발굴을 동반하고, 또한 사실적인 기억의 순간과 마주한다. 재경신된 역사학과 기억에 의해 역사가들은 과거의 업적을 스스로 안에서 추정해 보고, 그들의 기여를 바탕으로 인문과학의 반성적·해석학적 노력을 경주한다.

따라서 사건은 폴 발레리가 1937년 콜레주 드 프랑스에서 창조적으로 선도하는 학문인 시학을 규정한 방식으로 새로운 관심의 부각을 요구한다. 르네 파스롱이 창조적 활동에 대한 각별한 관심을 개인적 혹은 집단적 특이성으로서 전제한 것도 역사에 대한 이러한 시학적 접근 방식을 통해서이다. "과학(역사도 이러한 속성을 담고 있다)·예술·품행·종교·철학상의 개념 변화가 즉흥적인 사건의 번뜩임에서 비롯된 것임을 그 누가 부정하겠는가?"(르네 파스롱, 《시공(時空)》, n° 55-56, 1994, p.103) 만약 그의 《프랑스사》 서문의 글귀들을 인정한다면, 그것은 쥘 미슐레에게서 거의 종교적인 수준의 역사학에 대한 열정을 자극한 1830년 7월을 조명하는 효과를 지니게 된다. 여기서 요구되는 번뜩임은 도둑질을 행하는 것과 유사한 면이 있다. 그것은 시간적 제약 속에서 위험을 수반하며, 새로운 모험의 시작을 요청한다. 이 같은 사실주의적 성향은 미래의 지평을 즉흥성 측면에서 살펴보게 한다. 그것은 예측적 투시를 행함에 있어서 불확실성을 끌어들인다. "놀라운 미래로의 개방은 전망의 확장을 열어 놓는다."(같은 책, p.105)

8. 상황적 행동: 조지 미드, 카를 포퍼

조지 미드

구조의 정당화와 사건의 정당화 사이의 그릇된 대안으로부터 벗어나려는 시도는, 지금껏 역사학에 영감을 주었던 그릇된 구분을 철회가능하게 해준 지적 수단의 발견 덕택에 좋은 입지를 얻고 있다. 행동의 미시-사회학은 일상적인 것의 역사적 영역을 탐색한다. 사회학 연구에서 나타난 시간 문제에 대한 이같은 개방성은 일상 경험의 조직 문제와 관련될 때보다 효력을 얻는다. 미국의 실용주의자인 조지 미드의 저술로부터 영향을 크게 받은 루이 퀘레의 업적이 특히 그러하다.(조지 미드, 《현재의 철학》, La Salle, III, The Open Court Public Company, 1932) 그녀는 시간화와 행동의 조직 간의 관계성을 파악하는 면에서 일조한다. 미드는 사실상 과거의 본성은 자체적으로 존재하는 게 아니라 현재와 맺는 관계적 속성임을 보여 준다. 현재의 출현은 항시 새로운 과거를 자극하고, 결과적으로 과거가 전적으로 현재와 관련맺도록 해준다. 이같은 과거의 상대화와 현재에 부여된 우선성은 사건의 중심적인 관념 위에 바탕을 둔다고 미드는 생각한다.

시간의 구조가 작용하는 것은 상황적 행동으로서의 사건 자체의 주변부에서이다. 그것을 선행한 것과 관계해 볼 때 불연속적인 사건은 과거와 미래에 대한 관념의 구분과 분절을 강제한다. 조지 미드의 실용주의적 전망은 이같은 시간화를 행동의 본질적인 구성 요소로 간주하도록 이끈다. 미드는 사람들이 우리의 현재와 관계된 과거로서가 아니라 미래와 단정된 과거로서 살려낼 수 있는 것처럼 어린 시절의 회상을 표상할 수 있는 사례를 제공한다. 이것은 특이하다는 점을 제외하고는 별다른 감흥을 불러일으키지 못한다. 이러한 논리적 궁지는 과거 · 현재 · 미래였던 것의 실체가 행동 속에 함축된 것을 지칭하기 위한(praxéologique) 차원임을 보여 준다.

인간 경험의 해석학

사실적 역사 서술에 관심을 환기하도록 영감을 준 두번째 자료는 인간 경험의 역사적 성격을 강조하는 해석학이다. "시간은 분리되어 멀어져 가는 만큼 통과해 가야 할 간극이 아니다. 사실상 그것은 현재가 뿌리를 둔 과정의 기초이다. 따라서 시간적 거리는 극복해야 할 장애가 아니다. (…) 실제로 시간적 거리에서 이해에 도움이 되는 긍정적이고 생산적인 가능성을 보는 것이 중요하다."(한스 게오르크 가다머, 같은 책, p.137) 객관적 개념과는 반대로 그것은 단순한 객관적 과학자의 자세가 아니라 이해를 가능하게 하는 전통에 속한다. 더욱이 해석학 작업은 역사적 거리를 장애가 아니라 역사적 인식을 수월하게 해주는 열쇠에 해당한다. 그 이유는 그것이 사건 자체와 현재 사이에 지나간 것의 해석 작업 덕택에 우리의 이해를 풍요롭게 하도록 허용해주기 때문이다.

해석학이 제시해 주는 또 다른 차원은 언어, 행동의 의미론에 대한 전적으로 특별한 관심에 있다. "전통은 단순히 도래할 그 무엇이 아니다. (…) 그것은 언어이다."(같은 책, p.203) 경험의 언어적 측면은 표상의 영역으로 환원되지 않는다. 그것은 현실의 통합적이고 구성적인 부분이며, 역사성의 요소이다. 사회적·정치적 개념들이 시간적 차원을 흡수한다. 지각 활동은 배태중인 정체성이 드러나는 시간의 끝에 이르러서만 점차적으로 전개된다. 따라서 그것이 도래할 때 단번에 모든 것에 포괄적으로 적용되는 사건의 지각은 존재하지 않는다. 두번째로 메를로 퐁티가 말한 대로 의사소통, '작용하는 말'의 현상은 본질적으로 또한 시간화의 현상이다.

현대 사회에서 근본주의의 위기는 정치적 권위의 토대인 종교적 원천을 상실한 다양한 가치 체계에 대한 환멸, 공동체 의식의 상실이라는 진단을 내린 막스 베버에 의해 제기되었다. 원자화와 개별화는 세계의 종교적 이미지를 탈신성화하는 합리주의와 짝을 이루어 진행된다. 그것은 본체의 상실, 표상의 이해를 초래한다. 베버의 이같은 주장이 꼭 실제적 상황을 공허의 순간으로서 간주하는 진단을 함축하지는 않는다. 우리는 장 마르크 페리와 더불어 이성의 해체 작업이 공허와 동의어가 되지 않고도 이성을 형식화하는 반성적 성찰로 이끈다고 생각할 수 있다. 감각은 분명 가시적·실체적·명백한 요소가 훨씬 덜하지만, 그렇다고 해서 그것이 공허로 전화한다고 말할 수는 없다. 장 마르크 페리에 따르면 감각은 맥락적인 상황 덕택에 파악이 가능하다. 따라서 그것은 실용주의에 호소해야 한다. 상식, 화합, 상호 이해의 형성은 의사소통의 과정에 따른 상황의 특이성을 규정한다. 행동 감각의 복원은 상황적 화합을 허용하는 속성들의 연쇄망, 감각적 자료들이 갖는 맥락성을 인식함으로써 가능하다. 그것들의 형식적인 속성 너머에서 실체적인 공동의 감각을 담지하는 것도 이러한 절차들이다.(장 마르크 페리, 《경험의 힘》, t. 1; 《주체와 말》, t. 2; 《재인식의 질서》, Cerf, 1992)

실증주의에 대한 급진적 비판: 카를 포퍼

레이몽 아롱이 말한 대로 "미래의 불확실성을 과거에 투사해야 한다." 이러한 탈운명화는 역사가로 하여금 선험적으로 결정론을 전제하지 않고도 설명을 시도하기 위한 독특한 상황에 관심을 갖도록 이끈다. 이것은 철학자인 알랭 부아예가 추천한 방식이기도 하다. 그는 베버와 포퍼의 진술을 바탕으로 여러 측면에서 실증주의에 대한 근본적인 비판을 가하였다. 첫째로 실증주의에 반대하여 과학적이지 않은 것이 지각의 매듭을 갖추지 못한 게 아니고, 관찰 가능한 현실 세계가 실제성을 온전히 포괄하지 못한 한편 그림자 영역들로 짜여져 있다고 그는 생각한다. 귀납적 모형에 대응하는 과정에서 알랭 부아예는 가설을 지속적으로 시험하는 중심적 역할을 보존하는 경험적 측면에서 아롱의 논지를 지지하는 포퍼의 가설에 반대한다.(알랭 부아예, 《포퍼의 강좌 입문》, Presses de l'ENS, 1994) 포퍼의 입장과 실증주의 간에 부합되는 유일한 점은 공통된 과학의 인식론을 옹호한 면에 있다.

알랭 부아예가 사실성의 측면에서 특히 포퍼의 분석을 문제삼은 것은 상황의 논리에 대한 그의 논리였다. 역사가는 특정 순간의 행위자들이 야기한 문제들을 상황적 속성을 지닌 문제로 인식해야 하는데, 이것은 제약적이나마 문제의 해결을 위해 행동의 설명적 가설을 세우도록 허용해 준다. "상황적 분석은 문제 해결의 시도와 같은 인간 행위에 대한 설명을 객관화한 것으로 간주된다."(알랭 부아예, 《역사적 설명》, PUL, 1992, p.171) 이러한 상황적 분석은 결정론 이론을 축출할 의도를 담은 환경학으로서 제시된다. 이것은 행위자들이 그들의 행위가 이성으로 귀속된다는 측면이 아니라 보다 단순히 "목적을 향하도록 지시된다"는 측면에서 합리적 방식의 결정을 공리화할 것을 전제로 한다.(같은 책, p.175) 상황의 관념은 결정론으로서 기능하지 않는다. 이 관념은 고정성으로 귀속되지 않는다. 예컨대 동일한 산이 여행자·산악인·군인·농부들에 의해 다르게, 심지어는 정반대의 모습으로 감지된다. 게다가 상황적 제약은 인간 행위에 대해서 다소간 강하게 작용한다. 나아가 포퍼가 지적한 대로 사회는 개방되어 있고, 개인의 입지는 보다 커다란 가능성의 영역 내에서 전개된다.(카를 포퍼, 《열린 사회와 그 적들》, 2 tomes, Le Seuil, 1979) 이같은 비결정론은 역사 행위자들의 선택 면에서 여러 가능성을 고찰하는 데 필수적인 요소이다. "역사 상황을 설명하는 것은 잠재성을 드러내고, 이런 행위들의 어떤 결과들이 그들이 예측할 수 없었던 국면의 상황을 변화시키는 것과 동일한 방식으로 행위자들의 성향이 드러나도록 이끄는 이유를 설명하는 것으로 귀속된다."(알랭 부아예, 《역사적 설명》, 앞의 책, p.182) 결과적으로 이러한 접근은 통용중인 결정론의 형태들과 결별하는 것을 함축한다. 포퍼의 접근 방식은 역사 법칙이 준용되는 시간 속에서 전개를 가정하는 모든 형태의 역사주의를 비난한다. 포퍼는 여기서 역사가가 '본질의 자동—설명적 묘사'를 종식시킬 수 있는 역사적 설명의 본질적 개념을 목표로 삼는다.(카를 포퍼, 《객관적 인식》, Aubier, 1991) 역사적 상황을 포섭한다고 주장하는 이러한 법칙들을 알랭 부아예는 오랫동안 소홀히 여겨져 온 개념인 의도성에 대한 관심으로 대체한다.

개별적 합리성의 문제

이러한 계획에 대한 죵 엘스테(《노동자와 그 자녀들》, Minuit, 1987)

와 필피프 반 파리즈(《경제 모델과 그것의 경쟁자들》)의 저술은 개별적 합리성과 의도성이라는 복잡한 문제를 적절히 제기한다. 그것은 사건이 나름의 방향대로 진행된 이유들을 밝혀내기 위해 과거에서 발견할 수 있는 가능성의 영역이다. 행동에 대한 제약은 우선적으로 그것을 가능하게 혹은 가능하지 못하게 하는 상황, 즉 구조적 제약이다. 두번째로 규칙, 규범이나 관습은 행동가의 선택 방향을 유도한다. 엘스테와 반 파리즈의 사회학은 세번째 여과 기능, 즉 합리적 선택과 행위자의 동기라는 여과 기능을 도입한다. 의도적 지평은 즉각적 효과 관념을 고려하고, 또한 심리주의의 장애를 회피하도록 허용해 준다. 우리는 이 수준에서 "의도적 인간 행동의 의도되지 않은 사회적 반향을 결정하는 것"을 첫번째 목적으로 삼는 이론적 사회과학과 포퍼의 견해를 조화시켜 주는 기능을 재발견한다.(카를 포퍼, 《추측과 거부》, Payot, 1985)

사실상 사람들은 즉각적 효과의 경우 수를 증가시킬 수 있다. 예컨대 자동 실현적인 예고들이 그러하다. 머턴은 이미 1936년에 미국의 기업 합병이 동맹 파업을 깨뜨린다는 미명하에 노동자들의 직장을 폐쇄하면서 노동자들의 노동 없이도 자신이 원하는 방향으로 진행시켜 나가는 악의적 효과 성취 방식을 보여 준다. 자동 실현적 예고의 가장 유명한 사례라 할 만한 이러한 상황을 포퍼는 보다 유쾌한 어조로 '효과-오이디푸스'라 부른다.

사람들은 또한 보다 빈번하게 예기치 않은 효과를 불러일으키는 독립적인 여러 인과 관계망의 우연적 접촉이라는 '쿠르노 효과(effect-Cournot)'를 얻을 수 있다. 이런 유형의 우연은 순수하게 묘사적인 접근을 상기시켜 주는데, 왜냐하면 우연을 설명하기 위해 어떤 인과 관계 체계나 논리와 연계시키지 않고는 우연적 사실을 논할 수 없기 때문이다.

따라서 짝을 이루는 사건/상황은 사건을 자극함과 동시에, 그것에 의미를 부여하는 개인들에 의해 매개된 이러한 새로운 형체 안에서 근본적인 요소로 작용한다. 행위에 대한 이런 식의 재분석은 주관성의 중력 중심을 상호 주관성을 향해 이동하도록 하며, 우리는 역사성 관념의 이해 측면에서 실용주의적 전환의 조치를 요청한다.

9. 발터 벤야민의 찢겨진 역사적 시간

심미적 패러다임

사건의 환원 불가능을 특성으로 하는 역사의 불연속 관념은 특정 방향의 축을 따라 스스로 완성되어 간다는 측면에서 역사 이성의 목적론적 통찰력을 문제시하도록 이끈다. 오늘날 사건화에 대한 관심은 프란츠 로젠츠바이크와 게르솜 숄렘이 지난 20년간 독일에서 개진한 반성적 고찰——점진적 연속주의와 인과 관계 관념으로부터 벗어난 불연속의 시간에 대한 그들의 관념과 더불어——에 반향을 일으켰다. 이 경우 스테판 모제가 지적한 대로 "필수적 시간으로부터 가능성의 시간"으로 이동하는 것이 일반적 관례였다.(스테판 모제, 《역사의 천사》, Le Seuil, 1992, p.23) 직접적인 시간 경험에 실패한 세 저자가 마음에 담은 유대의 메시아주의는 역사의 피해자들을 우대하기 위해 종국목적론을 회피한다. 심미적 패러다임은 발터 벤야민과 같은 사람에게는 시간의 다양한 순간들 사이에서 "인과 관계와 연관되지 않은 관계"를 규정하는 데 기여한다.(같은 책, p.122) 지각은 불연속의 시간성으로부터 과거의 진정한 구성 요소이며, 우월한 상황에서 발견되는 현재 순간의 종속적인 해석학 작업을 통해 전달된다. 전혀 선험적이지 않은 감각을 파악할 수 있는 것은 나중에 남겨진 흔적을 통해서이다. "역사의 심미적 세계는 역사적 시간의 불연속성, 과거로부터 현재로 그리고 현재로부터 미래를 향하는 사건들의 연쇄망과 관계된 인과 관계를 비롯한 역사주의에 기초를 둔 공리들을 문제시한다."(같은 책, p.126)

벤야민에 따르면 모든 현상은 환원 불가능한 충격이고 줄거리이다. 사건들을 연속된 논리 안에 포괄하는 전통은 거친 부분을 제거하고 그것들을 자연스럽게 만드는 경향이 있다. 연대 설정은 채워져야 할 빈 공간을 제시하는 것에 불과하다. "그것은 인식이 아니라 재인식이나 재기억, 그리고 어떤 방식으로는 기억으로 불리는 앎의 과정에 도움을 제공할 수 있어야 한다."(프랑수아즈 프루스트, 《불의의 역사》, Livre de poche, 1999, p.29) "그렇다면 역사 기술은 연대에 형체를 부여하는 행위로 귀속된다."(벤야민, 《샤를 보들레르, 자본주의의 절정기에 나타난 서정시》, Payot, 1982, p.216)

새로운 역사성 개념 규정에 대한 벤야민의 주요한 기여는 과거와 현재 간의 관계를 단순한 연속적 관계로 고려하지 않는 측면에 있다. 과거는 동시에 현재를 구성하는 만큼 과거는 현재와 동시대적이다. "과거와 현재는 병렬되는 게 아니라 중첩된다. 이것들은 연속이 아닌 동시적이다."(프랑수아즈 프루스트, 앞의 책, p.36) 하지만 전적으로 미래를 지향한다고 본 하이데거와는 달리 벤야민은 망각의 현실화에 역점을 두고 현재의 내부 자체에서 미결 상태로 있는 과거의 드러나지 않은 기다림에 대응한다. 결과적으로 역사는 결코 원인과 결과 간의 관계가 아니다. "역사의 줄거리를 단순한 인과 관계와 동일시하는 것은 오류이다. 그것은 오히려 변증법적 성격을 지닌 만큼 자손들이 몇 세기 동안 상실된 과거의 흔적을 역사의 실제 과정을 통해 어느 시점에서 급작스럽게 접할 수 있다."(벤야민, 앞의 책, p.46-47)

역사적 재등장

따라서 역사는 정신분석학자들이 인식한 대로 나중의 재등장, 앞선 미래 속에서 행해질 수 있다. 이 과거는 되돌아와 살아 있는 자들의 영역을 떠돌아다니는데, 감각이 현재 속에서 촉수를 드러내는 것은 한 탄의 방식을 통해서이다. "왜냐하면 그것은 우선 시간의 흐름을 추적하고 긴 인내와 커다란 불운에서 벗어나 또 다른 가능성의 시간으로 다가가 문을 발견하는 최후의 도래 순간, 궁극적인 부화의 순간까지 이 흐름을 동반해야 하기 때문이다."(프랑수아즈 프루스트, 앞의 책, p.169) 역사가는 이 흐름을 미성숙한 인간의 내밀한 경험으로 각인시킬 수 있다. 결과적으로 역사가는 망각의 이름을 구원하기 위해 지명하고 기술할 중요한 권리를 향유한다. "역사 이야기는 이름들을 구원하지 않고, 구원한 이름들을 열거한다."(같은 책, p.232)

역사의 창조자라는 이러한 접근 방식은 죽은 과거와 그것을 객관화할 책무를 진 역사가 간의 거리——대부분의 역사서술학이 당연한 것으로 여기는——를 문제시하는 것을 함축한다. 반대로 역사는 재창조하는 것이고, 역사가는 중재자이며 재창조된 것의 전수자이다. 역사는 시간이 무르익어 감각을 다양한 실현 국면으로 대체하는 기술에 의해 현실을 밝히는 해석학적 업적을 통해 실현된다. 그렇다면 역사의 대상은 그의 기술에 의해 드러난 축조물이다. 결과적으로 역사는 우선적으로 특이한 형상 속에 자리하여 항시 무언가를 새로이 실현하려는 현재 속에 각인된 사실성이라 할 수 있다.

발터 벤야민은 이미 어떤 결과의 원인이 시간적 연쇄망의 이전 위치에서 추구되는, 기계적 인과 관계에서 차용된 모형의 위치 이동이라는 의미의 역사주의에 반대한 바 있다. 벤야민은 이 과학적 모형을 "사건의 해석을 지향하는, 즉 자신의 지각력에 의거하는 해석학적 모형"으로 대체한다.(스테판 모제, 《역사의 천사》, p.161)

10. 역사의 사육제: 니체

나르시시즘의 상처

서구에서 역사의 세기인 19세기에 자신이 처한 곤경을 강렬히 체감한 철학자가 있었으니, 그는 니체였다. 독일의 통일은 실현되었지만, 그것은 공격적이고 호전적인 프러시아 국가 체제를 수반하는 대가를 치르고 이루어진 결과였다. 당시 니체는 역사성(Geschichte)과 역사적이 된다는 것의 의미라는 양자의 개념을 수용함으로 인해 수반되는 역사의 위험을 주제로 《비실제적 고찰》(1873-74)을 저술하였다. 니체는 서양 역사의 자살, 역사적 인간의 죽음을 이론화한다. 그는 '냉담한 괴물'(국가)의 가장 냉담한 창조, 지역적이고 현재적인 복수적 가치의 변증으로 이끄는 변신론에 반대한다. 그는 인종의 지속적인 혼융, 역사성의 급격한 출현에 의해 변형된 메시지에 의해 퇴화된 유럽의 재생성을 설파한다. 19세기는 또한 다윈이 인류의 원숭이 기원론을 밝힌 시점이다. 인간 중심적 전망, 형이상학적 사고는 과학적 발견에 의해 시련을 맞이한다.

니체의 허무주의적 논지는 인기를 끌었으며, 당시 유행한 계몽주의적 관점과는 반대로 나아갔다. 이러한 나르시시즘적 상처는 지구가 우주의 중심이 아니라고 주장하며, 서구의 형이상학을 전도한 코페르니쿠스·갈릴레이의 논지에 부합된다. 결과적으로 이성의 발전은 무

감각의 의식, 상대성, 인간 형상 자체의 상대화에 이른다. 니체는 이성의 변증법뿐 아니라 역사에도 위협을 가한다. 철학의 종말로 제시된 니체 철학에 활력소로 작용한 것은 철저한 비관주의였다. "모든 것이 혼돈으로 되돌아가고, 옛것은 상실되며, 새것은 거의 가치가 없고 그나마 항시 약화되어 간다."(니체, 《인간적인, 너무나 인간적인》, 1878, Gallimard, 1968, p.225) 인간의 존재를 중심에서 벗어나게 하는 비관주의는 니체에게 환상을 키우는 촉매이며, 그것은 매번 스스로 자극한 상처에 대면한다.

계몽주의에 대한 급진적 비판

니체는 계몽주의의 종말을 고하게 만든 프랑스 혁명의 잔혹하고 억압적인 특성을 비난한다. 전적으로 혁명적인 단절은 야만의 이미지만을 부각시킬 따름이다. "내가 반대하는 혁명의 낙관적 정신을 촉발한 것은 조심스런 성격의 볼테르가 아니라 어리석은 열정으로 가득 찬 루소이다. 그는 '수치스러운 것을 척결하라'고 외친다."(같은 책, p.327) 여기서 니체는 혁명의 완숙한 성취를 위해 급진적인 계몽주의에 대항하여 온건하고 점진적인 계몽주의를 옹호한다. 하지만 본질적으로 니체의 저술은 계몽주의에 대한 근본적인 비판 경향을 띤다.

만약에 역사의 상식이 있다면 그것은 냉엄하게 쇠퇴로 이끄는 힘이 작용한다는 사실이다. 니체는 의식이 그가 현재의 판단을 위해 자유롭게 할 임무를 띤 역사로 인해 방해받고 있다고 생각한다. "그는 이성의 변증법을 폐기한다."(위르겐 하버마스, 《근대성에 대한 철학적 담론》, Gallimard, 1988, p.105) 계몽주의의 보편성에 대한 주장 이면에서 니체는 권력에의 의지가 분출되는 논리적 인식을 꾀한다. 진보는 난센스 내지 현상의 본질 자체인 현상의 비극적 견습일 따름이다. "역사는 우리에게 위장된 신학이다."(니체, 《비실제적 고찰》, 2, 1876, Aubier, 327) 명백히 난센스는 사람을 귀족적 엘리트에게 깃들인 불능이나 허무주의로 인도하며, 그것은 인간 행동의 모든 환상을 무효로 만든다.

합리주의 정신은 종교적 정신과의 연속성 속에서 파악된다. 이성은 유사한 환상을 통해 신으로 대체될 것이다. 니체는 인간성의 쇠퇴를 그리스 사상의 기원에까지, 즉 《이 사람을 보라》에서 퇴락의 징후 자체로 등장하는 소크라테스에까지 거슬러 올라간다. 여기서 본능과 디오니소스적 오만은 소크라테스의 윤리와──나중에 생명의 맥박을 조르고 압박할 목적을 지닌 종교적 도덕성으로 계승될──대비된다. 결과적으로 모든 문명사는 거세적인 이성과 신비화된 종교라는 악의적 논리에 따라 전개된다. 철학과 관계해 볼 때, 그것은 문명이라는 미명하에 매장된 창조적 맥박에 재차 힘을 불어넣지 않으면 안 된다. 니체는 망상과 신비화를 제거하기 위해 망각을 권한다. "동물의 예에서 보듯이 기억이 거의 없어도 행복하게 사는 것이 가능하다. 하지만 망각 없이 사는 것은 불가능하다."(같은 책, p.207)

우상 쓰러뜨리기

니체는 계몽주의 시대에 종교를 대체하고 19세기까지 지속된 인간의 신격화를 비난한다. 만약 신이 더 이상 존재하지 않는다면, 사람들이 확고한 인간성을 모든 사물의 척도 내지 영원한 진실(aeterna veritas)

로 지칭하게 될 것이다. 니체는 이러한 상대주의로부터 근본적 허무
주의를 추론한다. 도덕적 판단은 더 이상 가능하지 않은데, 그는 무엇
의 이름으로 이를 규범화하려 하는가? 윤리적 판단은 인간의 능력을
넘어선 책임성의 수준으로 행동할 자유를 내포한다. 개인이 특정 상황
에서 선하다고 믿는 것 이외의 다른 기준이 존재하지 않는다. "자신
의 존재 못지않게 행위와 관련하여 인간의 완전한 환원 불가능성은
이해력을 지닌 인간을 집어삼키는 가장 쓰디쓴 독약이다."(같은 책,
p.112) 니체는 인문주의를 인간에게 자의식으로 충만한 주체에 중심
역할을 부여하는 논지로서 파악한다. 여기서 그는 신의 죽음과 더불
어 어떤 초월적 기초 개념의 불가능성을 이끌어 낸다.

니체는 진실의 명령에 대한 종속으로부터 해방된 언어에 의미를 부
여한다. 니체의 계보학은 진실과 관계하여 시간에 대한 또 다른 접근
방식을 보인다. 이 계보학은 파손의 위험을 지닌 현실적 존재를 기억/
이해와 대립시키는 플라톤적 접근과는 전혀 반대의 것으로 제시된다.
그것은 진실의 파괴를 대체한다. "계보학은 가장된 사육제로서의 역사
이다."(미셸 푸코, 《히폴리투스를 기념하여》, PUF, 1971, p.168) 진실의
탐색은 이중적으로 접근 불가능하다. 한편으로 사람들이 관례의 가치
를 망각한 확고부동하고 단순한 대가라고 믿는 지경에 이르렀는데,
올바로 말하면 진실은 은유·환유·신인동형동성론에 불과하다. 환상
의 두번째 개념은 코기토(Cogito)의 허구에서 발견된다. "데카르트의
방식으로 '나'라는 존재를 '사고'의 조건으로 내세울 정도로 무지한
사람은 없다."(니체, 《권력에의 의지》, Gallimard, t. 1, p.79 & 141) 코기
토는 니체에게 언명된 형이상학, 다의성(polysémie)을 분석하는 허구
적 주체의 가설로 보인다.

계보학은 통일적인 형이상학의 전개를 통해 재추적되어야 하는 흔

적의 영역에 가치를 부여한다. 이 경우 지각은 항시 텍스트의 부정된 그림자 이면에서 발견된다. 따라서 사육제의 마스크를 제거한 후 연속성이 아니라 반대로 불연속성, 징후, 망각으로부터 제시되는 연속의 즉흥적이지 않고 의미 있는 연쇄망을 재확립해야 한다. 계보학적 통찰은 다른 한편 말하기 내지 표식에 의미를 부여하며, 그것이 내포하는 형이상학적 내용의 계층적 좌표를 배제하기 위한 전도로서 규정된다. 이것이 형이상학이 복원하길 원하는 내용 이상으로 논설의 조건이 된다.

11. 장기 지속의 시간: 노베르트 엘리아스

노베르트 엘리아스(1897-1990)가 1984년 《시간에 관하여》란 제목의 책을 썼을 정도로 시간은 그에게 본질적인 차원의 것이었다. 그의 주제는 사회적 계획에서 시간의 구성적 접근을 성찰하려는 방식에 대항하여 사회적 경험의 내부 자체에서 시간을 재정립하기 위해 시간의 초월적 접근을 비난하는 내용을 담고 있다. "'시간'이라 불리는 것에 대한 인간적 경험은 역사적이거나 우연적인 방식이 아니라 구조화되고 방향이 설정되어 설명 가능한 방식으로 과거 내내 변화하였고, 오늘날에도 계속해서 변화하고 있다."(엘리아스, 《시간에 관하여》, Fayard, 1966, p.44)

시간과의 관계를 탈실체화하기

나탈리 하인리히가 주목한 대로 그것은 더 이상 실체적 범주의 관점이 아니라 과정이나 기능의 관점에서 시간과의 관계를 사고하는 것이다.(나탈리 하인리히, 《노베르트 엘리아스의 사회학》, La Découverte, 1997, p.58) 결과적으로 시간은 물건이 아니며, 이와 관련하여 엘리아스는 실체적 자발성을 띤 시간을 상식으로 보는 관념을 비판한다. 엘리아스에 따르면 "시간은 활동이고 사회가 측정하기 쉬운 도구가 아니듯이 시간의 경험 또한 측정하기 쉽지 않다."(엘리아스, 《시간에 관하여》, p.47) 이와 관련하여 엘리아스는 데카르트의 모형을 바탕으로 개인을 고립시키고 비사회적 존재를 세계의 중심부에 두는 사고가 논리적 모순이 있다고 보면서 그러한 철학적 전통을 신랄하게 비판하였다. 순수히 주관적인 이러한 관점은, 비록 합리적 개념만이 사회와 자연이 주체와 관련하여 외부적 관계에 놓이지 않게 되는 순간부터 시간적 경험을 고려할 수 있게 된다고 그가 말하고는 있지만 초월적 범주를 절대화하도록 이끈다. 예컨대 이러한 관점을 확장하여 '상호 관계의 범세계적 통찰' 덕분에 '코페르니쿠스적 혁명'으로 지칭한 것을 인식하게 될 수도 있다.(나탈리 하인리히, 앞의 책, p.64)

엘리아스는 주체와 구조 간의 대안적 오류를 묵인하고, 상황의 관념을 상호 작용의 패러다임에 입각하여 사회적 활동가가 의식적으로 인지하고 활용하는 관계 전체로 환원하는 방식을 회피하려 한다. 엘리아스는 상호 의존의 과정을, 꼭 개인에 의해 지각되거나 조장되는 것은 아니지만 그럼에도 불구하고 있는 그대로의 모습으로 장기 지속의 관점에서 파악하려 한다.

결합태의 관념

그의 중심적인 형상 관념은 이전 형상의 요소들로부터 복잡한 재구성의 과정을 내포한다. 그것은 동시에 탈역사적인 무변화의 환상과 불연속적 사건들의 돌연한 출현에 반대하도록 해준다. 엘리아스는 연속성과 불연속성을 불가분적 관점에서 사고하고, 제반 역사적 상황에 개입하는 특정의 결합태 내에서 개별화의 양식과 개별 인간들이 속박에 구속되는 변증법을 파악할 가능성을 열어둔다. "엘리아스의 것과 비슷한 유의 저술 참조는 한편으로 보다 역동적인 식별의 모형들을 제시해 준다. (…) 다른 한편 논쟁의 여지가 있긴 하지만, 이러한 참조를 통해 국가의 건립과 정신적 범주들의 변화를 중심축으로 삼아 20세기 중세 서구 사회의 전개에 대한 도식을 세울 여지가 생겨난다."(로제 샤르티에, 《시공》, n° 53-54, 1993, p.49)

사회적 형상들에 의해 제시된 가능성의 영역의 재도입은 결과적으로 인간의 절대적 자유라는 명제와 엄격한 인과론적 결정론이라는 명제 사이의 대안을 회피하도록 허용해 준다. 그것은 개인을 동류의 인간들과 관계시켜 주는 상호 의존의 연쇄망에 근거하여 사회적 관계와 개인의 자유를 사고하도록 허용해 준다. 정치에 대한 새로운 탐색과 마찬가지로 '찌꺼기 역사'를 대면해야 하는 불만, 범세계화하려는 실제적 욕구는 형상의 범세계화와 국가 권력이 사회 안에서 전개되는 양상에 대한 역동적 접근 덕택에 엘리아스에게서 실용적 계획의 측면이 아니라 방법론적 측면에서 해결책을 발견할 수 있다. 엘리아스의 경우 동화 현상에 대한 분석, 장기 지속 속에 각인된 비교방법론의 활용은 모든 사람이 사회의 지워지지 않는 표식을 담고 있음을 보여 주는 데 유익하며, 또한 "개인이 동시에 돈이면서 돈을 찍어내는 주화기"라는 확신을 가질 수 있는 사회사를 위한 정확한 지침으로 작용한다.(노베르트 엘리아스, 《개인의 사회》, Fayard, 1991, p.97)

궁정화

《품행의 문명화》와 《서구 사회의 역동성》에서 엘리아스는 형이하학적 감각의 표현을 내밀한 사적 영역으로 제한하는 통제 지향적인 사회에서 서구 사회의 범세계적 역사 분석을 제안하며, 그러한 감각의 표현을 제약적인 행동률의 준수로 대체하고자 한다. 단순한 묘사로는 전혀 만족하지 못한 엘리아스는 여기서 이 현상에 대한 설명들을 제시하고, 행동 방식의 굴절을 통해 사회 범주들 사이에서 전개되는 역동성에 가치를 부여한다. 그가 귀족의 '궁정화'로 지칭한 것은, 특히 사회 전체적으로 유포되는 모형을 설정하는 중요한 역할을 떠맡는다. 결과적으로 12세기부터 18세기 간에 폭력 행사의 독점권을 누리면서 보다 엄격한 통제에 의해 사회적 국면의 안정과 외양의 변형을 허용하는 문명 과정을 구성하는 것은 국가이다. 따라서 엘리아스가 인식한 대로의 문명은 전적으로 통제의 내부화와 욕구의 자동 조절 방향으로 나아간다.

일부 비판자들은 이러한 역사 통찰에서 시간의 말에 이루어져 가는 귀결을 지원하는 진화론의 한 유형을 발견한다. "이처럼 교차되는 복잡성은 내부화된 통제 증대에 따른 심리 경제의 변화를 동반한다. 불가해체적인 심리적·사회적 두 요소의 결속 과정은 하나의 일반적인 방향을 지향한다."(카트린 콜리오 텔렌, in 《노베르트 엘리아스, 정치와 역사》, Alain Garrigou et Bernard Lacroix, dir., La Découverte, 1977, p.68) 19세기 진화론의 틀을 따름에도 불구하고 엘리아스의 저술은 그것이 기능의 상호 의존, 그리고 관계의 순환 과정에 따라 끊임없이 변화하는 결합태의 관념에 부여하는 우선성에 의해 일직선적이고 기계적인 인과 관계 관념과 분리하려는 성향을 통한 암시적 분석의 모형을 제공한다.

12. 미셸 푸코의 인식의 불연속

니체적 계보학

니체적 계보학은 푸코의 다음과 같은 말에 의해 더욱 명백히 드러난다. "나는 단순히 니체적이다."(미셸 푸코, 《레 누벨 리테레르》, 28, juin, 1984) 푸코는 《말과 사물》의 마지막 부분에서 마모되어 가는 사람의 형상이라는 은유를 쓸 정도로 니체의 사고 틀 내에 머문다. 그는 주체를 계보학의 프로젝트로 대체하기 위해 주체의 해체 작업을 동일하게 작동시킨다. "모든 것은 이미 해석이다."(미셸 푸코, 《로요몽의 학술집: 니체, 프로이트, 마르크스》, 1964, Minuit, 1967, p.189) 니체적 방식으로 근저의 심연을 탐색하면서 푸코는 역사의 망각된 부분을 일깨우고 계몽주의의 진보 이면을 파헤친다. 결과적으로 이성 자체, 그리고 20세기의 심부에서 요동치는 서구 문화의 전개에 의해 무지몽매함이 만연된다. 니체의 지식은 인간 형상의 해체라는 측면에서 푸코를 충만하게 사로잡는데, 그것은 언어의 두 양태간의 단순한 일시적 전이로서 파악된다. "신의 죽음 이상으로…… 니체의 사고가 표명한 것은 신의 살해자의 죽음, 즉 인간 형상의 파열이다."(미셸 푸코, 《말과 사물》, p.396-397) 그것은 또한 니체에 의해 표명되었고, 이미 말라르메에 의해 재표명된 추론적 연구, 언어학의 우위성을 내세운다.

푸코가 볼 때 니체는 '인간 죽음의 임박'을 표명한 인류학 최초의 근절된 모습을 표상한다.(같은 책, 353) 니체의 계보학은 또한 불가능한 기원의 연구가 아니라 사실성, 역사적 현재 속에 뿌리를 내리는 작업에 영감을 준다. 그는 우리의 세계에서 표방된 연속성을 파악하려하는 게 아니라 반대로 불연속성, 인식의 방해를 추적하고자 한다. 역사적 인식은 항상적 요소와 이해에 문제를 제기하도록 해주는 면에서효과가 있다.

그가 냉담한 역사의 초석들과 바슐라르 · 캉길렘이 추구한 과학 역사의 불연속적 개념의 측면에서 이루어진 본유의 인식론 개념 간에 모순을 발견하지 못했다 하더라도, 미셸 푸코는 사실성의 복귀에 지대하게 기여하였다. 일체의 연속된 시간성, 가치의 절대화와 당위에 대한 그의 근본적인 비판은 그릇된 환상의 항상성과 영구성의 봉합을 더 이상 허용하지 않는 분열적 인식론 사이에서 추론적 영역에 내재된 중지에 관심을 기울이게 해준다. "지속적 인식 활동을 가능하게 한 흐름을 봉쇄해야 한다."(미셸 푸코, 《히폴리투스를 기념하여》, p.160) 미셸 푸코는 인과론이나 기원 문제에 대한 니체의 무시에 동의하는 반면 불연속성, 유물론적 실증주의와 사건의 특이성에 대한 묘사에 주목하며 '행복한' 실증주의자가 되려 한다. "효율적인 역사는 독특하고 돌출되는 사건들을 부각시킬 수 있다."(같은 책, p.161)

인문주의에 대한 근본적 비판

푸코의 《말과 사물》은 특히 조르주 캉길렘의 저술 계열에 속한다. 푸코는 여기서 불연속성과 확립된 규율의 니체적 해체로부터 과학적 역사를 개진하기 시작한다. 푸코의 인식적 기반이 된 니체의 중추적 사고는 인문주의에 대한 근본적인 비판에서 발견된다. 자신의 행동을 의식하며 행동하는 인간-주체는 사라진다. 인문주의는 근자에 나타난 것으로 그것의 발견은 그의 다음 목표를 노정한다. 서구의 사고에서 그것의 중심적 위치는 그것을 종속 변수로 삼는 다양한 조건들에 대한 연구를 흐리게 하는 환상일 뿐이다.

이처럼 인간은 사물들의 경계에서 탈중심화되고 격하되어 궁극적으로 일상의 찌꺼기 속에서 상실된다. "인간은 (…) 의심의 여지없이 사물들의 질서 속에서 찢겨져 나간 부분에 다름 아니다. (…) 인간은 발명된 지 2세기도 지나지 않은 근자의 형상으로서 우리의 인식에서 극히 미미한 부분이다."(미셸 푸코, 《말과 사물》, p.15) 따라서 푸코는 19세기까지는 세계 속에서 탄생하지 못한 인간의 존재적 환상의 도래를 역사화하는 데 집중한다. 그리스 시대에 존재한 것은 신과 자연 그리고 우주였으며, 책임지는 주체의 사고를 위한 여지는 없었다. 플라톤적 문제 의식에서 오류는 판단의 오류에 따른 것이지 무지나 개인의 책임에 의한 것이 아니다.

고전적인 인식에서와 마찬가지 방식으로 인간은 어떤 위치도 지니고 있지 못하다. 르네상스의 인문주의, 합리주의 어느것도 인간을 사고할 수 없었다. 인간이 인식 영역의 중심에 놓이게 된 것은 인식의 형상이 균열을 보이고 나서부터이다. 다음으로 서구 문화는 인간에게 가장 고귀한 역할을 부여하였다. 그것은 모든 사물의 참조의 대상이 되는 창조의 왕으로서 중심적 위치를 점하였다. 이러한 맹신적 숭배는 특히 주체를 실체로 취급하고 사실로서 받아들이는 데카르트의 나(ego)와 더불어 한 철학적 형태의 모습으로 나타난다. 이러한 숭배는 그것이 고대 그리고 중세 스콜라 철학에서 기능했던 것과 같은 오류의 문제 제시 방법론을 전도시킨 것이다. 그렇지만 푸코가 언급한 대로 프로이트 이후 인간은 서구 사상의 역사에서 상당한 나르시시즘적 축복을 받게 되었다. 지구가 우주의 중심이 아님을 발견한 코페르니쿠스는 사고의 영역을 혁명화하고 인간의 태곳적 통치권을 흔들어 놓았다. 이후 인간의 문 앞에 원숭이가 있음을 발견한 다윈은 인간을 생물학적 시간 속에서 스쳐 지나가는 한 에피소드의 단계로 치부하였다. 그런 다음 프로이트는 인간이 의식적인 존재가 아니며, 그가 접근하지 못하지만 사실 파악의 근원으로 작용하는 무의식의 결정론을 통해 인도될 수 있다고 말하였다.

인간은 결과적으로 일정 단계들을 거치고 나면 자신의 속성을 상실하게 되지만, 자신의 권세를 복원하는 도구로 삼기 위해 인식의 영역에서 이러한 단절에 관해 사전에 재학습을 받는다. 인간은 19세기에 벌거숭이 상태로 나타나 프로프의 언어학, 애덤 스미스와 리카도의 정치경제학, 라마르크와 퀴비에의 생물학 출현과 더불어 구체적이고 인식 가능한 대상으로서 세 형태의 인식을 합류시킨다. 그런 결과 말하고 일하는 살아 있는 주체의 특이한 형체가 나타난다. 인간은 이 삼면적 성과를 통해 탄생하여 새로운 인식의 중심적 위치를 차지한다. 인간은 자연과의 관계에서 통치자의 지위로 재설정된다. 천문학은 물리학을, 물리학은 의학을, 무의식은 정신분석학을 배태하였다. 하지만 이러한 통치권이 푸코에게는 극히 최근의 것이고 망상적인 것으로 사라질 운명에 처해 있다. 개인의 습성으로부터 무의식을 발견했던 프로이트와 사회의 집단적 행태의 무의식적 측면에 주목했던 레비 스트로스의 흔적 위에서 푸코는 인문과학들을 우리 의식의 소산이라고 믿는 과학들의 무의식을 탐색한다.

인간의 해체에 적합한 또 다른 시간성

인간의 와해가 아닌 탈중심화는 시간성·역사성과의 또 다른 관계, 즉 인간의 행위를 결정하는 외적 조건들에 대한 관심의 이전 못지않게 그것의 복수화와 비유동성을 유도한다. "인간의 역사는 생활 조건의 변화(기후, 토지의 비옥도, 문화 양식, 부의 창출)와 경제의 변화(그리고 사회와 제도의 결과적 측면에서) 및 언어의 형태와 용례의 계승에 공통된 일종의 변조 이상의 것이 될 것이다. 하지만 인간 자신이 아직 역사적이지 못하다. 시간은 시간 자체 이외의 다른 것으로부터 유래한다."(미셸 푸코, 《말과 사물》, p.380)

결과적으로 인간은 그를 피해 가는 다양한 시간성을 따르며, 이러한 국면에서 그것이 주체가 되지 못하고 자기 외부의 순수한 현상들의 대상이 될 뿐이다. 그렇다면 의식은 사고의 죽은 지평이다. 개량은 인간 의식의 근저에서 추구되는 것이 아니라 인간과 관계하여 '회귀 불능의 이중성 속에서' 그것 안과 밖 그리고 옆에 자리하며, 환원 불가능하고 파악 불능의 타자이다.(같은 책, p.337) 인간은 삶과 노동과 언어의 '이미 시작된(déjà-commencé)' 바탕 위에서 또렷해지고, 결과적으로 그것의 기원이자 출현이 될 것에 접근하는 삶을 가까이서 발견한다.

푸코에게는 근대성이 데카르트적 코기토의 인간 신학에 본유한 이러한 무능과 환상의 인식 안에 자리한다. 그것의 밑받침이 된 우리 문화의 영웅들과 맹신들을 끌어내린 후 푸코는 지속적인 참고 대상으로서의 역사주의, 전체로서의 역사에 사로잡힌다. 푸코적 역사는 더 이상 진화나 생물학에서 차용한 개념, 진보의 눈금, 윤리-도덕적인 관념에 대한 묘사가 아니라 순간적인 섬광처럼 불연속성의 눈금, 행동에 이르는 다양한 변화들에 대한 분석이다. 역사적 연속성의 전도는 주체의 탈중심화에 따른 필연적 귀결이다. "인간적이 되는 것은 더 이상 역사를 갖지 않는 것이며, 혹은 인간이 말하고 일한다는 면에서 자신에게 종속되지도 단일적이지도 않은 역사에 전적으로 혼합된 채 자신의 존재 본유의 영역에서 발견된다. (…) 19세기초에 나타난 인간은 탈역사화되었다."(같은 책, p.380) 자각은 잡다한 역사들의 다양성, 논설 대상 속에서 용해된다.

푸코는 입체파의 방식으로 역사의 해체 작업에 착수한다. 시간적 통합은 허구 이상의 것이 되지 못하고, 어떤 필요성도 따르지 않는다. 역사는 레비 스트로스의 경우처럼 오로지 불확실하고 우연적인 속성을 띠고 나타나며, 동시에 그것은 전혀 중요한 것으로 부각되지 않는다. 그렇지만 레비 스트로스의 구조주의와는 다르게 푸코는 역사성을 배제하지 않고서 그것을 분석할 특권적인 분야라고 보며 자신의 고고학적 탐색의 영역으로 삼지만, 한편으로 통시적 단층에 중첩되는 거대한 파편들로부터 작용하는 불연속성들을 찾아내고자 한다.

결과적으로 푸코는 서구 문화의 인식론에서 나타난 두 가지 커다란 불연속성을 거론한다. 하나는 17세기의 고전주의, 다른 하나는 우리의 근대 시대를 연 19세기의 것이다. 인식의 질서상의 이러한 변화들을 푸코는 언어·정치경제·생물학처럼 상이한 분야들로부터 파악하며, 사고 가능한 것과 그렇지 못한 것을 매 단계마다 분리한다. "역사의 인식은 동시대적인 것으로부터만 행해질 수 있다."(같은 책, p.221) 푸코가 모든 형태의 진화론을 축출하는 방식으로 찾아낸 불연속성들은 알기 힘든 형상으로 되어 있다. 그것은 스스로의 출현 과정 문제를 드러냄이 없이 양태와 장소를 지적하는 것으로 만족하는 진정한 분출이나 격통과 관계된다. 이러한 접근에서 사건-출현은 근본적인 수수께끼로 남는다. "유사한 임무는 시간이 유래하는 역사나 연대학 없이 일이 촉발되는 방식으로 시간 속에서 나타나고 시간 위에서 형성된 모든 것을 문제시하는 것을 의미한다."(같은 책, p.343) 불연속성은 그것이 본래의 뿌리들과는 단절된 방식으로 인과 관계 체계로 환원될 수 없는 특이성을 띠고 나타난다.

하지만 이것은 가장 어려운 문제를 드러내는 인식론인데, 사람이 한 인식에서 다른 한 인식으로 이동하는 양상을 인식할 방도가 없으며, 사람들은 또한 푸코에게 그가 어떤 인식으로부터 출발하는지를 답하도록 요구한다. 1966년의 《말과 사물》에서 팽배했던 이러한 관념은 푸코의 후기 저작들에서 찾아볼 수 없는 논쟁거리로 남는다. 그의 고고학은 인식의 영역 저 근저에서 중요한 균열의 단층선을 찾는 일이다. "사람들이 매일 알기 원하는 것은 그것들의 합리적인 가치와 객관적 형태들을 참조하면서 모든 기준 외부에서 제시된 이해 방식들을 실증성의 기초로 삼고 또한 역사를 표명하는 인식론의 영역이다."(같은 책, p.13)

우리의 동시대까지 이처럼 지속된 인식론, 인간과 인식의 역사화는 유일한 최후의 인식론 형상을 가능하게 하고 레비 스트로스의 경우와 유사한 푸코의 상대주의에 이르게 되었다. 원시 사회와 근대 사회 간에 열등성과 선행성이 존재하지 않는 것과 마찬가지 방식으로 다양한 인식 단계에서 추구할 진실은 없으며, 역사적으로 자리매김될 수 있는 논설들만이 존재한다. "인간이 되는 것은 역사적 역할에서 역할로 나아가는 것이기 때문에 인문과학에 의해 분석된 내용 어느것도 스스로 안에 안착할 수도, 역사의 움직임을 회피할 수도 없다."(같은 책, p.382) 증명된 과학적 실험 방향으로 구조화된 규율에 의해 표상된 현시대 인식의 초석은 순간적이고 임시적인 형상일 따름이다. 인식의 영역 전체를 역사화하는 이러한 절대적 상대주의는 역설적으로 역사적 접근과는 대비되는 것이어서, 내적으로 한정되지 않고 실증성 면에서 장기 지속, 역사를 지향하는 본질적으로 공간적인 개념, 순수히 통시적인 인식론의 영역을 강조한다.

13. 고고학으로부터 계보학까지: 미셸 푸코

생체 권력

푸코에 대한 니체의 영향은 갈수록 커져 푸코는 자신의 이전 저술의 변증법적 논설/권력에 세번째 개념인 생체를 부가한다. 이 삼각 요소는 각기 극단적으로 기능한다. 생체와 권력은 상대방을 각각 국가와 비존재로서 비난한다. 자유는 제약에, 욕구는 법에, 폭동은 국가에, 다양성은 집중성에, 정신분열증은 편집증에 대면한다. 주체의 종속은 세번째 개념과 관련된다. 추론성은 그에 대한 인식이 공체적 속성을 띠는 만큼 권력의 영역에 속한다.

계보학적 전환은 1970-71년 세 방식으로 표명된다. 우선 장 이폴리트의 논지를 추종하여 푸코는 계보학으로서, 그리고 역사에 대한 니체의 입장으로부터 합의된 사육제로서 역사를 통해 본질적인 의사소통을 행한다.(미셸 푸코, 《히폴리투스를 기념하여》) 푸코에 따르면 계보학은 생체와 역사의 연결 중심부에서 발견되며, 결과적으로 그는 역사로부터 망각된 그렇지만 역사에 바탕을 둔 이 생체에 관심을 집중하도록 요청한다. "(비록 언어가 생체를 표현하고 관념이 그것을 해소할지라도) 생체는 사건의 드러난 표면이다."(같은 책, p.154) 또한 푸코는 생체의 진정한 정치경제학을 치장하고, 다양한 형태의 종속을 축출하며, 자신의 가시적 양태를 전개한다.

이 시기의 초에 푸코는 또한 콜레주 드 프랑스 교수직 취임에 임하여 자신의 연구 프로그램을 밝히게 되었다. 1970년 그의 취임 강좌는 《담론의 질서》라는 제목으로 출간되었다.(Gallimard, 1971) 그는 여기서 고고학의 소명과 관련하여 적절한 이탈이라고 볼 수 있는 새로운 계보학적 전망 속에서, 《인식의 고고학》에서 표명된 규범들을 축으로 한 혼합적 프로그램을 규정하였다. 특히 그는 추론적인 행태와 비추론적인 행태 간의 관계를 더 이상 문제삼지 않았다. 푸코는 이 경우 생체와 연관을 지으면서 논설의 수준만을 새로이 점검하였다. 그의 계보학 프로그램은 항시 그의 비판적 분석의 특권적 대상이 될 역사의 영역에 자리하였다. 당시 '사건의 특성을 논설로 부각시키고' 진실의 서구적 탐색에 질문을 던지며 의미심장한 통치권을 거부해야 했던 푸코가 명백히 자신의 관심을 집중한 것은 배타적으로 추론적 영역 내부에서였다.

역사가와의 힘겨운 대화

푸코는 주로 철학자로서 역사가의 영역을 탐색하였지만 또한 일단의 역사가들과 대화를 나누고 일부 역사가, 특히 미셸 페로·아를레트 파르주와 공동으로 작업을 벌였다. 이들의 관심을 끈 역사적 주제는 전통적인 역사에서 배제된 여성과 경계인들에 대한 것이었다. 우둔의 역사를 다룬 최초의 저술 이후 푸코는 그것을 원하지 않은 채로 전문 역사가들과 회우하였다. 1961년 플롱사에서 출간된 그의 원고를 지지해 준 인물은 심성사로 연구에서 고립되어 있었던 발행인이자 그의 왕당파적 초보수주의 이데올로기를 인식하고 있으며, 전혀 그를 변호할 것 같지 않은 필리프 아리에스였다. 이 저술은 특히 역사가들로부터 열정적인 환대를 받았다. 로베르 망드루와 페르낭 브로델은 위대한 역사가의 탄생을 경하하였다. 하지만 시발부터 역사가들과의 관계는 오해에 직면하는데, 그 이유는 칭송을 받은 이 저술이 《우둔의 역사》에서 다룬 방식 아니라 아날학파의 심성사 개념을 장황하게 설명한 사회심리학적 저술이었기 때문이다. 그의 계획이 사회사의 전문가로서 역사 영역을 탐색하기보다는 자신이 역사의 사육제로 지칭한 것을 니체의 방식으로 문제화하는 것이었을지라도, 역사가들은 훌륭한 역사가 한 사람을 잃어버렸다는 인상을 받았다.

미셸 페로는 열정적으로 푸코의 저술을 추종하였다. 《감시와 처벌》이 출간되었을 때 그녀는 프랑수아 에발과 더불어 역사가들과 푸코 간의 상충되는 두 텍스트, 즉 역사가 장 레오나르가 푸코에 대한 비판의 내용을 담아 쓴 〈역사가와 철학자〉, 그리고 푸코의 응답인 〈먼지와 구름〉을 두고 논의를 벌였다. 이 두 저서는 함께 1980년 《불가능한 감옥》이란 제목으로 출간되었다. 푸코는 이러한 반박에 대응하여 자신의 논지를 개진하였으며, 그것이 역사적 접근과는 근본적으로 상이하다는 사실을 감지하지 못했다. 그의 목적은 사회에 대한 전반적 분석을 제시하는 게 아니었다. "나의 계획은 역사가들의 목적과는 다르다. (…) 나의 대체적인 주제는 사회가 아니라 진실/거짓의 담론이다."(미셸 푸코, 《불가능한 감옥》, p.55) 그는 자신이 사실주의의 감각을 지니고 작업에 임했지만, 그의 목적은 사회사의 영역이 아니라는 점을 반복해서 말한다. 그의 분석 도구는 추론이라는 또 다른 수준에 놓여 있었다. 역사가인 장 레오나르가 비판한 것도 이 점인데, 그는 푸코의 연구에서 대명 동사들과 인칭 대명사인 '우리'가 풍부한 용례로 활용된 사실을 지적하였다. 그것은 권리 · 전략 · 기술 · 전술의 문제가 아니다. "하지만 사람들은 행위자들이 무엇인지 알지 못한다: 누구의 권리이며, 누구의 전략인가?"(장 레오나르, 《불가능한 감옥》, p.14) 푸코는 신체의 치장과 조건의 분석에서 다양한 제도의 역할을 간과한다. 다양한 사회 범주들과 관련하여 이 제도들은 탈의실에 방치된다. 장 레오나르는 푸코가 카프카적 세계 속에서 자신의 강좌를 연장한다고 비난한다. "기하학의 어휘는 인간 사회를 저버린다. 그것은 공간·노선·국면·분단·배치의 문제일 따름이다……."(같은 책, p.15) 하지만 푸코는 이러한 요구 조건에 대해 자신의 주제는 그와는 다르다고 응답한다. 그는 18세기와 19세기 프랑스 사회나 1760부터 1840년 간의 감옥의 역사를 연구한 게 아니라 처벌하는 이성의 역사 안에 한 장을 마련하려는 의도를 갖고 있었다는 것이다.(미셸 푸코, 《불가능한 감옥》, p.33) 대화는 귀머거리의 대회일 수밖에 없는데, 왜냐하면 푸코가 철학자 입장에서 역사 연구 작업에 임했고, 그의 일차적 목적이 역사가들에게는 고귀한 사실적 예들을 탈신비화할 대상으로 삼는 데 있었기 때문이다.

제 V 장

목적론: 섭리로부터 이성의 진보에 이르기까지

1. 역사 저술에 나타난 운명

그리스에서 나타난 운명과 우연 간의 경합

역사가가 고대 그리스에서 헤로도토스와 더불어 탄생했을 당시 그는 음영 시인과 관계를 밀접하게 맺으면서 거리를 유지하고자 하였다. 역사가는 또한 독립된 장르로서 역사가 출현하던 것과 동시대인이었던 아이스킬로스나 소포클레스와 같은 비극 작가들에 대해서도 마찬가지 입장을 취하였다. 역사 저술이 이처럼 비극적으로 인근 영역에 삼투한 결과 만약 역사가가 비결정적인 행위를 다루는 인문 과목의 영역에 특권을 부여하려 할 경우 도시의 삶 자체의 핵심에서 신들과 이들의 다양한 현시에 대한 묘사가 널리 나타나지 않을 수 없었다. 신들이 바라는 운명·운명주의가 역사를 지배하며, 결과적으로 사람들은 자기 행위의 안내 지침으로 예언과 신탁에 의거하여 예측하고자 하였다.

결과적으로 헤로도토스 이후 역사 기술 작업은 신들과 더불어 정의를 발견하고 모든 형태의 오만을 피하고자 하는 도덕 편향적 관념 속에 통합된다. 인간의 한계를 뛰어넘는 운명에 대한 깨달음이 필요하다. 이 운명은 인간뿐 아니라 헤로도토스 자신이 증거한 대로 지고의 비극성을 상징하는 존재인 신의 운세까지도 좌우한다. 델포이 신전에 도착한 리디아인들은 임무를 완수하고서 다음과 같은 응답을 받았다고 말한다. "운명이 결정된 순간부터 신 자신도 이 운명을 거역할 수 없다. 리디아 왕 크로이소스는 헤라클리데스(Heraclides)의 후견인으로서 한 여성의 꾐에 넘어가 주인을 살해하고 누려서는 안 될 권리를 누린 그의 4대째 선조의 잘못에 대해 대가를 치른다. (…) 크로이소스도 이 사실을 안다. 그는 운명이 그에게 상정한 것보다 3년 늦게 죄수가 된다. 두번째로 록시아(Loxias)는 화형의 위험에서 그를 구출한다. 크로이소스는 불평을 말하는 과오를 범한다. 록시아는 그에게 예고한다. 만약 그가 페르시아에 대항해 나간다면 그는 대제국을 파멸시키고 말 것이다. 결과적으로 그가 슬기롭게 판단하기 위해서는 파멸할 제국이 자신의 제국과 키루스의 페르시아 제국 중 어느것을 가리키는지를 신에게 물어봤어야 했다. 그가 만약 신탁과 타협할 수 없고, 설명을 요구할 수 없다면, 그리고 그 스스로 판단한다면 그릇될 수밖에 없다.(헤로도토스, 《탐색》, I, 91)

보다 이후에 폴리비오스는 인과 관계에 대한 탐색에서 운명과 우연의 다면적 관계를 살펴보았다. 그는 역사 전체에 통일성을 부여하는 지고의 힘이 작용함을 믿는다. 외부의 이러한 힘은 운명이다. "폴리비오스에 따르면 운명(Tychè)은 모든 사건을 독특한 방향으로 나아가게 하며, 인간의 제 문제가 유일의 동일 목적을 향해 나가도록 강요한다."(폴리비오스, 《역사》, I, 4) 결과적으로 역사의 주요 기능 중 하나는 현세의 명백한 혼돈에 약간의 질서를 부여하는 초자연적인 통합력, 총체적 차원의 계획을 복원하는 일이다. "역사가는 운명이 총체적 효과를 얻기 위해 동원하는 수단들을 유일한 관심 대상으로 삼는 탐구를 해야 한다."(같은 책) 그렇지만 폴리비오스는 접근 불가능한 초월적 계획을 말하는 게 아니며, 모든 상황에서 운명을 거론하는 역사가들을 힐난한다. 그가 자신의 인과관계론 내지 역사의 한 방법론으로 제시한 것은 접근 불가능한 지평에 놓인 운명이 아니라 우연이었다. 그의 역사 통찰력은 근본적으로 궁극목적론적이고 운명의 지속적인 활동을 전제로 한다. 예컨대 로마의 정복은 훌륭한 체제로 인해 수월하게 행해졌다는 점을 별도로 하면 징벌과 보상의 힘을 행사하는 운명에 의해 마련된 계획의 실현이다. 결과적으로 역사는 인간 정신의 가정된 구조에 적절한 특성을 인식할 수 있는 이러한 힘 덕택에 보편성에 접근할 수 있다. 운명은 폴리비오스의 역사 서술에서 의식적이고 합리적인 활동과 관계되며 그의 감정, 만족이나 불만족을 보여 준다. 운명은 현실의 무질서 저편에서 생생하고 견고하게 역사의 연속성과 통합성을 확보해 주는 초월적 원리이다.

로마에서 나타난 운명과 우연 간의 경합

로마에서 역시 신들이 그들의 뜻을 피할 수 없는 주민들의 운명에서 능동적인 역할을 수행하였다. 스토아적 사고를 지녔던 티투스 리비우스에게 운명은 세계의 움직임에 기초 원리로 작용한다. 로마인들은 애초에 로마의 창건에 간여한 신들에 의해 부여된 진정한 사명을 담지한 사람들이다. "운명은 의심의 여지없이 신들의 개입 이후 위대한 도시의 설립과 세계를 지배할 보다 장엄한 권능의 도래를 가능하게 한다."(티투스 리비우스, 《로마사》, I, 4, 1) 결과적으로 인간들과 마찬가지로 신들은 운명에 의해 정해진 보다 우월한 힘의 영향을 받는다. 분명 티투스 리비우스는 미덕이 이 운명의 틀 내부에서 변화의 여지를 줄 수 있다고 생각하며, 역사가로서 그는 인간 중심적인 탐구 영역을 확대할 수 있다고 전망한다. 그는 사소한 사건들이 중요한 사건들이 될 수도 있지만, 그것들이 경이로운 일의 증대를 현시하는 운명에 영향을 끼칠 수 없음을 보여 주고자 한다.

이러한 극적인 이야기들 이면에서 타키투스는 종종 넌지시 인간들을 움직인 심원한 원인들을 탐색한다. 그는 표면적 현상 너머의 심층적인 것을 탐구할 필요성을 제기한다. "예컨대 각 현상에서 대결말로 이끈 전적으로 우연적인 요인뿐 아니라 거기에 작용한 논리와 원인들도 파악해 본다."(《역사》I, 4, 1) 타키투스에게 운명의 역할은 무엇이었는가? 티투스 리비우스보다 인간에 중심을 두었던 그는 인간의 결정을 한결 강조하였지만, 다양한 자연 재해를 가하며 인간의 비도덕적 행위를 징벌하기 위해 인간사에 신이 개입한다는 사실을 믿었다. 공포의 충격을 받은 사람들은 신들의 존재와 그들이 가하는 효과를 언급하지 않을 수 없었다. 정치 위기의 촉발 역시 근본적으로 신들의 개입과 관련된다. 예컨대 기원전 68-69년의 대격변은 인간이 어떤 초자연적인 표식을 통해 분간할 수 있는 신의 분노에 의해 설명된다. "인간사의 격변에 상응하여 땅과 하늘에서도 경이로운 일들이 발생한다"고 타키투스는 말한다.(같은 책, I, 3.3) 운명의 실현은 인간의 의지와는 전적으로 무관하며, 냉혹하고 비극적인 논리를 지니고서 인간 자신도 의식하지 못한 행실을 통해 실현된다. 갈바는 항시 축적된 기이한 현상들을 무시할 수 있지만 그가 '불가피한 운명' 속에서 죽음을 향해 나아가는 운명을 회피할 수는 없다. 분명 그는 자기 의지에 따른 행동이라고 인간들이 묘사하는 비결정의 영역을 견지하며, 타키투스는 역사가의 기능을 이처럼 자유로운 영역의 경계 탐색에 두지만, 그 기능은 좁은 한계 내에서 이루어진다.

2. 세례받은 클리오

신의 시간

중세에는 역사 서술이 신의 시간에 의해 특징지어진다. 이미 역사 속에서 신에 의해 결정된 계획의 실현을 기념하며 서구 사회가 느끼는 시간의 감각을 부여한 것은 성직자들이었다. 역사는 고대에서처럼 도덕적 색체가 강한 엄격한 목적론이 되었다. 당시 성화된 역사는 신의 현현이었다. 역사가들은 신의 전능한 역할과 인간의 자유 사이의 긴장 속에서 저술하였다. 분명 사회적 변화와 관련지어 볼 때 중세 기간 내내 진전이 이루어졌다. 13세기까지는 수도사들과 대수도원의 전유물이었던 역사 기술이 14,5세기에는 보다 많은 대중, 특히 도시인들에게 열리고 세속화하는 경향을 띠었다. 하지만 역사 서술이 섭리적 특징을 덜 지닌 것은 아니었다.

역사는 이 시기에 중요치 않은 장르, 근본 학문들, 특히 학문의 여왕이었던 신학에 봉사하는 보조 학문일 뿐이었다. 수도원 개혁으로 학교가 증가하면서 성서를 보다 잘 인식하려는 노력이 경주되었는데, 그러한 과정에서 역사적 맥락을 살펴보려는 의도가 나타났다. 성서에 대한 갈수록 방법론적이고 체계적인 연구는 텍스트, 색인, 사전의 분류와 상세 분류 등과 같은 역사가의 기본 작업 도구가 된 새로운 저술 도구의 활용을 자극하였다. 6세기에 카시오도루스는 훌륭한 종교의 형성에 필수적이라고 생각한 일부 역사 저술가를 선택하면서, 그가 '그리스도교 역사의 아버지'로 간주한 카이사리아의 유세비우스(265-341)에 가치를 부여하였다. 이 인물은 섭리적 역사 기술을 사실상 시작한 인물이다. 《교회사》와 《보편적 역사의 연표》의 저자인 그는 권위적인 문서들에 기초를 두고 325년 니케아 공의회에 이르기까지 통합의 관점에서 교회의 승리 자취를 추적하며 그리스도에 관한 교육의 연속성을 보여 주려 하였다. 결과적으로 그는 시작 단계의 어려움, 순교자의 박해, 다양한 이단들, 최종적 승인 과정을 재추적한다. 그의 저술은 그리스도교 초기의 거창한 복원에만 그치지 않고, 그의 《그리스인과 야만족의 개략적 보편사》에서 고대에 성서가 처음 등장하던 시기까지 거슬러 올라간다. 유세비우스에 따르면 보편적 요청에 의거해 역사는 시발 이래로 일곱 가지 시대를 겪었다. 그는 기원전 1016년경 아브라함의 출생부터 시작하여 자신의 시대까지 이어 나간다. 이러한 역사는 대부분의 수도원에서 제시된 것이고, 5세기까지 시간순으로 그 과정을 다룬 성 히에로니무스(345-420)에 의해 라틴어로 번역된다. 결국 유세비우스는 그리스도교의 개종을 찬사의 형태로 담은 《콘스탄티누스의 생애》로 자신의 저술 활동을 마감하였다.

역사는 또한 자신의 권리를 방어하고자 한 수도원들이 종교 문서를 수집하는 방식으로 권리 옹호에 기여하였다. 당시 대부분은 주해가 없는 원문의 모사였지만 종종 법률가들은 이 문서들을 역사적 관점에서 조명할 필요를 증명하였다. 유효한 법률 문서로서의 종교 문서의 수집은 역사가들이 진본과 허위 문서를 분간하고 시간의 순서에 따라 분류하는 등, 고문서를 적절히 다루어 그 내용을 가장 효율적으로 이해하는 기술의 진보를 가능하게 해주었다.

역사는 이번에도 도덕 문제와 관련하여 긴밀한 종속 관계에 놓여 있음이 발견된다. 고대, 특히 키케로와의 연속선상에서 역사는 '인생의 학교' 이다. 역사는 따라야 할 모범의 원천이며, 고대 로마에서 성자 전기를 통해 풍부하게 나타나는 미덕의 모형들을 추적한다.

투르의 그레구아르

역사 서술이 교회학 체계에 귀속되면서 역사의 성화 작업이 초래하였다. 16세기에 '우리 국가 역사의 아버지' 로 제시된 인물이며, 《프랑크족의 역사》의 저자인 메로빙거 왕조의 주교 투르의 그레구아르 (538-594)는 프랑크족의 역사 못지않게 그리스도교 사회를 기술하는 데 역점을 두었다. 그는 그리스도가 자기 역사 서술의 진정한 동기요, 궁극적 원이라는 점을 분명히 하였다.

그레구아르의 교회학은 아담과 이브로부터 바빌론 유수까지 그리스도 이전의 오랜 기간을 포함하는 3부작으로 기술되었다. 중심인 두번째 부분에 그리스도를 자리하게 하고, 세번째 부분을 또 다른 그리스도교 인물로서 투르 주교직의 후견인인 마르탱에 헌정하였다. 10권의 책을 일관하여 그레구아르는 세속 문제들과 성스러움과 관계된 문제들을 다룬 장들을 보충하는 방식으로 배정하는 대칭적 구조를 활용한다. "그레구아르의 지위는 전적으로 그리스도 교회와 세속 국가 간의 결합을 실현하려는 그의 욕구에 의해 결정된다."(마르탱 앵즐망, in 《프랑스사》, Société de l'histoire de France, Acts du Colloque international Reims, 14-15 mai 1993, p.43)

주교 전기

카롤링거 르네상스 시대의 지적 부흥과 베네딕트 수도회의 고증학적 연구의 진전은, 학식 있는 성직자들에게 정치적 권리와의 특권적 관계에 사회에서 새로운 위치와 역할을 떠맡게 되었다. 샤를마뉴 시대 초기의 산증인이었던 영국의 베네딕트 수도회 수사인 존자 비드와 역시 베네딕트회 수사인 파울 디아크레 이래 《샤를마뉴의 생애》를 통해 당대의 주요 저술을 제공한 것은 아인하르트(775-840)였다. 792년부터 황제 주변에 머물렀던 그는 황제의 비서가 되었고, 샤를마뉴의 서신과 같은 풍부한 공식 문서뿐 아니라 자신의 기억을 활용하여 칭송의 글을 썼다. 또한 그는 샤를마뉴에 대한 묘사상의 어려움에 직면할 때마다 로마 황제의 특징을 묘사한 고대 역사가들에 대한 자신의 지식을 동원하였다. 이 저술과 더불어 당시엔 매우 희귀했지만, 카롤링거 왕조에서 거대한 정치적·종교적 계획을 실현하려는 왕과 주교들의 공통된 계획을 모범적으로 보여 주는 세속의 역사가 마련되었다.

주교 전기의 기술이 증가한 것도 이러한 맥락에서이다. 족보와 가까우면서도 구분되는 이 장르는 주교의 가문을 탐색하며 감독의 가계를 재추적한다. 이 전기들에서는 주교를 지방 교회의 성화된 설립자의 직접 후손으로 간주한다. 예컨대 감독들이 사도들 자신에 의해 근거를 부여받고 그리스도와 순교자들에 의해 제도화되고 나서야 그에 대한 기억이 공고한 바탕을 이루고 정당성을 부여받는 것으로 간주되었다. 사도 시대와 연결짓고자 하는 9세기에 새롭게 나타난 이러한 경향은 전기 자체의 목적이기도 하였다. 이 족보 장르에 접근하는 또다른 방법은 전기가 주교 가문을 제도화해 주는 방식이다. 이 주교 가문은 아버지(Père)의 칭호를 갖추고 있을 뿐만 아니라 구성원을 양육하고 관리하거나 보호하며, 가장의 다양한 역할을 충족하고 이교도들을 진실한 삶으로 이끌거나 서품을 기념하면서 이 가문이 '성령으로 충만함'을 보여 준다.

미셸 소는 이런 역사가들 중 한 사람으로 10세기의 성당참사원 회원이며, 주교 전기 중에서 가장 풍부한 내용을 기술한 랭스의 플로도아르를 연구하였다.(미셸 소, 《랭스의 플로도아르: 역사가와 그의 교회》, Fayard, 1993과 비교) 플로도아르는 그의 선임자이며 저명한 대주교 힝크마르가 잘 보존하고 분류해 놓은 고문서들을 이용할 수 있었다. 그는 이들 고문서들을 통해 힝크마르의 저술——그는 교회의 권위가 유일의 불가분의 것인 로마에서 비롯된다고 보았다——을 모형삼아 보다 완성된 형태로 메로빙거 왕조 이래로의 랭스 주교의 모든 족보를 재구성할 수 있었다. 과시적 속성을 띤 그의 역사는 대주교들의 위대성·권위·특권·성인됨의 역사였다. 플로도아르가 기술하던 10세기는 무질서의 시대였고, 각 지역에서 성들이 빈번히 축조됨에 따라 프랑스 왕권은 약화된 상태에 있었다. 플로도아르는 저술에 자신의 야기를 덧붙이기 위해 레무아(Rêmois)의 기억에 호소한다. 또 달리는 왕권이나 황제권의 장악에 저항하려는 의도를 담고 있었다. 플로도아르는 대주교의 독립성 확보를 주장하였다. 미셸 소에 다르면 성화된 권리와 왕의 세속적 권능 사이의 중간 어디엔가 11세기 그레고리우스 교회 개혁이 도래할 모형이 마련된다. 이 개혁은 성직자들의 세계관으로부터 교회와 세속 세계를 급격히 분리하려는 의지에서 출발한다.

수도원의 그늘

하지만 카롤링거 왕조 시대부터 역사 서술 작업은 주로 수도원 쪽에서 행해졌다. 상당수의 수도사는 쓸 줄을 몰랐고, 또 많은 수도원이 필사 작업을 떠맡은 것이 아니었던 만큼 모든 수도원이 역사 서술의 중심지였던 것은 결코 아니다. 그렇지만 당시 일부 베네딕트회 수도원들이 역사 기술의 꽃이었다. 645년에 설립된 플뢰리 수도원은 10세기말에 프랑스 역사 서술의 중심지 역할을 행하고 학생들을 가르쳤다. 이 수도원은 성 브누아의 시신 유물을 소장하고 있었다. 역사 서술 작업은 에무앵이 시작하고, 엘고와 앙드레 드 플뢰리가 추적한 초기 수도원들의 연대기를 서술한 방식을 지향하였다. 이 수도원의 지리적 위치를 놓고 볼 때 이들의 연구가 《프랑스의 대연대기들》의 기원이 된 것으로 보인다. 이 연구들은 12세기초에 위그 드 플뢰리의 걸작인 《프랑크족의 역사》에까지 닿는다.

11세기 클뤼니 수도원에서 라울 글라베는 하늘의 예루살렘을 향한 노정에서 당대가 어떤 위치에 놓여 있는지를 알기 위해 수많은 여행을 경험한 후 자신의 기억들을 체계화하기로 결심했다. 그는 5권으로 된 《역사》에서 서기 1000년을 맞이한 그리스도교인들의 심성을 세계의 질서에 대한 그리스도교적 관점에서 전개하였다.(조르주 뒤비, 《서기 1천 년》, Gallimard, 1980) 라울 글라베는 적그리스도의 출현과 그리스도의 재림를 향한 역사에서 통합적인 시대 구분을 제안한다. 이제 기다리고 준비하는 것이 적절하며, 자신의 희생에 의해 지혜의 모범을 보이는 것이 수도사의 임무가 되었다. 이들은 일체의 세속 문학에서 벗어나 성서의 연구와 기도에 집중해야 한다.

글라베에게는 역사가 논리가 아니라 신의 계획과 긴밀히 연관된 유추에 해당하였다. 모든 것이 신의 뜻에 따라 구성된다. 수도원 회랑이나 건물 날개의 사각형 모양새나 네 복음서는 신성의 완전한 계획을 발견할 수 있게 해준다. 세속 세계와 천상 세계 간의 완전한 조화가 이루어지고 복음서 전체를 관통하는 내용이 읽혀질 수 있다. "특히 복음서의 영혼 구조와 유사한 구조를 식별할 수 있다. 〈마태복음〉은 그것이 그리스도의 몸체가 인간을 이루었음을 다른 무엇보다 잘 보여 주기 때문에 땅과 정의의 신비로운 형상을 담고 있다. 〈마가복음〉은 요한의 세례에서 비롯되는 정화의 회개를 통해 온도와 물의 이미지를 제공한다……."(라울 글라베, 《역사》, I, 2-3) 따라서 왕과 성인의 시신이 갖는 이적의 권능 등 신비의 현현이 다양한 형태로 편재하고 가시적·실재적이다.

그렇지만 글라베의 시절은 전염병의 확산이나 기근과 같은 생물학적 이변, 이단, 글라베가 미몽 상태에서 세 차례나 접했다고 하는 사탄의 존재와 같은 정신적인 이변과 더불어 혜성의 등장이나 일식과 같은 우주적 이변 등 일련의 이변이 나타났던 변화의 시대였다. 글라베에 따르면 이같은 일체의 기능 장애가 표상하는 것은 회개하고 수도사들과 동등한 금욕을 실천해야 할 당위성을 명백히 함축적으로 보여 준다는 것이다. 역사 서술 행위는 악의 세력을 축출하고 새로운 봄의 세계를 도래하게 하기 위한 집단적인 구속에의 열망에 참여하는 일이다. 글라베는 교회가 급증하던 당시에 새로운 세례가 모습을 드러낸다고 보았다. 그리스도교 세계가 낡은 옷을 벗고 신의 사람들이 입었던 것과 동등한 '하얀 의상,' 결혼 예복을 입는다. 또한 그는 순례와 미래의 십자군을 준비하며 동시에 '신의 휴전'을 통해 무력의 행사를 자제시키고, 1054년 나르본 공의회에서 "그리스도교인이 다른 그리

스도교인을 죽여서는 안 된다"고 선언한 경우에서처럼 순례와 미래의
십자군을 준비하는 조직체들의 출현과 선교의 새로운 시대를 알린다.
따라서 그의 역사의 궁극성은 인간 시대에 대한 섭리적인 해석으로부
터 신의 영광을 기념하는 데 있었다. "구세주는 마지막 날의 마지막 순
간에 성령의 도움으로 자기 아버지와 일체가 되는 새로운 현장에 이
르실 것이다."(같은 책, I, 2)

중세 역사가의 사료

당시 역사가의 사료는 역사가가 본 것, 들은 것, 읽은 것이 대상이
었다. 그리스 전통에서 말하는 사람은 '본 사람,' 즉 증인이었다. 보
아라, 그러면 알게 될 것이다. 결과적으로 최상의 이야기는 본 증인
의 입을 통해서였다. 그리고 이에 대한 보완책으로 역사가는 구전과
활동가들의 증거 문서를 다루었다. 마찬가지로 십자군의 역사를 서술
한 노장의 기베르는 결코 오리엔트에 가본 적이 없다. 1099년 예루살
렘의 함락 이후 근동에서 돌아온 일부 십자군의 이야기를 듣는 순간
이 역사를 기술하겠다는 생각이 떠올랐다고 회상한다. 기베르는 그가
예루살렘에 가보지 않은 것을 비난할 것으로 생각되는 비판자들을 향
해, 그가 이야기한 사실들을 말한 증인들의 말을 듣지 않는 것을 비난
해야 할 것이라고 응수한다. 하지만 중세에 가치 있게 여겨진 사료는
문서였으며, 라틴어로 씌어진 성경도 이에 포함되었다. 당시 역사의
아버지는 헤로도토스나 살루스티우스가 아니라 모세였으며, 성서는
지속적인 영감과 다양한 인용과 유추적 접근의 원천이었다. 예컨대
샤를마뉴는 다윗에 상당하는 인물이 되었고, 마호메트는 키루스 대왕

의 역을 차지하였다. 부이용의 고드프루아의 경우 그가 유다의 형상으로 나타난다. 파울 디아크레는 9세기에 중요한 것은 항시 성서의 우선성을 드러내는 것이었다고 설명한다. 결과적으로 성서에 역사를 종속시키는 것이 적절한 것이고, 모든 세속사는 '성스런' 역사 속에 흡수된다. 성서 자료와 더불어 고문서류는 다양해지고 문서나 서신 및 연대순으로 일상적 사실들이 기입된 연표의 활용과 더불어 더욱 풍부해진다.

14,15세기에 도시 발전, 국민 국가의 확립과 더불어 행정 관리를 통해 문서는 증가하고 분류되기 시작하였다. 역사가들은 또한 10세기에는 희귀했던 서지 목록들을 취급하게 되었다. 스트라스부르 성당의 서지 목록은 1027년에 50권을, 그리고 13세기에 파리의 노트르담 성당의 서지 목록도 수십 권밖에 담고 있지 않았다. 플뢰리 수도원처럼 가장 풍부한 목록의 경우에도 11세기에 3백 권 정도의 도서를 포함하고 있었는데, 이는 당대 기준으로는 예외적으로 많은 수치였다.

〈

3. 역사-섭리: 보쉬에

보쉬에(1627-1704)는 루이 14세의 아들인 그랑 도팽의 교육을 담당한 최고의 학자로서 국가의 정점에 있었던 인물이었다. 그는 교육의 목적으로 역사철학에 대한 일련의 강좌를 담아 1681년에 출간한 《보편적 역사 강좌》를 기술하였다. 그에 따르면 역사는 신의 뜻에 의해 맺어진 결실이고, 이 섭리적인 목적을 이야기하는 것이 역사가의 임무이다. "종교와 정치는 인간사를 주도하는 두 가지 요소인데, 역사는 축약 형태로 숨겨진 것으로 이 수단에 의해 모든 질서와 전개를 발견할 수 있으며, 그러한 사고 속에서 중대한 인간사, 우주의 제 문제의 단서를 이해할 수 있다."(보쉬에, 《보편적 역사 강좌》, 서문)

그의 《보편적 역사 강좌》는 세 부분으로 구성된다. 첫 부분에서 시대는 창조 이후 기원전 4004년부터 샤를마뉴의 치세에 이르기까지 연속된 12기간을 상정한다. 모든 연쇄망이 신의 표식, 섭리적 운명을 담지한다. "이 제국들은 대부분 신의 사람들의 역사와 필요한 관계를 맺는다. 신은 이들을 징계하기 위해 아시리아인, 바빌로니아인들을 활용했다. 그리고 이들을 다시 세우는 데 페르시아인들을 활용하였다……. 유대인들은 예수 그리스도 시대에 이르기까지 계속해서 로마의 강압을 받았다. 그들이 박해받고 십자가형을 받았을 때, 로마인들조차 신의 복수라는 생각을 염두에 두지 못한 채 유대인을 박해한 이 배은망덕한 민족들을 척결하였다.(같은 책, III, 1권) 두번째 부분에서는 31장에 달하는 가장 많은 분량을 '종교적 전개'에 할애하였는데, 그 목적은 종교의 항상적인 통합성, 특히 세계 창조 이후로의 균일한 상태를 드러내기 위한 것이다. 사람은 항시 동일한 신을 창조자로서, 동일한 그리스도를 인류의 구원자로서 인지한다.(같은 책, 1)

보쉬에는 이러한 논증을 통해 스피노자의 논지에 대항하는 논쟁에 참여한 셈인데, 스피노자는 《신학정치론》(1670)에서 언어학이나 외교학의 방법론을 적용하여 신성한 책들의 기원에 대한 신비를 밝혀내려 한 수사학적 철학자인 리샤르 시몽의 논지에 대항한 경우처럼 교회의 모든 권위를 거부하였다. 보쉬에는 이같은 성서의 범용화에 반대하고자 하였다. "신의 전거인 성서는 순수하게 인간적인 텍스트로서 취급되어선 안 된다."(보쉬에, cité par Blandine Barret-Kriegel, 앞의 책, v. 2, PUF, coll. 〈Quadrige〉, 1966, p.250)

세번째 부분에서 보쉬에는 사멸하는 인간 본유의 공통된 법칙을 가치화하려 하면서 '제국'의 역사를 다루었다. 제국들의 계승은 섭리에 의해 규정된다. 보쉬에는 이른바 신학자가 과거 추적에 일관된 과정을 표명하는 진정한 변신론 형태로 신의 전지전능한 행위가 사건들의 과정에 개입함을 확신한다. "예컨대 태양빛보다 명백하고 진실한 네다섯 가지 사실이 우리의 종교가 이 세상만큼이나 오랜 연륜을 지닌 연유를 보여 준다. 결과적으로 이 사실들은 우리의 종교가 우주의 창조주와 같은 창조주를 섬기고 있음을 보여 준다. 이 창조주는 홀로이 자신의 수중에서 모든 세기를 포괄하는 틀을 만들고 인도하신다."(보쉬에, 같은 책, p.31) 그것은 섭리의 계획에 순종하는 현실에 관한 것이고, 그것이 논리적으로 모순될 때 우리가 지닌 열정으로 인해 방황하게 되며, 그럼으로써 문제시되는 것은 우리의 지각이다.

4. 비코에 따른 섭리

계몽주의 시대 초기 이탈리아의 나폴리에서 독학한 인물로 섭리론을 펼친 또 다른 거장 잠바티스타 비코는 섭리를 진정으로 역사적·철학적으로 증명하려는 야망을 지녔다. 서적상이 된 농민의 아들이자 대학에서 수사학 강좌를 맡았던 그는 고립을 벗어나지 않은 상태에서 당대의 모든 문학적 삶에 참여하였다. "당시 비코의 고립 상태는 스피노자의 경우와 견줄 정도였다."(아르날도 모미글리아노, 《역사 서술 문제》, Gallimard, 1983, p.295) 이러한 고립은 세속의 역사를 성속의 역사와 분리하여 사고하는 방식에 대한 그의 거부에 따른 것이다. 그는 기존의 이원론을 비록 세속사가 무질서·폭력·불의 속에서 전개된다고 해도 그것 옆에 자리하는 합리성과 도덕성을 총체적으로 사고하도록 해주는 섭리를 근간으로 통합하려 하였다.

데카르트의 법칙에 따라 일반 법칙으로부터 개별 사실로 나아가는 추론 방식을 거부한 그는 항시 가능성에 길을 열어 놓으며 경험된 사실의 구체성을 복원하고자 하였다. 비코는 당대의 다차원적 문화를 역사적 식별의 도구로서 탐색하는 노력을 기울이는데, 왜냐하면 각 문화는 독특한 시대 안에서만 포괄될 수 있기 때문이다.

비코는 한편으로 역사적 접근을 통해서만 가능한 각 사회의 특이성을 복원하려는 노력과 다른 한편으로 1725년에 발간된 그의 저술 제목 《여러 민족의 공통 성질에 대한 신과학 원리》가 보여 주는 대로 섭리 안에서 복수성을 단일하게 통합하려는 의지간에 지속적인 긴장 상태에 놓인다. 비코에게 이러한 섭리는 그 과정을 통괄하는 두 법칙으로 분리된다. 그는 역사의 전개를 인간의 세 시대의 연속으로서 파악한다. "우리는 각 국가 역사의 이면에 작용하는 관념적 역사를 그려 나가야 한다. 우리는 품행의 다양성에도 불구하고 이러한 발전이 완벽한 통일성을 이루고 세계의 전개가 세 단계, 즉 신의 시대, 영웅 시대, 인간 시대를 답파하게 될 것으로 본다."(비코, 《신과학 원리》, Nagel, 1953, p.363) 신의 전지전능함을 특징으로 하는 가부장적 시대에 뒤이어 영웅의 존재를 특징으로 하는 귀족 사회, 마지막으로 과학적이며 철학적인 인간 사회가 출현한다. 그의 역사 체계는 결과적으로 해방, 동물성을 지닌 인간을 성숙 단계로 이끄는 점진적인 과정의 실현에 초점을 둔다. "야만족이 상상의 도움 없이 이성에 도달할 수 없었던 것처럼 섭리의 권위는 재확인된다. 섭리는 원시 시대의 이교도들을 이성의 상태로, 궁극적으로는 진정으로 신을 이해하는 상태로 이끈다." (모미글리아노, 앞의 책, p.306)

개별성과 섭리를 총체적으로 생각하기 위해 필요한 두번째 법칙은 인간성이 "섭리에 의해 확립된 질서의 영원한 은총과 아름다운 원래 상태로 회귀하는 순환의 법칙이다."(같은 책, p.452) 결과적으로 역사는 단선적이지만 섭리의 작용을 통해 나선형적 형태를 취한다. 그리스도교인인 비코는 타락의 관념을 받아들이고 인문주의자로서 그는 가능한 쇠퇴의 관념을 지각한다.

한 세기 후 낭만주의자들은 열정적으로 비코를 재발견하게 된다. 미슐레는 1827년 출간된 프랑스어 번역본을 통해 비코의 역사적 접근에 매혹을 느끼게 된다. 딜타이는 그를 역사해석학의 선구로 여겼고, 모미글리아노는 그에게 전적으로 특이한 찬사를 보냈다. "비코는 선구자일 뿐 아니라 계승자들에게 해석의 지침이 된다. 비코의 지위는 모르트(Morte) 강의 필사본들이 복음서에서 갖는 지위와 비견된다." (모미글리아노, 앞의 책, p.320)

5. 범세계적 역사: 칸트

역사 속에 작용하는 신의 섭리라는 관념과 거리를 둘 경우, 그리고 동시에 역사에서 진보의 관념이 실현된다고 보는 목적론과 연계된다는 측면을 별도로 하면, 계몽주의는 역사 과정의 합리적인 성격을 사고하는 방향으로 나아간다. 이러한 사고의 단서는 거대한 인간의 해방 과정 속에서 진보를 향한 사회의 지속적인 발걸음이다. 그렇게 되면 역사는 더욱더 투명성을 지향하는 이성의 발자국을 증거하는 모범이 된다. 역사는 자유의 도구, 그리고 인간이 보편적 수준으로 완벽히 되어가는 도구로서의 이성의 형상이 실현되어 나가는 모태로 작용한다.

철학자 이마누엘 칸트(1724-1804)가 1784년 출간한 《범세계적 관점에서 본 보편사 관념》에서 역사의 영역에 개입한 것도 바로 이러한 측면에서이다. 칸트는 우연적인 무질서 안에 잠재한 질서의 수많은 구조적 범주들을 발견하려 하였다. 역사는 "여기서 정규적 과정을 발견할 수 있으며, 예컨대 개별 주제들 속에서는 당혹스럽고 불규칙적인 형태로 우리에게 다가오는 것이 전체적으로는 원래의 단초가 느리지만 연속된 발전의 모습으로 인지될 수 있다."(칸트, 《보편사 관념》, dans 《역사학의 철학》, Denoël/Gonthier, 1947, p.26)

자연과학의 모델

모니크 카스티요가 지적한 대로 칸트는 보편적 자연 이론의 방법론에 따라 보편적 역사의 개념을 정교하게 다듬었다. "결과적으로 칸트가 정치사에 접근하는 것은 자연주의자적 입장에서이다."(《이마누엘 칸트: 역사와 정치》, Vrin, 1999, p.19) 자연철학이 기계적인 원리에 의해 인도받는 방식에 따라 자연으로 간주된 역사는 통일과 통합의 원리가 드러나도록 하기 위해 자연의 연구와 동일 방법론에 의거한 기계적 발생의 원리에 따라 숙고되어야 한다.

결과적으로 칸트의 범세계적 역사는 천체와 마찬가지의 방식으로 감지되며, 그가 참고하는 내용 역시 천문학의 모형을 빌려 표현된다. 하지만 인간 역사의 통합성과 관련하여 칸트는 인간 권리의 점진적인 실현이라는 방향을 제시한다. 이러한 자연주의적 역사 접근으로 인해 자연의 제약과 인간의 개별적 자유 간의 칸트 철학에 본유한 내적 긴장이 나타나며, 칸트식 역사 주제에 대한 두 해석 유형 간에 논란이 제기된다.

칸트의 궁극적이고 최종적인 강좌는 칸트의 목적론을 헤겔과 마르크스 변증법의 예시로 인식한다. 이 강좌에서 역사는 개인을 희생시키면서 자신의 진정한 토대 위에 바탕을 둔 인간 장르의 결실로서 간주된다. 한나 아렌트가 진보를 역사의 자연주의적 버전으로의 진보로 간주했을 때 그녀가 염두에 둔 강좌가 바로 이 점이었다. 이러한 의미에서 칸트의 여러 명제 중 보편적 역사 관념의 '두번째 명제'가 화두로 등장하는데, 이에 따르면 "인간에게는(지상에 이성을 지닌 유일한 동물로서) 자신의 이성을 발현하고 싶어하는 자연적인 성향이 개인이 아니라 오로지 전체 속에서 완벽한 발전을 이룰 수 있다는 것이다."(칸트, 앞의 책, p.28) "사람들이 내적 계획 위에 완벽한 정치체제를 구축하기 위해 전체로서의 인간사를 자연의 숨겨진 계획의 실현으로서 파악하고, 나아가 이러한 기능을 통해 외적 계획 역시 마찬가지로 완전히 실현될 수 있다고 보는 여덟번째 명제를 고려한다. 이것이 자연이 인간성 속에 예비한 모든 성향을 완벽히 개발할 수 있는 유일한 상황이다."(칸트, 앞의 책, p.40)

하지만 모니크 카스티요는 이러한 해석이 형질의 활력을 인정하지 않고, 우연적인 물질적 원인들과 성향이 발전하도록 하는 궁극적 원인들 간에 구분을 지으려 하는 칸트의 명제에 위배되는 것으로 비판한다. "결과적으로 사람은 최종적 방식이 아니라 도구적 차원의 자연적 궁극성을 이해하려 할 때 실수를 범한다."(같은 책, p.25) 칸트는 궁극성의 도구적 개념을 제시하는 것이 아니라 궁극성의 최종적인 개념을 옹호하려는 목적을 지니고 있었다. 그의 역사 개념은 현저히 목적론적이지만, 인간 장르를 수단이 아니라 목적으로서 갖는 자연을 알고자 하는 인문주의적 자연주의로서 그러하다. 칸트가 반복해서 말한 이 기능은 지성이고, 지성은 주어진 게 아니다. 지성은 피히테의 표현처럼 "모든 동물은 있는 그대로이며, 오로지 인간만이 원래 그러하지 않았다"는 측면에서 이성과 자유에 따라 행사되어야 한다.(《역사에 대한 칸트식 이론》, Vrin, 1998, p.87)

칸트의 역사적 통찰

동일한 방식으로 칸트는 자연 그대로의 동물의 운명을 무의 상태에서 존재로 나아가는 인간성에 대한 역사적 전망과 대비시킨다. 이러한 움직임을 야기하는 동인은 무엇인가? 칸트는 생계 수단의 상실(세번째 명제)이라는 소극적인 이유를 내세우지만, 사실 "자연이 모든 성향의 계발로 훌륭히 이끄는 데 기여하는 수단은 사회에 팽배한 그들의 적대감이다. 그리고 이 적대감은 한편으로 이 사회의 정규적 규범을 고려하는 것을 목적으로 삼는다"는 네번째 명제를 구성하는 또 다른 긍정적 요소가 된다.(칸트, 앞의 책, p.31)

자신을 비정상적 상태나 비사교적 상태로 이끄는 망상적 열정에 사로잡힌 사람은 "존재 속에 휩쓸린 자신을 발견한다."(알렉시스 필로넨코, 앞의 책, p.92-93) 칸트에 따르면 이러한 방식으로 자연·신·섭리는 사람을 역사의 길로 인도한다. 하지만 열정이 고삐 없이 풀려나가도록 내버려둘 수 없는데, 이로부터 칸트의 다섯번째 명제가 도출된다. "인간에게 본질적인 문제, 즉 자연이 인간을 제약하는 방법은 보편적 권리를 관장하는 문명 사회의 실현에 있다."(칸트, 앞의 책, p.33) 그 결과 정규적인 사회성을 확보하기 위해 타인의 자유 손상을 저해할 수 있는 유일 요소인 권리의 문제가 대두한다.

"인간이 동류 인간의 자유에 손상을 가하는"(칸트, 여섯번째 명제, 앞의 책, p.34) 방식을 고려해 볼 때 개별 의지에 제약을 행사할 주인을 필요로 하며, 칸트는 굽은 나무로부터 곧바른 권리를 조형해 내야 하는 어려움을 표현하기 위해 활 모양의 루터교파 이미지를 활용한다. 인간의 역사적 소명은 왜곡된 부분을 고쳐 정당한 권리를 지향하는 데 있다. 하지만 오로지 도덕적 요소만을 안내의 지침으로 삼을 수는 없는데, 왜냐하면 인간이란 존재가 마디가 굵은 나무와 같아서 도덕이란 곧바른 노선을 내내 추종할 수 없기 때문이다.

완전한 해결책이 불가능해 보이고 균형은 불안하기 짝이 없기 때문에 그는 범세계적 관점을 지향하는 역사성의 개방된 성격을 옹호하려 하며, 이 사실은 일곱번째 명제에서 반영된다. "문명화된 체제의 확립 문제는 국가간의 정규적인 관계의 확립 문제와 관계되며, 후자와 독립해서 해결될 수 없다."(칸트, 앞의 책, p.35) 이론과 실제적 경험 간의 불가피한 불일치를 염두에 두면서 칸트는 전쟁의 가능한 결과를 예언적으로 언급하고, 제1차 세계대전 이후 국가들이 연합하여 세울 국제 조직의 이름(SDN)까지 지목하며 각 국가가 야만적인 무정부 상태에서 벗어나 국제연합 사회에 들어가게 될 것으로 예측하기조차 하였다. "이 조직에서 보다 소규모 영역을 이룰 각 국가는 자신의 안전과 권리를 보증받을 수 있을 것이다."(칸트, 앞의 책, p.36) 칸트는 1795년 발간한 《영구적 평화 계획》에서 이러한 소망을 거듭 피력하였다.

칸트의 아홉번째와 열번째 명제는 역사의 본질을 자연의 소묘로서 본다. 즉 "자연의 계획이라는 차원에서 인류의 정치적 통합을 지향하는 보편적 역사를 위한 철학적 시도는 자연의 소묘를 위해 기능하고 이익이 되는 방식으로 고려되어야 한다."(칸트, 앞의 책, p.43) 결과적으로 칸트는 구체적 역사의 초월적 전개 안에서 정당성을 확보하는 인간을 위한 열망의 지평으로 이를 규정한다.

시민론

제라르 롤레에 따르면 칸트는 목적론이 기관 역할을, 시민이 행위자 역할을 하는 역사의 측면에서 한 주제를 개진하였다.(칸트, 《역사와 시민권》, PUF, 1996) 역사에 대한 초월적 관념을 염두에 둔 그는 이론적 측면뿐 아니라 경험적 역사 기술을 비판한다. 칸트가 《보편사 관념〉에서 밝힌 바대로 'Geschichte'로서의 역사는 단순한 경험 사실의 이야기(Histoire)로서의 역사와는 다르다. 게다가 제라르 롤레에 따르면, 범세계주의에 대한 칸트의 관념은 민족주의에 위배되는 게 아니라 반대로 통합되지 않은 채로 재결합하고 민족 정체성을 무차별적으로 구분하는 '통과 기능'에 따라 이 두 차원을 천착하려는 의미를 담고 있다. "칸트는 인류학적·목적론적 고려를 회상시키는 모든 것을 소홀히 여기는 범세계주의의 한 유형에 대해서도 명백히 반대한다. 즉 한 국가가 타 국가를 흡수하는 국가간의 혼합이나 법률적·영토적 실체로서 각자가 적절한 정체성을 소유하는 국가들의 조직적인 연합에 반대한다."(같은 책, p.243-244)

6. 역사 속의 이성과 우연: 헤겔

이성의 간계

헤겔(1770-1831)의 역사적 통찰은, 그가 역사를 정신의 자기 실현 과정으로 규정한 점에서 철학의 분과에 속한다. 하지만 그는 일직선적 진보의 역사를 모순의 철학으로 대체한다. 변증법은 다양한 구체적 사실들을 관통하는 정신의 통합적 통찰을 전제한다. 현실적인 것은 합리적인 것이라는 명제에서 출발한 세계 정신은 행위자들이 채 인식하지 못하는 방식으로 전개된다. 매 역사적 순간은 그것에 자신의 독특한 특성을 부여함과 동시에 새로운 순간에 꽃피울 잠재력을 예비하는 내적 모순으로 점철된다.

역사의 원동력으로 작용하는 것은 체제에 내재한 이러한 모순성인데, 왜냐하면 이것으로부터 역사 과정이 기원하기 때문이다. 정신 혹은 이성은 자신의 목적을 실현하기 위해 이러한 독특한 모습으로 출발한다. "한 민족 특유의 정신은 쇠퇴하고 소멸할 수 있지만 그것은 세계 정신의 보편적 전개 과정의 한 단계를 이루며, 이 세계 정신은 사라질 수 없다. 따라서 민족 정신이 종속적이긴 하지만 존재와 더불어 구체성이 드러나기 때문에 그것의 존재가 표출되는 특정 형태 안에서 보편 정신이 된다."(헤겔, 《역사의 이성》, Christian Bourgois, 1965, p.82) 사람들은 자신도 모르는 채 저 유명한 이성의 간계를 따르게 되는 것이지만, 스스로는 역사 작업에 참여한다고 느낀다. "이성이 자신을 대신하여 사람들의 열정을 불사르도록 이끄는 계획을 이성의 간계라 부르는데, 오로지 이 수단을 통해서만 이성의 간계가 고통을 맛보고 손실을 감수하는 존재에 이르게 된다."(같은 책, p.129)

각 인간은 자신의 뜻과는 무관하게 그를 둘러싼 보다 거대한 운명을 완수하는 일에 참여할 뿐이지만 그 자신은 자신의 열정을 실현한다고 믿는다. "각 개인은 세계를 움직이는 절대 이성의 필요에 맹목적으로 종사하는 존재일 뿐이다."(자크 동드, 《헤겔, 살아 있는 역사철학》, 1996, p.206) 개인, 국가는 역사 속의 활동을 통해 이러한 정신을 구체화한다. 악이 폭력을 동반하여 판칠 때 이성의 성취는 항구적으로 영향받지 않는다. "개인들은 전체의 실체성 앞에서 사라지며, 이 전체가 자신이 필요로 하는 개인들로 구성된다. 개인들은 성취에 이르는 장애물이 되지 못한다."(헤겔, 《역사의 이성》, p.81) 전쟁이나 비극이 횡행함에도 불구하고 그러하다. 역사의 중심이 되지 못하는 악은 결코 역사의 간계가 아니다. 사람들은 뤽 페리의 방식으로 헤겔의 역사철학을 우연성의 부정으로 간주하려 시도할 수 있다.(뤽 페리, 《정치철학》, 2, 《역사에 관한 철학 체계》, PUF, 1987) 그에 따르면 이러한 역사철학은 "역사적 현상들이 불가해체적이고 필수적으로 상호간에 연관되어 있기 때문에" 결정론적이다.(같은 책, p.55)

헤겔의 재고찰: 우연성에 부여된 중요한 위치

반면에 베르나르 마빌은 헤겔의 저술에서 우연성이 차지하는 특출한 위치를 주장한다.(헤겔, 《우연성의 시험》, Aubier, 1999) 그는 헤겔 철학을 결정론으로 보는 입장을 세 가지 이유로 거부한다. 우선, 헤겔이 결정론적 견해를 취한 것은 자연 형상에 대해서이다. 둘째, 결정론이 있다면 예측이 가능해야 할 것이다. 마지막으로, 헤겔에게는 외부적 필요성이 우연성 자체였다. "만약 헤겔에게 역사가 이념의 현현 순간을 구체화하는 민중들의 역사라면, 그것은 존재해 왔고 존재하는 민중 전체를 같은 연쇄망 속에서 추론할 문제는 결코 아니다."(같은 책, p.155) 헤겔에게 종말의 관념은 《법철학 강요》와 《백과전서》에 나타난 역사의 '판관'이라는 개념에서 보듯이 우연성을 드러내 준다. 이 관념은 칸트의 방식을 따른 구체적인 제도나 신의 정의로 귀속되지 않는다. "이 역사는 자신의 보편성 안에 구체성을 띤 모든 것, 문명 사회, 다양한 색채를 지니고서 현실을 살아가는 사람들의 정신이 이념의 형태로서만 존재하기 때문에 판관의 역할을 수행한다."(헤겔, 《법철학 강요》, p.341) 이념의 외향성, 합리성과 헤겔적 역사 사고의 불확실한 논리적 지평에 머무르는 역사적 우연성 간에 분절이 발견된다.

만약 세계 정신이 이성의 간계라는 도식을 따라 개인들 외부에 놓인 최종적 목표라는 측면에서 개인들이 모르는 채 작용하는 것이라면, 베르나르 마빌은 두 가지 곤란한 요소 때문에 이같은 단순화에 반대한다. 헤겔이 정신을 '정신, 즉 우리 자신이나 개인들 또는 대중'이라고 규정했을 때, 이러한 규정은 배우는 무시되고 흥행사만 남는 극장으로 역사를 보는 관점을 포기하도록 하는 게 된다. 더욱이 '이성의 간계'는 내재적인 과정, 인식의 목표——이성의 간계 이론을 통해 이성, 의인화된 세계 정신, 악한 조물주가 엄폐되는 모순이 초래되는——로서만 인식될 수 있다.

헤겔의 역사 접근에서 일단 인정된 우연성이 합리성과 어떻게 연계되는지를 알 필요가 있다. 첫째로, 합리성이 감각에 부여될 수 없다.

우연성은 본질로 환원될 수 없는데, 왜냐하면 피에르 장 라바리에르가 확신한 대로 역사 사고가 "감각의 실현을 위해 우연의 예기치 않은 발생을 예비하는 일로 귀착되기 때문이다."(〈지각된 역사의 진실한 감각〉, 《형이상학과 윤리학 잡지》, 1979, n° 1. p.97) 감각이 부여되면 헤겔이 1820년 《역사철학 강좌》의 서문에서 소개한 대로 우연성이 이성의 영원성과의 관계 속에서 사고될 수 있는데, 이것은 칸트가 말한 초월적 개념과는 구분되는 것으로 다음과 같은 시간 관념에서 재출발하는 것을 함축한다. "하지만 모든 것이 생성되고 지나가는 것은 시간 속에서가 아니며, 시간 자체는 모든 것을 생성시키고 자신이 만든 모든 것을 파괴하는 크로노스와도 같다.(헤겔, 《백과전서》, 258)

이처럼 시간은 현실과 관계된다. 수용할 만한 빈틈이 아니라 아리스토텔레스의 경우처럼 시간은 전부이다. 그것은 거기 안에 존재한다는 개념임과 동시에, 존재의 형태가 사라지는 양식이기도 하다. 헤겔을 필요의 사상가로 보았던 코제프의 강좌와는 반대로 베르나르 마빌은 자신의 여러 강좌들(관돌린 자르크직·피에르 장 라바리에르, 《코제프로부터 헤겔에 이르기까지》, Albin Michel, 1996)을 통해 "내용의 필요는 우리 논리의 우연 속에서만 표명될 수 있다"고 보면서 역사가 투명한 절대의 계시도 아니요, 최고의 외적 원리에 의해 조장된 폭력의 어리석은 장면으로 보지도 않는 자유의 사상가를 헤겔에게서 발견한다.(마빌, 앞의 책, p.368)

코제프의 강좌로부터 벗어나기

따라서 《시간과 이야기》에서 리쾨르의 '헤겔 거부하기'는 코제프의 헤겔 강좌 거부로서 나타난다. 그는 유럽 중심주의에 대한 논박을 통해 재구성된 이중의 탈중심화를, 구조주의 및 코제프 강좌의 낙관주의를 급격히 전환시키도록 이끈 서양 문명의 중심부에서 일어난 나치의 인종 살상에서 얻는 교훈을 통해, 이미—거기에 실현된 목적론을 향한 도상에서의 역사의 현현으로서 보려 한다. 한편 헤겔에게서 이성과 개념의 승리는 역사적 현상과 이야기의 우연성으로의 환원이라는 엄청난 대가를 지불하게 되는데, 이에 대해 리쾨르는 다음과 같이 부가한다. "현재의 효력에 대한 이같은 등가성은 역사의 고찰에서 이야기의 폐지를 의미한다."(《시간과 이야기》, t. 3, p.360) 헤겔은 과거의 추적에 진정한 의미를 부여하지 않는다. 그는 또한 "역사적 과거와 현재 간의 관계 문제도 해결할 수 없다고 말한다."(같은 책, p.364) 헤겔적 시도는 특히 전체적으로 불가능한 매개에 직면한다. 이에 대해 리쾨르는 헤겔적 역사철학의 신용 상실을 20세기의 주요 현상으로 간주한다. 헤겔주의의 역류는 20세기초 1914년 유럽의 정치적 자살 이래 유럽 중심주의의 소멸이라는 역사적 맥락에 부응한다. 그간 인류가 자행한 거듭된 분할에 대한 인식은 유일하고 독특한 세계 정신 안에서 개별 인간의 정신이 총체화된다고 보는 시각을 더 이상 가능하지 못하게 하였다. 게다가 과거·현재·미래 간의 삼각적 관계는 헤겔적 변증법 속에서 과거와 현재 간의 차이 해소 과정 속에서 그것을 논리적으로 포섭하는 현재 내부에 살아 있는 과거라는 논지를 견지한다.

헤겔적 통찰과는 반대로 개인과 국가, 대중의 독특한 관심이 오늘날 우리에게 "불가능한 총체화의 분리된 파편으로" 나타난다.(같은 책, p.371) 우리가 총체적 매개의 관념으로부터 보다 소박하고 미완성이기에 불완전한 매개의 관념으로 이전해 간다는 측면에서, 진솔한 추도 작업이라는 새로운 지평으로서 규정된 해석학 속에서 역사 의식의 또 다른 발현을 필요로 하는 것은 우리의 세기에 진행된 헤겔주의로부터의 진정한 탈출이라는 환원 불가능한 이러한 현상 때문이다.

이야기 속의 시간과 이야기된 시간이라는 사고의 이중적 곤경으로부터 벗어나는 작업은 《정신현상학》에서 언어와 관념 간의 등가성을 명제로 삼는 헤겔과의 이러한 대화를 염두에 두고서 진행되어야 한다. 진실은 전구성분자간의 운동이 결합되는 지점에서 발견된다. "진실이 존재하는 진정한 형상은 체계로서만 존재할 수 있다."(헤겔, 《정신현상학》, 1807, **Aubier**, 1947, **I**, **p.**8) 그것은 정신 운동의 종착점이다. 리쾨르의 제거는 이중적 측면에서 이루어진다. 그는 언어에 중심적 위치를 부여하고, 사람들이 이 언어를 관념으로 대체할 때 상징 대상으로서의 언어가 왜 무미건조해지는지를 보여 준다. 감각의 포화는 개념화에 의해 확보될 뿐 아니라 일부 환원 불가능한 것은 상징적 질서의 이미-거기 안에서 개념으로 포괄되지 않는다. 후자 개념의 풍부한 속성을 복원하기 위해 리쾨르는 3부작의 말미에 '애초의 관념'의 보호를 받는 경험과의 관계에 힘입어 과거에-의해-영향받는-존재-의 거대한 범주와 더불어 역사 의식의 해석학을 규정한다.(리쾨르, 《시간과 이야기》, p.414) 리쾨르가 헤겔주의를 섭렵한 후 추적한 것은 이러한 노선, 즉 생각을 표상하는 상징, 그리고 다음으로 이야기 패러다임의 장치라는 노선이다.

20세기의 비극이 있다면 그것은 철학에 대한 도발인데, 리쾨르에 따르면 헤겔의 범논리설은 감각의 총체화 작업에 통합됨으로써 종장에 이를 수 있다. 특히 리쾨르는 코제프가 헤겔에 부여한 해석의 철학적 사고로부터 벗어난다. 코제프는 헤겔을 프랑스에 소개하고 수용하는 데 주도적인 역할을 하였다. "그를 추종하는 인물들로 특히 조르주 바타유 · 레이몽 크노 · 가스통 페사르 · 모리스 메를로 퐁티 · 자크 라

캉 · 레이몽 아롱 · 로제 카이유아 · 에릭 베유 · 귀르비치 · 레이몽 폴 랭 · 장 이폴리트 · 로베르 마르졸랭을 들 수 있다."(관돌린 자르크직 · 피에르 장 라바리에르, 《코제프로부터 헤겔에 이르기까지》)

리쾨르의 '거부'는 그럼에도 불구하고 헤겔적 사고의 온전한 한 부 분을 담고 있음을 함축한다. 리쾨르는 제도와 객관적 도덕성에 대한 헤 겔적 고찰이 갖는 결함을 보완할 수 있다고 있다고 생각한다. 사실 제 도적 매개는 주체의 윤리, '야만적 자유로부터 지각된 자유'로의 이 전을 가능하게 하는 구성적 요소이다. 그렇다면 중대한 문제는 자유가 제도에 개입하는 방식을 인식하는 작업이 되어야 한다. 헤겔의 논지 를 빌려 리쾨르는 집단적 의지와 제도의 효과적 시행 간에 실현된 조 화의 기초 위에 자신의 논증 방식을 개진한다. 또한 그는 중개에 대한 자신의 사고, 그리고 그간 성찰된 것 이상의 것을 알지 못하며 모든 직 관적 사고의 시도에서 벗어나는 노력이 적절하다고 확신하는 측면에 서 진정으로 헤겔적이다.

칸트적 포스트-헤겔주의

이러한 의미에서 리쾨르는 결과적으로 일체의 헤겔 논지를 내부화하 는 작업을 행하며 에릭 베유의 개념을 따 이를 '칸트적 포스트-헤겔주 의'로 지칭하는데, 에릭은 자신의 정치철학을 구성하는 데 헤겔의 저 작을 해석하는 방식에서 전자와 매우 유사하다.(에릭 베유, 《정치철 학》, Vrin, 1956) 베유와 리쾨르에게 공통된 철학적 접근은 헤겔의 경 우처럼 대립 요소의 조화라는 측면에서 변증법적 추월 없이 대립 요소 를 드러내는 일이다. 이들은 대립 개념의 추월이 아니라 이전에 따른 재도약적 사고의 분출을 피할 수 없는 절정의 지점까지 대립의 긴장을 유지한다. 베유가 제기한 통합 계획은 그것이 항시 다시 읽기, 즉 해석적 개방성을 속성으로 하는 만큼 체계적 국면 속에서만 성취될 수 있다. "재분출되는 통합적 성향 자체가 태도와 범주들이 상호간 소멸되지 않고 공존하도록 하는 조화로운 구성의 양 극단 요소 사이에 포괄된 다양한 해석의 길을 열어 놓는다."(폴, 리쾨르, 《강좌 I》, Le Seuil, 1991, p.132)

리쾨르와 베유 모두에게 국가는 사회의 단순한 부록이 아니라 그것의 장려함과 비극성, 그리고 권리의 동시에 폭력의 원천이 될 가능성이 있는 이중적 면모와 더불어 역사 공동체의 조직을 허용해 주는 제도 안에서 삶을 희구하는 조화로운 전체의 진정한 바탕이다. "권리에 접근하면서 집단은 정확히 구체적 보편성에 접근하는 것이며, 또한 특정 집단으로서 이전해 간다. 하지만 그것이 수행하는 합리성, 그것이 취하는 보편적 기능은 자신의 주도적 입장과 조화된다."(폴 리쾨르, 〈에릭 베유의 정치철학〉, 앞의 책, p.107). 지베르 키르셔의 표현을 빌리자면, 베유가 역사의 구성 요소인 폭력으로부터 벗어나기 위해 정의한 지혜를 향한 발걸음은 리쾨르의 사고와 유사하다. 물론 후자의 경우 섭리적 판단이나 선한 삶의 희구라는 차원에서 아리스토텔레스를 빈번히 언급하고 있지만 그럼에도 불구하고 이러한 근접성을 엿볼 수 있다.

7. 역사의 종말?

절대적 인식

헤겔은 《정신현상학》을 결론지으면서 역사의 종언이라는 유명한 주제를 거론한다. 하지만 헤겔에게는 이 주제가 코제프에게 다가왔던 감각, 즉 역사의 궁극적 단계로서의 폐쇄라는 의미를 함포하진 않았다. 이 주제는 의식의 이념적 역사가 절대적 인식에 의해 폐쇄된다는 사고를 보다 은밀하게 나타내 준다. 그렇지만 역사의 황혼 주제의 활용은 만약 헤겔이 베를린에서 행한 역사철학 강연을 염두에 둔다면 그것이 헤겔의 논지였음을 발견하게 된다. 《역사의 이성》에서 헤겔은 "세계 역사는 동에서 서로 옮아갔는데, 왜냐하면 유럽이 진정으로 이러한 역사의 끝이고 아시아는 출발점에 해당하기 때문이다"라고 말했다.(헤겔, 《역사의 종말 이후》, Vrin, Jocelyn Benoist et Fabio Merlini(éd), 1988, p.98) 그렇다면 그것은 더 이상 의식의 현상학이 아니라 효과적인 역사의 문제가 된다. '역사의 종언'이라는 이 문제는 특히 헤겔의 역사 해석에 대한 여러 모순적인 강좌의 주요 주제이기도 하다.

분명 니체는 헤겔의 경우 "보편적인 과정의 최종 지점이 그 자신의 베를린 거주와 조응한다"고 말하며, 극단적인 방식으로 헤겔의 저술에 낙인을 찍는다.(《시간에 대한 두번째 고찰》, Garnier-Flammarion, 1988, p.148) 한편 1906년 모스 루빈스타인은 최종 단계로서의 역사 종말 관념은 정신적 자유의 무한한 발전이라는 헤겔의 근본 원리에 위배됨을 거론하며 이러한 관점에 반대를 표하였다. 프랑스에서 코제프는 30년간에 걸쳐 《정신현상학》에 대한 강좌를 통해 역사의 종언 관념을 확고하게 옹호하였다. 그는 헤겔의 저술 활동 말미에 등장한 "절대적 인식 개념을 역사 자체가 본질적으로 종식되어야 하고"(알렉산드르 코제프, 《헤겔 독서 입문》, Gallimard, 1985, p.380) 과학의 도래와 더불어 "역사가 정지된다"는 증명으로 간주한다.(같은 책, p.419) 코제프에 따르면 그런 다음 탈역사적인 자연적 삶의 영구화 이외의 다른 것 없이 인간이 자연과 충일하게 부합되는 후기-역사가 시작된다.

혹은 헤겔에게 순간은 탈시간적이고, 그것의 실제적 형상은 일시적이다. "만약 순간들이 존재의 보편성의 존재론적 구체성을 선행한다면 형상들은 가능한 미래에서 특정한 모습을 갖출 것이다."(장 마리 베스, 《헤겔, 시간과 역사》, PUF, 1998, p.88) 정신 자체는 매번 자신의 역사와는 다른 형상 속에 있다. 결과적으로 헤겔에게 역사의 진보는 정지된 지점을 찾는 일이 아니며, 결코 도래하지 않는 절대적 목표를 향한 무한대적 진보라는 관념은 헤겔의 논설과 그다지 부합되지 못한다. 역사는 각 시대마다 완전성을 지향하는 일련의 시대를 거치며 지속적으로 펼쳐진다. 따라서 매 시대는 존재하는 현재의 충만성을 지향한다. "정신은 세계사의 각 시대마다 절대적 완성을 스스로 인식한다."(크리스토프 부통, 앞의 책, p.101) 한편 정지는 일시적일 뿐인데, 왜냐하면 총체성은 항시 비총체성의 도상에 놓인 현재에 내재한 부정성에 의해 일구어지기 때문이다. 또한 크리스토프 부통처럼 헤겔이 종말이나 마지막 단계를 거론할 때마다 그가 '우리에게' '오늘날' '지금까지' 등의 표현을 부가하여 지각을 특정 국면에 제한하려 했다고 주장할 수 있다.

여러 형태의 의식들을 고찰해 볼 때, 헤겔에 따르면 진리는 절대적 인식 내지 관념 속에 있다. 절대적 인식은 "그것이 자신의 객관성 안에 관념의 형상을 지니고 있기 때문에 정신의 전파를 속성으로 한다." (헤겔, 《정신현상학》, p.517) 그 끝에 이르면 시간의 형상이 헤겔의 사고 안에서 표상과 관념 간의 중복이 되는 방식으로 사라진다. "결과적으로 시간은 자연의 맹목적인 힘인 동시에 그것을 중지시키려 하는 정신의 운명이다."(장 마리 베스, 앞의 책, p.95) 절대적 인식에서 정신은 자신의 발전을 완성하며, 개념 체계는 역사를 대체하여 논리적 순서로 전개될 수 있다.

사실적 역사와 역사성 간의 혼돈

결과적으로 헤겔에게서 역사의 종말에 관한 관념을 발견할 수 있다. 한편 인식의 대상이 되는 역사와 사실적 역사를 같은 지평 위에서 살펴보려 할 때 혼돈이 야기될 수 있다. 《정신현상학》에서 역사는 동시에 사실적 사건의 줄거리이며, 전자의 초월적 조건이기도 하다. 절대적 인식은 이야기가 더 이상 진행되지 않는다는 것을 의미하지는 않는다. "시간의 무시가 결코 절대적 인식의 몰역사성을 의미하지 않는다."(《정신현상학》, p.105) 장 마리 베스에 따르면, 역사성에 대한 헤겔의 사고는 이념이 결코 중단하지 않고 무한에 접근해 가는 저편을 가리킨다는 목적론으로부터 자유로워질 것을 요구한다. 반면 시간에 대한 사고는 실제적 이념과 이 세계에서 지각 가능한 형상을 파악하려는 현재의 사고로서 이해된다. 사실적 현재와 과거의 본질에 대한 사고는 과거로 되지만, 그럼으로써 그것은 시간의 전체적 총체화를 허용해 준다. 헤겔의 사고에 내포된 의도가 실현될 목적의 의식적 지향으로서 인지되어서는 안 되며, 아리스토텔레스적 관점에서 "활동이자 종말의 종합, 운동임과 동시에 정지인 최고의 원동력으로서 이해되어야 한다."(같은 책, p.119) 따라서 헤겔의 목적론은 역사를 정신 외부적 원인의 작용이 아니라 정신 활동 자체의 효과라고 보는 점에서 그리스도교의 섭리보다는 아리스토텔레스적 의미에서 존재의 유효성에 훨씬 근접해 있다. 정신은 경과되지 않은 과거의 순간들을 포함한다. 왜냐하면 그것이 역사 속의 매 순간들을 통해 과거를 갖는 것과 마찬가지 방식으로 현재, 즉 자기 본유의 관념을 경과해야 하기 때문이다.(헤겔, 《역사의 이성》, p.215)

따라서 헤겔의 절대적 인식이 알렉산드르 코제프가 최종 단계로서의 '인식의 절대성'으로 해석했던 국면으로 확대 적용되지 않아야 한다. 헤겔이 '시간의 무시'를 언급한 것은 결과적으로 순간들의 공동 확장을 통해 지각된 과거 순간들을 재거론하기 전에 사실로서의 역사에 반성적으로 접근한다는 의미를 담고 있다. 예컨대 철학적 의식은 시간을 회피할 수 없는데, 왜냐하면 "철학적 인식이 시간에의 참여를 통해 역사로서의 해석의 단서를 발견해 왔기 때문이다."(관돌린 자르크직 · 피에르 장 라바리에르, 《코제프로부터 헤겔에 이르기까지》, p.226) 그렇다면 '절대적 인식'은 인간과 세계의 자유를 향한 운동과 마찬가지로 역사성 자체의 가능적 조건을 전개하는 방향으로 이루어질 것이다.

후쿠야마

1992년 《역사의 종언과 마지막 인류》에서 프란시스 후쿠야마가 헤겔의 '역사의 종언' 주제를 재거론하며 거창한 시발을 환기한 것도 코제프의 노선에 의거해서였다. 후쿠야마는 자유민주주의를 인류 역사 발전의 궁극적 실현으로 보았다. "내가 종말이라고 한 것은 명백히 사건들의 연이은 전개로서의 역사가 아니라 동시에 모든 사람들의 경험을 고려한 진화의 단순하고 통합적인 과정으로서의 역사이다. 이런 역사 사고는 독일의 위대한 철학자 헤겔의 사고방식과 매우 흡사하다." (프란시스 후쿠야마, 《역사의 종말과 마지막 인류》, Flammarion, 1992, p.12) 후쿠야마는 자신의 논지를 헤겔의 대립 관념에 바탕을 두고서 현재를 탈총체화하거나, 현 자유 세계와는 상이한 자연의 역사적 상황을 도래시킬 수 있는 중대한 대립이 더 이상 존재하지 않는다고 확신한다. 동인이 결여된 역사는 결과적으로 명백한 정지에 해당한다. "오늘날 (…) 우리는 현재의 것보다 현저히 나은 세계를 상상하려는 부정적 성향을 지니고 있다. 우리는 본질적으로 현 세계와는 다른 세계를 그리려 한다."(같은 책, p.72) 역사의 증언에 의해 특징지어지는 우리의 포스트-근대성은 결과적으로 더 이상 기다림의 지평이 아니며, 이런 점이 우리의 시대 의식을 특징짓는 요소가 될 것이다. "그것은 역사성 그리고 역설적으로 감각 상실의 역사적 메시아주의에 기초한다. 상호간 필수 불가결한 보완을 통해 우리의 (포스트) 근대성에 내포된 역설은 역사가 상실된 역사이다." (…) 지평의 의식이 지평을 제약하고 신기루로 변신한다. "이것은 현대 인류가 최후의 인류이기 때문이다! 역사의 경험은 현대인을 무디게 하고, 현대인은 가치의 직접적인 경험의 가능성을 제시받는다."(같은 책, p.346) 조슬랭 브누아는 이러한 주제들에서 항시 두번째의 재탕은 코미디가 될 수밖에 없고 더불어 우연성을 매개로 삼으려는 철학들이 활보한다는 점을 부가하면서 21세기의 역사 종교에 대한 작금의 관심, 역사주의적 패러다임의 궁극적 한 유형을 본다.

8. 역사유물론: 마르크스

생산의 사회적 관계

1846년 마르크스와 엥겔스는 《독일 이데올로기》에서 역사유물론의 기초를 함께 마련했다. 이 작업의 목표는 인간의 실제 활동을 재발견하는 것이었고, 노동을 인간과 세계 간의 관계에서 중추적 요소로 간주하였다. "사람들이 그들의 생산품과 더불어, 즉 그들이 그것을 생산하는 방식과 더불어 자신의 생산품으로부터 소외되지 않아야 한다는 것이 중요하다."(마르크스와 엥겔스, 《독일 이데올로기》, éd. Sociaes. 1971, p.46) 마르크스는 노동이 인간을 자연과 차별짓는 요소이며, 결과적으로 역사 과정의 식별 단서를 발견하는 것도 생산 자체, 그리고 생산의 사회적 관계 안에서라고 본다. "따라서 이러한 역사 개념은 실질적 생산 과정의 발전을 기초로 삼는다. 그리고 이것은 생산을 직접적인 물질의 삶과 유리시켜 인간 관계의 형태가 이러한 생산 양식과 연관되고, 그러한 역사 관념에 의해 조성되기 때문에 나는 여러 상이한 단계를 경험하는 사회를 모든 역사의 기초라고 말하고 싶다."(같은 책, p.62) 그때 이래 지금껏 인류의 개화에 장애물로 여겨져 온 소외는 단순히 사회 관계에서 유래한 것으로 간주되었다. 마르크스는 여기서 철학적 전통에 의해 이데올로기에 부여된 자율성을 비판한다. "철학은 그것이 자율적인 방식으로 존재하는 기반을 더 이상 갖지 못하

게 되었다."(같은 책, p.51)

한 사회의 역사성을 결정하는 사회 관계는 스스로의 필요를 충족하도록 허용하는 생산 수단이지만, 다른 요소들도 인간과 그 주변인의 재생산 요소 자체로서 개입한다. 그렇다면 역사는 생산의 사회 관계와 생산력의 변증법적 변화로부터 도출되는데, 왜냐하면 역사가 경과하면서 궁극적으로 보다 급속한 생산력의 발전과 기존 사회 관계 간에 모순 내지 불가양립성이 나타나기 때문이다. 이 가설은 1857년 《정치경제학 비판》에서 마르크스에 의해 개진되었다. "각 발전 단계에서 사회의 물질 생산력은 기존의 사회적 생산 관계와 모순된다. 지금껏 법적 제약으로 인해 표면적으로 드러나지 않았던 모순적 사회 관계는 제 생산력의 발전과 더불어 질곡이 된다. 그 결과 사회 혁명의 시대가 열린다."(마르크스, 《정치경제학 비판》, 서문, 1969, p.4)

이 주제들, 그리고 《자본론》에서 개진된 근대 사회의 기능에 대한 내적 분석으로부터 더욱더 빈번히 역사에 대한 마르크스의 강좌가 사회경제적인 성향을 띤다. 그의 강좌들은 하부 구조의 보다 근본적인 현상들을 상부 구조가 반영한다는 주제를 담는다. 이러한 환원성이 마르크스의 간결한 일부 명제들에 기초할 수 있다 하더라도 사실상 마르크스는 존재의 상황과 공통의 투쟁에 대한 의식, 그리고 결과적으로 자신을 위한 사회 계급적 접근 방식을 통해 객관적 현상들과 그것들의 주관적 역할을 차별화하면서 역사 과정을 분석하는 데 진력하였다. 설혹 마르크스에게서 표상 역시도 물질적인 기원을 갖고 있다 하더라도, 이 표상이 물질적 토대의 직접적인 산물은 아니다. 표상은 직접적인 태도를 표명하지 않고도 현실 위에 중첩되며, 그것은 또한 동일한 리듬으로 전개될 수 없는 시간의 왜곡이나 변질, 특히 표상 체계의 전개에 특유한 비활동성을 담는다. 이러한 표상들은 마르크스와 엥겔스의 심성 안에서 매우 종종 혼란스럽고 분산적인 모습을 띠는데, 이로부터 사회의 의식화 과정에서 가시성과 통합성을 제공해 줄 정치적 실제 행위의 중요성이 제기된다.

구체적 상황에 대한 구체적 분석: 브뤼메르 18일

이와 관련하여 마르크스가 《루이 보나파르트의 브뤼메르 18일》에서 행한 구체적 상황에 대한 구체적 분석은 "경제적 시간성과 정치적 시간성 간에 자발적인 화합이 없다는 점을 의식한 마르크스가 조화를 재확립할 부담을 진 '상황'의 어휘에 의미를 부여하고 있는데, 여기서 그가 정치 및 역사적 우연성에 부여한 중요도를 확인할 수 있다."(다니엘 방사이, 《때 아닌 마르크스》, Fayard, 1995, p.46) 분명 황제를 겨냥하여 기술한 제2공화정의 종식에 대한 역사적 분석에서, 마르크스는 계급들의 이해와 정치적 당파 투쟁 간의 상호 관계를 확립하려 한다. 그는 또한 행정 기관과 입법 기간 간의 지속된 갈등에 지친 산업 부르주아, 그리고 동일하게 자신의 이익을 대변하는 한 정파가 이끄는 의회 투쟁을 증오하며 종식을 고하게 될 재정 귀족 등 상반되는 입장 간의 예상되는 불일치를 거론한다.(마르크스, 《브뤼메르 18일》, éd. sociales, 1969, p.105) 마르크스는 보나파르트에게서 농민과 대중을 대변하는 존재로서 부르주아와 대비되는 측면을 본다. 결과적으로 정치와의 관계를 다룬 프랑스 사회에 대한 그의 강좌는 특유의 복잡성을 띠며, 이른바 마르크스주의자의 미래 분석과 대조를 이룬다.

마르크스는 1852년 5월 5일 베데마이어에게 보낸 유명한 서신에서 자신이 계급 투쟁의 관념을 역사의 동인으로 삼은 장본인이 아니라는 점을 적시하였다. 그는 사실상 그가 부르주아 역사가로 분류한 인물들, 특히 오귀스탱 티에리에게서 인종 투쟁 개념을 접하면서 계급 투쟁의 논지를 재발견하였다. 그런 한편 그는 자신이 개진한 역사 관념 또한 적시하고 있다. "내가 새롭게 창안한 것은 다음과 같은 논지이다. 첫째, 계급의 존재는 생산 발전과 연계된 역사적이면서도 규정적인 투쟁의 경우에만 상관된다. 둘째, 계급 투쟁은 필연적으로 프롤레타리아의 독재로 이끈다. 셋째, 이러한 독재 자체는 오로지 모든 계급의 억압과 계급 없는 사회를 향한 과도기에 나타난다."(마르크스, 《베데마이어에 보낸 편지》, 5 mars 1852년)

혁명적 종말론

한편 마르크스가 결과적으로 역사적 구체성의 길을 우회해 갔다 하더라도, 즉 가장 우연적인 면에서조차 역사적·사회적 현상의 실증주의를 발견했다 하더라도 그것이 계급 사회의 소멸론, 《공산당 선언》(1848)에서 밝힌 사고——공산 사회의 투명한 실현을 위해 종말론적 예언의 형태를 취하는 목적론적 사고——를 덜 표상해 주는 것은 아니다. 그는 인류가 교환과 생산력의 확대를 지향하며 선사 시대로부터 출발하여 봉건 사회와 자본주의를 거쳐 궁극적으로 공산주의 단계에 이른다는 인식 체계를 제시한다.

이같은 역사목적론은 마르크스의 말기 저작에서는 약화되지만 완전히 사라지지는 않는다. 그 이유는 이 목적론이 일체의 마르크스적 정치 행태와 그것이 지향하는 지평의 초석이기 때문이다. 그런 한편 이런 목적론은 마르크스가 역사를 내재적인 종국성에 의해 규제되는 과정으로 묘사한 1844년의 원고와 같은 젊은 시절의 저작들에서 가장 뚜렷이 드러난다. "공산주의는 인간에 의한, 그리고 인간을 위한 인간적 본질의 실질적 장악이고 존재와 본질, 자기 객관화와 확인, 자유와 필요, 개인과 장르 간 투쟁의 진정한 해결책이다. 그것은 역사의 해결된 수수께끼 내지 해결책으로 제시된다."(《1844년의 초고》, éd. sociales, 1972, p.87)

9. 주인 없는 역사 과정: 알튀세

목욕물로부터 마르크스 구제하기

루이 알튀세는 기계론적 경제주의에 바탕을 둔 스탈린주의의 확산을 차단하기 위해 프락시스와 헤겔적 변증법을 포기하는 대가로 합리성의 심부에 마르크스를 자리매김하려는 어려운 과업을 수행하며 진정한 승리자가 되려는 시도를 행하였다. 이러한 변화를 추진하기 위해 그는 구조주의에 토대를 두고 인식의 범세계적 종합을 실현할 수 있는 유일한 대안으로서 마르크스주의를 내세우며, 이를 구조주의 패러다임의 심부에 장치하려 하였다. 결과적으로 대가를 지불한다 함은 소외의 변증법뿐 아니라 경험된 것, 의식의 모델로서의 심리학과 거리를 두고 참여한다는 것을 함축한다. 이같은 거리 유지는 바슐라르가 제시한 단절을 모방한 인식론적 단절의 형태를 띤다. 알튀세는 역사유물론에 의해 조성된 이데올로기와 과학 간의 구분을 기정 사실화하였다. 결과적으로 모든 과학은 이데올로기적 기반으로부터 자유로워지기 위해 과학적 합리성, 변증법적 유물론에 근거하지 않고는 탐색될 수 없다. 과학은 지시 대상물과 관계하여 표식의 자의적인 모델에 기초를 두고 "순수하게 내적인 원리에 자족할 줄 알아야" 하며(뱅상 데콩브, 《자신과 타인》, Minuit, 1970, p.147) 따라서 진실의 규준으로 작용하는 명제의 오류를 경험해선 안 된다.

1960년대에 유행한 구조의 존재론은 알튀세로 하여금 마르크스주의의 보급 과정에서 관행화된 우연의 체계에서 이탈하도록 해주었다. 당시만 해도 이 이론은 설명 체계를 단일 인과 관계 관념으로 한정해서 고찰하는 일을 문제로 삼았다. 모든 게 경제로부터 도출되어야 했고, 따라서 상부 구조는 하부 구조의 단순한 표현 방식으로 인식되었다. 그는 이처럼 도식적인 체계와 결별하고 단순한 인과 관계를 구조가 주도하는 구조주의적 인과 관계로 대체하며, 인과관계론을 다양하게 설정하는 이중의 이점을 지니고 있다. 예컨대 알튀세는 스탈린주의를 한 개인의 신격화 논리로 간주하며 이를 공식적으로 부인하는 행위 이상으로 나아갔지만 사실 비판의 강도는 약했다. 왜냐하면 그의 비판 역시 생산 양식의 상대적 자율성의 이름으로 체제의 사회주의적 기초를 보존하는 한계를 드러냈기 때문이다.

인식론적 단절의 극대화

알튀세는 마르크스를 새로운 과학의 담지자로 표상하기 위해 헤겔적 관념론의 함정에 빠진 젊은 시절의 마르크스와 성숙기의 과학적 마르크스 간에 급격한 단절을 설정한다. 그에 따르면 마르크스는 자신이 주입받았던 철학적·이데올로기적 전통과 결별할 수 있을 때 진정 과학적 수준에 도달하게 된다. 알튀세는 이러한 과정의 생성 단계들을 설정하고, 마르크스가 과학적 수준에 도달하는 단절의 순간을 매우 정확히 기록한다. 그 시점은 1845년이다. 이보다 이전에 제시된 일체의 논지는 성숙한 마르크스가 되기 이전의 마르크스, 즉 젊은 마르크스의 단계에 속한다.

젊은 마르크스는 인류의 종속적 소외 문제에 구심점을 두었다. 당시 마르크스는 헤겔보다는 칸트나 피히테에 더 공감하여 인문주의적 · 합리주의적 · 자유주의적인 모습을 보여 준다. "초기의 저술은 칸트-피히테 유형의 문제 의식을 담고 있다."(루이 알튀세, 《마르크스를 위하여》, Maespero, 1969, p.27) 당시 그의 문제 의식은 자신을 소외시킨 역사의 함정 속에서 자신의 상실된 본질을 복원하려 하며, 자유에 심취한 인간의 형상에 초점을 맞춘다. 따라서 이것을 극복할 대립물은 자유의 요구를 수용하지 않는 국가가 소외시키는 이성 속에 자리한다. 어쩔 수 없이 인간은 소외된 노동 생산에 의해 자신의 본질을 실현하며 스스로에게 투명한 존재가 되기 위해 이처럼 소외된 본질을 재취득하면서 자신의 임무를 완수해야 하고, 마침내 역사의 종언을 이루어야 한다. 이러한 전도는 포이어바흐의 직접적인 관심사였다. "철학적 문제의 기초는 포이어바흐에 의해 마련된다."(같은 책, p.39)

알튀세에 따르면 마르크스가 역사와 정치를 인간의 본성 위에 기초시킨 이러한 관념과 결별하고 사회적 형성, 생산력, 생산 관계와 같은 새로운 설명 개념들에 기초한 과학적 이론을 수용한 것이 1845년이었다. (…) 당시 그는 주체 · 본질 · 소외라는 철학 범주들에서 벗어나 지배층의 이데올로기로 포장된 인문주의에 대해 급진적인 비판을 가하였다. 성숙 단계의 이 마르크스는 1845-1857년에 생산 양식, 나아가 인간 역사의 진정한 과학으로서 《자본론》이라는 위대하고 완성된 과학적 저술을 배태하였다.

마르크스의 저작 내부에서 감지되는 근본적인 단절은 프락시스 영역의 마르크스를 인식론 영역의 마르크스로 대체함으로써 가능해졌다. 마르크스는 뉴턴의 《프린키피아》에 버금가는 과학적 위치를 점한 《자본론》 덕에 이데올로기와 명백히 단절할 수 있었다. "우리는 끊임

없는 순화의 조건하에서만 순수과학이 존재함을 안다……."(같은 책, p.147) 지금껏 마르크스의 논지가 유물론 입장에서 헤겔의 변증법을 되풀이한 걸로 인식되어 왔지만 알튀세는 헤겔과 마르크스의 변증법이 상호 대립되는 것으로 파악한다. 후자는 헤겔의 관념론에 발을 들여놓는 것으로 만족하지 않고——비록 정반합의 개념론은 현저히 유사하지만——전적으로 상이한 구조의 이론을 구성한다. "스스로의 엄격한 틀 속에 전도의 허구를 유지하기란 명백히 불가능하다. 왜냐하면 진실로 마르크스는 사회의 헤겔적 모범 개념들을 보전한 것이 아니라 이를 완전히 전도시켰기 때문이다."(같은 책, p.108)

경제주의와의 단절

알튀세는 헤겔과 마르크스 간의 이러한 불연속을 인지한 점에서 헤겔의 정치 이데올로기를 경제학 영역으로 대체하는 데 만족한 스탈린의 일반경제학과 결별한다. 하지만 마르크스의 사고에 일반화된 이러한 메커니즘 비판은 탈맥락화를 지향하는 순수 이론의 이름으로 행해진다. 변증법적 유물론이 역사적 유물론의 과학성을 근거로 한 이론인만큼 결과적으로 이 유물론에 작용하는 일체의 이데올로기적 전염을 막아야 한다고 알튀세는 생각한다. "사람들은 이 이데올로기가 더 이상 마지막 전도의 대상이 될 수 없다고 여긴다. 왜냐하면 이데올로기를 전도하면서 과학을 유지할 수는 없기 때문이다."(같은 책, p.196)

반사(reflet) 이론의 기계적 보편화에 대체하는 이론으로 알튀세는 지각이 생산 양식 각 요소들의 지위를 점하는 구조적 총체성을 내세운다. 예컨대 그는 주도적 입지를 점한 요소들, 그리고 하부 구조와 관련하여 상대적으로 자립적인 관계에 있는 모든 요소들에서 발견될 수 있는 상부 구조 본유의 효력을 인정한다. 알튀세는 헤겔의 이데올로기적 · 정치적 총체성과 마르크스의 구조적 총체성을 대비한다. 후자는 복잡하고 다양한 요소들(이데올로기 · 정치)이 역사적 시기에 따라 생산 양식에서 차지하는 개별적 위치──경제 인자가 최후의 인자로서 결정적 위치를 점하는──에 따라 계층화된 구조적 총체성이다. 알튀세와 더불어 구조는 복수화되고 단일한 시간성은 복수적 시간성으로 분해된다. "결과적으로 전체와 관련하여 자립 관계에 있는 상이한 시간성들만이 존재할 뿐이다."(루이 알튀세, 《자본주의 읽기》, t. 2, Maspero, 1965, p.59) "각 시간, 각 역사의 특별성, 다시 말해 그들의 자립성이나 상대적 독립성은 전체 틀 안에 놓인 특정 유형의 분절성에 근거한다."(같은 책, p.47)

결과적으로 알튀세는 역사성을 부인하는 게 아니라 잡다한 통합과정을 통해 전자를 해체하면서 구조주의 패러다임에 본유한 역사의 탈구조화 작업에 참여한다. 구조화된 총체성은 과학에 접근하는 만큼 이데올로기로부터 분리되기에 탈역사적 · 탈맥락적이다. 인식(제3의 총체성)은 최초의 경험적 자료(제1의 총체성)를 토대로 작업을 벌이는 개념이라는 도구(제2의 총체성)를 매개로 할 때에만 가능하게 된다. 이러한 접근은 마르크시즘의 분석 대상을 물리학이나 화학의 대상과 근접시키며, 이러한 밀접성은 주체의 전반적인 원심화를 함축한다. "이것은 실험과학과 인문과학을 혼용하는 일이다."(나이르, 〈마르크시즘 혹은 구조주의?〉, 《알튀세에 반대하여》, 10/18, 1974, p.192)

역사주의 비판

'주체'와 동시에 역사주의적 개념 전체가 비판의 대상이 되는데, 그 이유는 이 개념 역시 사람들이 접근하기 원하는 이론적·역사적 지평을 변질시킬 수 있기 때문이다. "역사 속의 과학적 변질은 이론적 변질을 의미할 따름이다."(루이 알튀세, 《자본주의 읽기》, t. 2, p.170) 이러한 반역사주의는 일반 이론 틀 속의 주축 요소들을 중심으로 상호 연계된 총체성 구조와 시간성의 해체에 의해 전개된다. 하지만 이러한 총체성은, 내적 모순의 작용이나 전환의 가능성 없이는 변화가 이루어지지 않는 사회에서 으레 그러하듯이 구조의 상태로서 미동의 모습을 보인다. 구조의 상태는 환유의 방식에 따라 사라진 주체와 역사성의 잔해를 대체한다. 알튀세는 이처럼 간신히 봉합되어 응고된 구조를 공고히 결합시키려 한다. 그러기 위해 라캉이나 레비 스트로스가 상징에 부여했던 역할과 유사한 지위를 이데올로기 개념에 투여함으로써 구조가 갖는 정박소적 의미를 부각시킨다. 알튀세는 프로이트가 무의식을 탐색한 방식으로 무변화의 탈시간적인 범주를 고려한다. 그는 이러한 방식을 통해 마르크스가 주도적 이데올로기를 주도 계급의 단순한 도구로서 간주할 때 일반적으로 고려한 전적으로 도구적인 관계를 복잡하게 다양화한다.

알튀세는 이데올로기 인자가 하층부의 기계적 방식으로 폄하될 수 없는 상대적 자립성을 갖는다고 생각한다. 그렇지만 이같이 이데올로기적 거리를 유지하게 되면 그가 이론의 축대로 삼은 초역사적 구조 형태의 이데올로기가 확장된다. 그렇게 되면 이데올로기의 효율성은 스스로에게 할당된 지위에 대하여 절대적 복종의 상황에 놓인 주체들을 창조하도록 이끄는데, 이러한 과정에는 기존의 주체를 역사의 새로운 주체인 이데올로기에 의해 표상되는 은밀한 세력의 신비로운 대상으로 변화시키려는 의도성이 작용한다.

제 VI 장

기억의 사회사

1. 국가 이야기

역사에 의한 기억의 회복

다의적 언어를 매개로 하는 역사 분석 못지않게 복잡한 기억의 메커니즘이 역사 이야기 전개를 어렵게 한 면도 있지만, 한편으로 기억 수준을 역사 수준으로 포섭하도록 오랫동안 자극해 왔다. 기억과 역사 간의 관계를 생각하려면 우선 양자를 구분하고, 그런 다음 양자간의 상호 관계를 재정립해야 한다.

역사는 오랫동안 기억과 동일시되어 왔다. 우선 수도사들이 수도원들의 역사를 재추적하기 위해 필요한 장치들을 마련하였다. 다음으로 서양 문화의 가장 발전된 이러한 극점들과 연계하여 정치 권력이 자기 자신의 역사/기억을 창출하였다. 프랑스 역사가 탄생한 것도 이러한 공생을 통해서이다.(콜레트 본, 《프랑스 국가의 탄생》, Gallimard, 1985)

이러한 작업이 체계적으로 이루어진 장소 중 한 곳이 랭스였다. 대머리왕 샤를은 845년부터 이 도시를 왕국의 가장 중요한 중심지 중 하나로 삼았다. 랭스 대주교 힝크마르는 개인적으로 학교의 활동을 감독하고 교재를 만들거나 축적된 제 문서를 필사해 이를 보존하는 노력을 기울이면서 이 도시를 9세기 후반부에 위대한 지적 중심지로 변모시키는 데 성공하였다. 그는 특출한 고문서 원본들을 만들어 냈다. 힝크마르는 882년 이곳에서 75세로 생을 마감하기까지 연표를 작성하였다. 랭스는 10세기 내내 이곳의 참고 문헌과 비치 문서 덕에 최고의 지적 중심지로 남았고, 이러한 랭스의 전통을 추적한 리셰는 《갈리아의 사회 구성체》라는 저술에서 왕국의 역사를 기술한다. 11세기에 플뢰리 수도원의 학교가 랭스로부터 바통을 이어받았고, 위그 드 플뢰리가 12세기초 기존 연대기들을 바탕으로 《프랑크족의 역사》를 집필함으로써 이 수도원 연대기들이 《대프랑스 연대기》의 초석으로 자리잡았다.

수도원장 쉬제

다음으로 생드니 수도원이 플뢰리의 전통을 이어받아 프랑스 왕의 역사를 집필하는 특권적인 장소가 되었다. 두 왕의 고문이었고, 루이 7세가 '조국의 아버지'로 지칭한 쉬제는 1122년 생드니의 수도원장으로 선출되었다. 1127년 이 수도원은 개혁을 통해 수도원 생활을 일신하면서 영향력을 확대되었고, 쉬제는 차츰 궁정 고문으로 불리게 되었다. 그의 목표는 이 수도원에 왕의 시신을 안치하여 생드니와 왕 간의 후원 관계를 정립하는 일이었다. 루이 6세의 건강 상태가 그의 소망을 실현하는 계기로 작용하였다. 1135년 병세가 악화된 루이 6세는 임종이 가까워졌다고 믿고서 주교·수도원장·성직자들을 호출하였다. 왕궁에 온 쉬제는 왕의 서거 후 국왕 시신의 생드니 수도원 안치를 윤허받았다. 루이 6세의 상태는 호전되었지만 병세가 다시 악화되어 2년 후 서거했을 때 그의 시신은 생드니에 안치되었다. 당시 왕위는 17세의 어린 왕자에 의해 계승되었고, 쉬제는 루이 7세의 최측근 고문이 되었다.

역사가 합법화를 위한 가장 효율적인 도구임을 인식한 쉬제는 루이

6세의 전기를 기술하였는데, 그것은 진정한 왕권의 존엄을 보여 주려는 칭송의 글이었다. 십자군 원정을 떠나기로 결심한 왕은 왕국의 통치권을 쉬제에게 위임하기로 결정하였으며, 이 사실은 국가의 정치적 결정 과정에 이 수도원장이 차지하는 비중을 잘 보여 준다. 그는 또한 생드니를 '왕의 묘소'로 삼아 왕궁과의 특별한 후원 관계를 정립하는 데 성공하였다.

왕에 대한 역사 기술은 쉬제 이후 생드니에서 계속 행해졌다. 보다 나중에 왕의 고문서를 접했던 리고르는 《존엄왕 필리프의 업적》을 발간하여 존엄왕 필리프의 준공식적인 역사 서술자가 되었다. 13세기말 루이 9세는 생드니의 수도사인 프리마를 초빙하여 프랑스어로 된 왕국사 서술을 요청하였다. 그는 생드니의 제반 자료를 활용하여 《프랑스 왕 연대기》라는 제목으로 과거 왕들의 역사를 보정하여 기술하였다.(베르나르 그네, 〈프랑스 왕의 위대한 연대기〉, dans Pierre Nora, dir., 《기억의 장소》, t. 2, 《국가》, Gallimard, 1986, p.189-214) 이 연대기들은 훌륭한 성과를 거두었고, 그 내용들은 성직자 문화와 밀접히 연계하여 귀족적 가치를 잘 대변해 주고 있다.

기원의 신화

국가의 신화(쉬잔 시트롱, 《국가 신화》, éd. Ouvrières, 1987)는 프랑스의 기원을 트로이에 두고 있다는 입장과 갈리아에 두고 있다는 입장 간에 교차된다. 트로이에서 기원했다는 전설은 7세기에 만들어져 14세기까지 지속되었다. 이에 따르면 프랑시옹과 그의 동료들이 화염에 싸인 트로이를 떠나 시캉브리아라는 도시를 설립했다는 것이다. 이들은 10년 후 라인 강변의 게르마니아에서 재발견되며, 6세기에는 갈리아 지방으로 들어가기 시작했다. 《대연대기》에서는 리고르와 기욤 르 브르통의 주장 이래로 이 버전이 보다 우월한 입지를 차지하는데, 이는 프랑시옹이 헥토르의 아들이기 때문이라는 것이다. 그렇게 되면 프랑크인들은 트로이의 왕가와 닿게 된다. 사람들은 차츰 신빙성을 결여한 이 영웅을 텍스트들에서 보다 검증된 영웅, 즉 트로이의 유력자 중 한 사람이며, 프리아모스의 미움을 사 트로이를 배반한 안테노르로 대체하게 된다. 그는 1만 2천 명의 트로이인들과 함께 이 도시로부터 탈출한다.(콜레트 본, 《프랑스 국가의 탄생》) 하지만 이 영웅은 모반자의 역을 떠맡아 그다지 동정을 얻기가 쉽지 않다. 게다가 그는 왕가의 후손이 아니다. 그렇지만 그는 프랑크족의 주민을 구성할 트로이인들과 갈리아인들 간의 가설적 융합의 상징으로 남는다.

14세기부터 갈리아 기원설이 힘을 얻는다. 결과적으로 트로이 기원설이 의심받기 시작하지만 1500년 벨기에의 장 르메르의 《갈리아 기원설과 트로이적 특성》을 통해 이 문제에 대한 관심이 재차 환기되었다. 트로이 신화가 미약해진 점을 감안하여 그는 트로이 기원설 속에 갈리아인들을 포함시켰다. 그는 갈리아인들을 전혀 야만적이지 않으며, 그리스도교 이전의 그리스와 로마 도시의 심장부에까지 영향력을 미쳤던 문명의 담당자들로 묘사하였다. 트로이 신화는 갈리아 역사를 흡수하여 적용 변화에 성공하였고, 프랑스 국가의 역사적 출현은 이중적인 기원의 신화 기틀 위에서 실현된다. 그리고 이렇게 분리된 노선은 이후 프랑스 국가의 역사 내내 나타난다.

2. 프랑스 국가에 대한 탐색

앞서 살펴본 대로 14세기에는 고증학의 진전과 역사철학과의 긴밀한 관계라는 이중의 결실이 이루어져 완벽한 역사의 전망이 도래하였다. 역사이론가들은 '새로운 역사'의 기치를 내걸었다. 이러한 역사의 건설은 진화론적 관점과 인류의 진보를 실현할 미래의 관점에서 전개된다. 이러한 진화론은 현실의 모든 요소를 포괄하면서 완벽해질 수 있다는 역사 관념을 통해 확장되었다. 당시는 인문주의적 역사 저술이 특히 활동적인 도시 구성원들을 동원하는 데 활용되었던 시점이기도 하다. 군주 국가의 건설이 역사 기술의 양적 팽창에 상당한 영향을 미쳤다. 당시 모든 집단적 기억의 초점은 국가를 공고히 하려는 정치적 의지에 모아졌다. 역사가의 기능은 공식성을 띠고, 기억은 국가 체계의 회복 과정에서 역사화되었다. 1572-1621년간 프랑스 궁정의 후원을 받아 14편의 역사 기술이 이루어졌다. 역사는 종교 전쟁의 고통 와중에서 충만하게 된 프랑스 국가의 건설 작업과 긴밀히 연관되었다.

에티엔 파스키에(1529-1615)가 프랑스 역사를 정교화하는 작업에 임한 것도 이러한 맥락에서였다. 오트망과 보두앵에게서 사사한 법률학도로서 그는 파리, 그리고 다음으로 이탈리아에서 법을 연구하였다. 변호사에 이어 의원이 된 그는 회계국(Cours de comptes) 총책이라는 고위직에 올랐다. 그가 1560년 첫 저술인 《프랑스 연구》를 출간했을 때, 왕국의 통합을 위협하며 프랑스를 이탈리아의 섭정하에 두려는 마음을 가졌던 앙리 2세의 급작스런 서거 이후 프랑스는 국가적 혼돈 상태에 있었다. 카토 캉브레시스(Cateau-Cambrésis) 평화 협약으로 프랑스는 영토를 상실하고, 에스파냐가 서유럽의 주도권을 장악했다. 그리고 종교 동란으로 프랑스인들은 분열하였다. 파스키에가 프랑스에 보다 공고한 정체성을 제공하기 위해 역사적 측면에서 국민적 일체성을 부여하는 노력을 경주하게 된 것은 이러한 상황에서였다. 결과적으로 그는 제도적인 과거뿐 아니라 음식 섭취나 기술의 발전과 같은 사회적 삶의 제 요소를 고려한 역사학의 보다 확대된 개념으로부터 프랑스의 기원에 대한 보다 방대한 탐색을 벌이고자 하였다. 파스키에는 프랑스어로 국가적 요구와 보다 많은 대중과 접근하려는 정치적 의지에 상응하는 강좌를 제시하기로 결정한 점에서 최초의 단절을 노정한다. 뷔데의 연장선상에서 저술된 그의 책은 진정한 사료들에 대한 확실성을 담보하려는 열정을 담고 있었다. 결과적으로 그는 프랑스 역사라기보다는 프랑스의 연구를 고증언어학의 방식으로 제시하려 하였다.

여기서 그는 자신이 전거로 삼은 사료에 중대한 의미를 부여하는 방법론을 택하였다. 예컨대 그의 이야기는 종종 사료를 너무 길게 인용한 결과 빈번히 중단된다. 그는 연구의 상당 부분을 퐁텐블로의 왕립 도서관의 서지 목록, 의회 문서록, 친구들의 소장 필사본을 가리지 않고 원사료를 발견하는 데 할애하였다. 파스키에는 이러한 사료집을 통해 프랑스의 역사가 언제 시작했는지를 드러내고, 트로이 관련 신화를 폐기하며 기존의 역사 기술 관행과 두번째의 결별을 시도하였다. 그는 트로이 전설이 매우 활력을 얻었던 시기에 갈리아 기원을 내세우며 자신의 이야기를 시작한다. 파스키에는 로마법의 우위나 라틴어의 지배권을 더 이상 인정하지 않는다. 로마법은 '품행·성격·기질' 면에서 프랑스법에 적용될 수 없다. 예컨대 파스키에는 프랑크인들이 궁극적으로 프랑스의 것이 될 제도의 연속을 통해 갈리아적 기원과 색채를 공고히 했다는 점에서 독특한 국가 전통을 지니게 된 사실을 부각시킨다. 이러한 연속성, 나아가 정통성을 담은 제도적 구조물은 왕국의 분해를 지향하는 경향이 있는 귀족들을 집결시키는 구심점으로 작용한 삼부회였다고 그는 파악한다. 갈리아인들이 특별한 발전지향적 소질을 지녔다고 본 파스키에는 프랑스가 여섯 왕과 교회의 등장 이전에, 심지어는 로마 이전에 존재했었다는 뉘앙스를 풍기기도 하였다. 그는 갈리아인들이 이웃한 브리튼족이나 게르만족들보다 우월한 문명에 다다른 사실을 보여 주기 위해 카이사르의 《갈리아 전기》를 활용한다. 파스키에에 따르면, 역사란 인종이나 국가와는 달리 관습과 언어 및 문화에 의해 규정된 국가적 정체성의 보급을 위한 교육적 가치를 지닌 도구였다.

3. 왕들의 전설: 메즈레

'위대한 세기'인 17세기는 역사가 절대 군주에 기여하는 인식의 도구로 전락하였다. 절대 왕정은 역사가들의 찬양을 요구하였다. 절대 왕정은 역사 서술을 면밀히 감시하였고, 역사 서술을 권력의 시녀로 삼았다. 역사가는 '영광을 기려 주는 장인'으로서 권력자들을 만족시키는 메시지 형태로 역사를 서술하였다. 그리고 역사 이야기에 키케로나 티투스 리비우스를 모방한 수사학적 묘사가 두드러지게 등장했다.

16세기에는 프랑스 국가의 기원 설명에서 트로이 전설을 회피하는 모습이었다면, 17세기에는 보다 귀족 취향의 트로이 기원설로 복귀한다. 고증학자인 니콜라 프레레가 1714년 비문학회에서 트로이 기원설의 몽매함을 주장하는 회고록을 발표했다는 이유로 몇 달간 바스티유 감옥에 감금되었다. 권력을 비호하려는 차원에서 왕의 신성한 권력을 찬양한 스키피옹 뒤플레(1569-1661)는 1621-1643년에 출간한 《교회와 제국을 다룬 프랑스 일반사》에서 시대착오적 오류를 전혀 고려함이 없이 프랑스 왕권의 기원이 클로비스에까지 거슬러 올라간다고 주장하였다.

국가는 역사 연구의 주요 축대가 되었다. 콜베르는 1663년 예술·문학·과학의 정치를 관장하기 위해 왕립학회를 설립하였다. 이 학회는 치세를 위한 역사 서술을 일차적 목표로 삼았다. 역사가들은 왕으로부터 연금을 받았고, 학회의 회원들은 왕으로부터 개인적으로 '홀륭한 인품과 인정된 성실성'을 인정받아 낙점될 수 있었다.

프랑수아 외드 드 메즈레(1610-1683)의 선도 아래 3권의 《파라몽 이래 현재까지의 프랑스사》이 1643년과 1651년에 출간되었다. 1648년 학회 회원으로 선출된 메즈레는 1664년 《프랑스사》의 공식 서술자가 되었다. 이 세기에 그는 가장 저명한 역사가가 되었고, 그의 《프랑스사》는 대단한 성공을 거두어 1830년까지 계속 재출간되었다. 메즐레는 트로이 전설을 재이용하여 왕국이 카롤링거 왕조에까지 닿는다는 주장을 편다. 그는 오로지 조국에 충성하려는 마음으로 역사 서술에 임한다. "조국에 대한 충성보다 앞서는 충성이나 애착이 있을 수 없다."(《역사와 역사가》에서 인용된 메즈레, Hachette, 1995, p.98) 이러한 애착은 민족주의와 연계된 종교의 역사를 옹호하려는 것이다. 따라서 그는 국가와 관련하여 종교 역사상의 여러 자립적 요소들을 비판한다. 예컨대 중세사를 정치사·제도사 측면에서 해석하고, 교회의 신성을 왕의 인격이나 그의 군주제로 이전하면서 역사를 탈성화하려 한다. 결과적으로 메즈레는 왕의 근본 속성이 각 사건에 작용한다는 논리를 이야기 서술에 곁들인다. 메즈레는 자신의 기억이라는 역사 속에 시간의 경과를 통해 합법화되는 진실, 권력/인식의 논설을 권력 자체의 속성으로 각인시키려 한다. 역사 서술자로서 그는 권세가 분별력을 갖추고 있다고 부기한다. 그의 서술은 파라몽과 더불어 시작하며 루이 14세와 더불어 끝맺는다. 그리고 그 내용은 제국이나 교회와 같은 일부 대립 세력을 포괄하는 전체적 좌표의 핵심으로서의 왕을 중심으로 엮어진다. 메즈레에 따르면, 관리들의 행정으로 대변되는 왕권이 암울하고 기근과 폭동의 악령들이 활동하는 이 세계에 빛을 드리우는 유일한 존재이다.

그렇지만 메즈레는 자신이 작성한 왕조의 가계만으로는 만족할 수 없었다. 그 이유는 그가 당대의 호기심을 충족시켜야 하는 한편 "자신의 과오를 뒤덮는 데 익숙한 사람들의 잘못을 들추어 낼 수 없었기 때문이다."(《역사와 역사가》) 그는 화상학(iconographie)에 관심을 기울여 역사 연구의 변화를 탐색한다. "여기서는 정신 못지않은 다양성을 발견하며 읽지 못하는 자들도 유용한 정보를 발견한다."(《역사와 역사가》) 그는 또한 프랑스의 생활사나 경제적·사회적 상황에도 흥미를 가졌다. 예컨대 1668년 콜베르의 불만을 산 《소론》에서 세출·세입의 오류를 지적하였다. 그는 이런 요소들을 역사 서술의 부가적 관심 대상으로 삼았다.

메즈레는 원사료에 접근하고, 선학들의 업적에 큰 관심을 가졌으며, 더불어 방법론의 정교화에 기여한 고증학의 발전에 힘입어 자신의 공식적인 역사 서술 임무를 적절한 긴장감을 고취하며 이행하였다. 예컨대 그는 그 이전에 있었던 6천여 점의 역사 연구 업적들을 재발견하였고, 또한 고문서들을 연구하기 위해 독일에 오갔으며, 성자 전기에 의구심을 갖고서 '완벽한 프랑스사를 위하여'라는 제목의 원고를 쓰기도 하였다. 그는 수사학적 전통과 고증학적 고찰을 상호 배제하지 않고 병행하며 역사를 서술하였다.

14세기 이래 프랑스 일반사는 17세기에 절대 왕정의 훈도 아래 절정에 달한 한 장르가 되었다. 18세기에 이 장르는 본유의 규범을 상실하고, 애국심의 고양에 활용되었다. 또한 대학의 교과 과정에 도입되어 교훈적 지식을 위한 특권적 영역이 되기조차 하였다. 국가의 전설은 프랑스 역사를 신성한 영역으로 재구축하였다. 18세기에는 군주제의 기원이 항시 파라몽 신화와 닿아 있었다. 고증학적 비판에 직면하면서도 역사 서술은 이 신비로운 인물을 계속해서 국가사의 진정한 핵으로 활용하였다. 당시 프랑스사는 파라몽을 프랑스 군주제 역사의 절대적 출발점으로 삼는 신비로운 측면을 보이고 있었다.

　이처럼 왕권의 영속성을 추구하는 프랑스 역사는 미래 세대를 위해 선한 통치자를 찬양하고, 악한 군주를 질타하며, 역사의 심판대에서 과거의 왕들을 심판해야 하였다. 정의, 용기, 지혜, 또는 대중에 대한 사랑 등 일부 미덕들은 이를 구분하는 기준점으로 작용하였다. 선한 통치자들 중 2명은 특별한 찬사의 대상이 되었다. 성왕 루이는 17세기 군주제에 신성성을 부여한 진정한 성인의 반열에 선 인물이고, 18세기에는 앙리 4세가 숭배의 대상이 되었다.(샹탈 그렐, 《고증학과 철학 사이의 역사》, PUF, 1993) 오두앵 드 페레픽스가 1661년에 왕에게 헌정하여 발간한 《앙리 4세의 역사》에 삽입된 이미지, 즉 백성들과 가까운 흰 깃털과 암탉을 형상으로 한 왕의 이미지가 확정된 것도 이때였다. 앙리 4세는 실제 권좌에 오른 부르봉 왕가의 영웅이고, 새로운 가계의 창립자이다.

4. 기원 논쟁

게르만 기원설

18세기의 핵심 역사적 논쟁은 게르만 기원설 주창자와 로마 기원설 주창자 간의 논쟁이었다. 이 논제는 다름 아닌 프랑스 국가의 설립 기원 문제였다. 특히 정치 투쟁에 참여한 자들로서 논쟁을 시발하고, 자신들의 논지를 견지하기 위해 국가의 과거에 관심을 기울였던 이론가들의 경우가 그러하였다. 게르만 기원설의 대표적 주창자는 불랭빌리에(1658-1722) 백작으로, 주저인 《프랑스 고대 정부의 역사》는 그의 사후 5년 뒤인 1727년에 출간되었다. 백작은 프랑크족 자유민의 후손 귀족에 의해 조성된 귀족제와 사회계서제를 변론한다. 불랭빌리에에 따르면 프랑스인들은 기원상 상호간 동등한 전사 집단에 속했으며, 이들의 왕은 자유민 전사의 장군이었다는 것이다. 프랑크족의 갈리아 정복은 프랑스 국가의 진정한 시발이다. 그는 이 기원설로부터 군주제가 차츰 귀족층의 자유를 훼손하며 귀족의 권리를 잠식해 왔다는 결혼을 내렸다. 그는 보다 장기적 역사의 이름으로 전제정을 논쟁의 대상으로 삼길 원하였다. 그리고 역사의 진정한 동기를 두 종족간의 전쟁에서 구한다.

로마 기원설

　게르만 기원설과는 반대로 뒤보스(1670-1742) 수도원장은 아르장송이나 자콥 니콜라 모로와 더불어 로마 기원설을 주장했는데, 그의 저술은 1734년 《프랑스 군주정 확립을 갈리아에서 구하는 역사에 대한 비판》이란 제목으로 출간되었다. 불랭빌리에와는 대조적으로 그는 프랑크족에 의한 갈리아 정복을 역사적 환상으로 치부한다. 그는 로마와의 동맹에 무게를 둔다. 뒤보스에 따르면 두 종족이라는 주제는 진정 신화에 불과하다. 그는 정복의 주제 자체를 의문시한다. 만약 프랑크족의 침입이 있었다 하더라도 정복자들과 피정복민 간의 공생이 전반적으로 나타난다. 결과적으로 뒤보스는 왕권을 이처럼 성공한 공생의 산물로서 정당화한다.

　몽테스키외는 뒤보스의 이론을 비판적으로 취급하였다. "그는 계몽보다는 정신에, 인식보다는 계몽에 더 많은 비중을 두고 있지만 지식은 결코 무시할 만한 게 아니다. 왜냐하면 우리의 역사와 법에 대한 지식은 매우 중요한 것이기 때문이다." 몽테스키외는 불랭빌리에의 논지 중 상당 부분을 자신의 것으로 삼았지만, 갈리아인들이 어떤 상황에서는 정복자들의 특권을 분유하며 프랑크법을 채택했을 가능성을 고려하면서 극단적 논지들을 조율하는 구절을 첨가한다. 수도원장 마블리(1709-1785)는 《프랑스 역사 고찰》이라는 글에서 귀족적 주장에 반대하여 게르만 기원설을 뒤엎기 위해 위 입장에 동조하였다. 그는 불랭빌리에가 말한 고대 프랑크인의 평등을 갈로-로마인 전체에 확대 적용하고자 하였다.

프랑스인의 갈리아 조상

유럽에서 프랑스의 우위가 위협받던 18세기에 애국심이 고양되고, 국가에 대한 관심이 고조되었으며, 역사 서술 측면에서도 이러한 상황이 '우리의 갈리아 조상들'을 향한 열광을 자극하였다.(상탈 그렐, 앞의 책) 그렇지만 조잡한 면을 상기시킬 가능성이 있는 이 '야만적인' 세기들의 초기에 대해서는 거의 관심을 기울이지 않았다. 대신에 로마적 과거를 지향하였다. 《백과전서》에서 갈리아 예술에 헌정된 기사를 접할 수 있다. "수치스러운 시절로부터 우리의 눈을 돌려야 한다." 즉 잔인하고 야만적이며 미신적인 것으로 인식된 민족에 부정적인 눈길을 보내고, 프랑스의 길을 인도한 로마인들에 비중을 두려는 일반적 분위기가 조성된다.

그런데 18세기가 경과하는 도중 이미지의 역전히 급작스럽게 이루어진다. 사람들은 용기를 지닌 조상들을 탐색하였고, 갈리아인들은 프랑스의 위협적인 곤경에 직면하여 불굴의 극복 의지를 과시한 민족의 전형으로 간주되었다. 조금은 거칠고 용맹스런 기질과 푸른빛의 눈은 육체적 힘을 과시하는 장점으로 간주되었다. 도덕적 문제와 관련해 볼 때 이들은 자유와 독립의 정신을 고취한 민족이었다. 이들의 용기는 스파르타인들과 견줄 만하다. 술책을 무시하고 솔직히 행동한 이 민족은 더 이상 어리석은 민족이 아니다. 반대로 이들은 고대인의 지혜를 갖고 경쟁하며 최고의 전사를 경외하였다. 갈리아인들은 전사로서의 자질뿐 아니라 음유시인의 시에 전율할 줄 아는 사람들이었다. 갈리아 기원설에 대한 이같은 환상은 앙시앵 레짐 마지막 20년간 거의 1년에 1편씩 이 주제로 된 저술이 18점이나 발간될 정도로 이 세기 후반부에 굉장한 성공을 거두었다.

민족간의 전쟁

19세기에 기원을 둘러싼 논쟁은 오귀스탱 티에리가 이제 혁명에 종장을 찍어야 한다고 주장한 정통 왕조파들에 반대하여 프랑스 역사를 기술했을 때, 민족간 전투의 종착역으로서 프랑스 혁명을 정당화하려는 또 다른 맥락과 결합된다. 샤를 10세에 호의적인 왕정복고주의자들이 프랑스 귀족의 특권을 정당화하기 위해 프랑스의 게르만 기원에 대한 불랭빌리에의 논지를 거듭해서 재론했을지라도 대체로의 자유주의자와 오귀스탱 티에리는 삼부회의 해방 투쟁을 갈로-로마인들이 게르만족에 대해 벌인 종족적 투쟁과 동일시하였다.

결과적으로 티에리는 혁명을 억압받은 토착민을 위한 해방 전쟁의 종착역으로 간주한다. "시간적 거리에도 불구하고 야만족의 정복과 관련된 요소들이 우리나라에 명암을 드리우고, 현재의 질곡은 이민족의 갈리아 침입과 토착민 지배에까지 거슬러 올라갈 수 있다. 정부의 반동적 경향에 대항하여 내가 참여하고 있는 진영을 위해 새로운 공격 도구가 될 이러한 사고의 틀을 공고히 할 필요가 있다. 이에 나는 고대 프랑스 군주정과 중세의 제도들에 대해 서술거리가 있는 모든 것을 전문적으로 연구하고 추출하는 작업을 행한다."(오귀스탱 티에리, 《10년간의 역사 연구》, 서문, 1834, cité par Marcel Gauchet, 《역사학의 철학》, PUL, 1988, p.37) 이러한 분명한 동기에 의해 촉발된 역사적 통찰은 나중에 장기적 종족 분쟁의 관념을 계급 투쟁으로 변모시킨 마르크스에 의해 다시 표명된다.

기억의 정치로부터 국가의 복음에 이르기까지

19세기초 왕정복고주의자들에 대항하는 투쟁을 벌이고 입헌군주정에 공고한 합법성을 부여하며 프랑스 혁명의 성과물을 보존하려 애쓴 자유주의 세대는 1830년부터 뿌리내린 국가의 역사를 비중 있게 다루는 데 심혈을 기울였다. 프랑수아 기조는 1832-1837년에 공공교육 장관으로서 이같은 국가적 기억을 추출하고 보급하는 중심 역할을 하였다. 정치가로서 국가 행정에 참여하기도 한 기조는 역사가와 정치활동가의 이중적 역할을 조합시킬 수 있었다. 1833년 기조는 "건전한 비판과 원사료의 탐색을 통해 프랑스사에 대한 지식을 보급할" 목적으로 《프랑스 역사 사회》를 저술하였다. 1833년부터 기조는 각 행정 구역의 장들로 하여금 프랑스 역사와 관련한 제 자료를 수집하기 위해 구역의 해당 고문서들과 공공 서적에 대한 연구를 행하도록 지시하였다. 이러한 노력은 국가의 역사를 설정하는 거대한 시도이며 이 세기 초에 국가, 특히 국가의 역사에 대한 절실한 필요에 의해 수반되었다.(크리스티앙 들라크루아·프랑수아 도스·파트릭 가르시아, 앞의 책)

19세기말과 20세기초 역사학의 거장은 에르네스 라비스였다. 그에게서는 공화국 정신의 세 축대, 즉 과학의 견인력·조국애·세속성이 결합된 모습을 엿볼 수 있다. 그는 동시대인들과 마찬가지로 1870년의 패배를 마음속 깊이 각인하고 있었던 만큼 이를 해소하기 위해 중단 없는 노력을 기울였다. 이를 위해 그는 1789년의 단절에 의해 분열되고 약화된 국가의 통합을 재건하고자 하였다. 그는 국가의 경계가 더 이상 내적 속성이 아닌 외적 속성의 것임을 프랑스인들에게 이해시키기 위해 이 사건보다 훨씬 이전의 과거와 재화합하고 국가의 확고한 기원에 관심을 기울여야 한다고 말했다. 방법론적·교육적 효과를 고려한 에르네스 라비스는 아셰트 출판사에서 발간되고, 계약(1892년)에서 완간(1911년)에 이르기까지 20년간에 걸친 공동의 노력으로 이루어진 기념비적인 《프랑스사》의 감독, 이를 설파한 위대한 사제가 되었다.

에르네스 라비스는 기억의 진정한 재발견을 이루고자 한 인물이다. 대학의 범주를 넘어서서 그는 범국가적 교수였다. 그의 노력은 지대한 성공을 거두어 모든 공립학교 학생들이 매우 일찍이 국가의 역사를 소문자 라비스라는 이름을 통해 이해할 정도였다. 당시 프랑스는 베르생제토리스(Vercingétorix)로부터 발미(Valmy)에 이르기까지 하나의 전체였고, 역사 이야기는 다수가 조국에 자신의 삶을 희생한 영웅적 전투의 이야기였다. 제3공화정은 가능한 최상의 국가로서 제시되고, 이것을 기준으로 삼아 이전의 체제들을 비판하였다.

이러한 역사가 주는 느낌은 확연하다. 라비스는 역사 지식의 궁극적 목적을 재확인하는 차원에서 빈번히 개입한다. "누군가가 당신에게 프랑스 역사를 이야기할 때 주의해서 들으시오. 입술 끝이 아니라 온 지성과 마음을 다해 이해하시오. (…) 어떤 국가도 프랑스만큼 문명에 그토록 오래 기여한 나라는 없습니다. 그리고 영국의 위대한 시인 셰익스피어가 '프랑스는 신의 전사이다'라고 했을 때 그는 진실을 말한 겁니다. 여러분 각자는 이러한 최상의 역사 전부를 명확히 알고 있습니다. 여러분은 낙담하여 주저앉지 않기 위해 필요한 힘과 나락에 떨어진 조국을 구하려는 확고한 의지를 여기서 발견할 것입니다."(《학생들을 상대로 가치를 전달하기 위한 논설》, 1872) 성인들 그리고 미래의 교사들을 위해 라비스는 추호의 주저 없이 사람들에게 권고한다. "만약 교사가 의무를 다하는 시민, 자신의 국기를 사랑하는 전사가 되지 못한다면 그는 자신의 시간을 상실한 게 된다. 여기에 역사의 거장들이 연구의 결론으로서 공립학교 학생들에게 제시한 것들이 있다."(에르네스 라비스, 《역사와 역사가》, 〈역사 Histoire〉 article, dans Ferdinand Buisson, 《교육학 사전》, 1885)

당시 역사가는 자신이 국가의 중추적 역할을 담당하고 있다는 사실을 추호도 의심하지 않았다. 기원에 관한 이야기를 통해 역사가는 자신의 이야기를 마무리하고 과거에 의해 현재를 정당화한다.

5. 두 가지 기억간의 구분: 베르그송

동시대의 학문들과 함께 나아가기를 중단하지 않겠다는 대담에서, 최신의 과학적 발견들과 형이상학을 조응시켜 나아가려 한 베르그송은 제 형태의 환원주의를 거부하며 인간 심리의 새로운 지평을 열고자 부단히 애를 썼다. 1861년 4월 18일 브로카 박사는 환자가 뇌의 왼쪽 부분의 손상 충격으로 실어증을 겪게 되고, 뇌의 한쪽 부분에서 언어 기능이 국소화된다는 논제를 발표한 바 있다. "당시는 지방화의 황금 시대였다."(조르주 비노, 《인지과학, 발견》, La Découverte, 1992, p.98) 이 논제는 18세기에 라 메트리의 《인간기계론》에서 예증화된 환원주의 경향을 강화시켜 주었다.

베르그송은 이에 대응하여 과학주의뿐 아니라 반계몽주의를 고발하였다. 그는 브로카의 주장 내용을 숙고한 후 브로카가 그릇된 판단에 의해 행한 일반화에 반대하였다. 그는 피에르 마리가 베르니크(Wernicke)라는 병명의 실어증에 대해 밝힌 것과 같은 유의 실어증 연구들을 고찰하면서 물리학주의에 대한 비판을 선도하였다. 그의 업적은 의식이 장기를 이탈하는지의 여부를 숙고하도록 이끌었다. 만약 뇌와 의식의 현상 간에 구분선이 있을 경우 우리가 현상에 상응하는 의식 속에서 진행된 모든 것을 뇌 속에서 읽을 수 있다고 추론할 근거가 없다.(베르그송, 《정신 에너지》, PUF, 1991, p.842)

베르그송이 1896년 《물질과 기억》을 출간했을 때, 그의 의도는 항시 무엇에 근거하여 환원주의의 입장을 견지할 수 있는지를 밝히기 위해 과학과의 대화하려는 차원에 머물러 있었다. 당시 그는 《기억 질환》의 저자인 테오될 리보의 논지에 대해 숙고하고 있었는데, 리보는 두뇌학이 추억의 정확한 국소 판정을 보여 준다고 주장하였다. 이것은 두 가지 유형의 기억을 구분한 베르그송의 논지와 대비된다. 베르그송은 사실상 육체의 감각 기능을 건드리는 기억-습관과 의식 속에 장기적으로 공존하는 순수-기억 간에 구분을 둔다. 그는 후자가 갖는 역동성이 육체와 비교해 볼 때 상대적으로 자립성을 갖는다고 생각한다. 앞 책에서 베르그송은 과거가 두 가지 구분되는 형태, 즉 동인이 되는 메커니즘 아니면 독립적인 추억 형태로 추적됨을 증명하고자 하였다. 그는 사람이 두 가지 이론적으로 독립된 기억을 표상할 수 있다고 보는 데까지 나아간다. 순수-기억에 본유한 역동성은 세 가지 요소간의 조합을 들추어 낸다. 이 중 두 요소는 대립적이다. 즉 한편으로 순수-기억, 다른 한편으로 추억-이미지의 매개를 통해 관계에 효력을 부여하는 지각의 두 요소가 대립된다.

이러한 구분은 시간과의 관계 속에서 이루어진다. 베르그송은 마음이 텍스트를 새기는 작업으로서의 인식 행위와 반복이 아닌 일회적 추억 환기로서의 인식 행위 간의 차이를 예로 삼는다. "기억-습관의 경우 과거는 거리감 없이 현재와 '관련되거나' 병합된다. 기억-추억의 경우 재기억된 사건의 선행성이, 비록 기억-습관 속에서는 '표시되지 않은 채로 남는다 하더라도 인식된다."(폴 리쾨르, 《자연과 규칙》, O, Jacob, 1988, p.165) 베르그송에 따르면 기억하고 재기억하는 행위가 중첩되지 않고 뚜렷이 구분되는 두 가지 현상이며, 이것은 결과적으로 두 영역의 환원적 중첩으로 나아가지 않는다.

6. 역사와 기억 간의 분리

알브바슈

사회과학의 연구 영역에서 특정 기억의 대상을 규정지으려는 시도의 장점은 모리스 알브바슈의 뒤르켕적 사회학에서 다시 나타난다. 그는 이 세기초 구체적인 것, 경험된 것, 다양한 것, 신성한 것, 이미지, 마술적인 것 등 변동하는 모든 것을 기억의 편에 두는 반면, 역사는 배타적으로 비판적이고 개념적이며 애매하고 세속적인 것으로 보면서 두 영역을 개념 대 개념으로 대비시킨다. 이러한 구분은 집단적 기억이 구체적 사회 공동체에서 뿌리를 내리고 부착되는 방식으로, 혁신적으로 반영되는 출발점이다.(모리스 알브바슈, 《기억의 사회적 국면》, 1925, rééd, Albin Michel, 1994) 하지만 이러한 구분 방식은 경험된 것으로서 사회물리학의 곁에 놓이게 될 역사학의 명제에서 도출된 것이다. 사실 모리스 알브바슈는 모든 점에서 역사와 기억을 구분하고, 양자를 대립시키려 시도한다.

기억은 전적으로 경험의 영역에 속하며 "역사적 현상은 시계로 측정되고 달력으로 결정되는 시간의 구분과 다를 바 없다."(모리스 알브바슈, 《집단 기억》, PUF, Albin Michel, 1997, p.101) 결과적으로 역사는 순수하게 외적인 시간성, 실존적 경험의 순수한 집합소로 취급된다. 기억은 구체적이고 스탕달적 결정체의 다면적 장소로 여겨지지만, 역사는 이론적 거리를 두고 발견된다. 따라서 역사학은 경험된 차원 너머의 과거를 복원하는 작업에 필수적인 '추상적 인식'에 속한다.(같은 책, p.120)

알브바슈에게 역사에 의한 기억의 회복은 결과적으로 "역사적 전통이 종식되는 시점, 사회적 기억이 끝나고 해체되는 순간에 시작된다"는 측면에서 신화를 건설하는 것이다.(같은 책, p.130) 그는 환원 불가능한 두 차원간의 단절을 절대시한다. 집단 기억은 연속된 노선을 따라 자신의 폭을 확대하는 큰 강으로 제시되는 한편, 역사는 시기를 구분하고 차이 · 변화 · 불연속에 의미를 부여한다. "집단 기억의 연속된 진행 속에서는 역사에서처럼 현저히 추적 가능한 분리의 노선은 없다."(같은 책, p.134) 게다가 기억이 순간적 벡터인 복수적 집단이나 개인들의 옆에 자리한다면, 역사는 단일성의 곁에 자리한다. "역사는 하나이고, 하나의 역사만이 있다고 말할 수 있다."(같은 책, p.135)

알브바슈가 역사학의 매체로 삼은 개념은 모든 사회적 영역을 포괄할 정도로 매우 '실증적이다.' 그것은 사실상 역사를 절대적 객관, 주체로서의 역사가의 배제, 순수하게 사실적인 요소의 단순한 전사의 장소로서 제시한다. 그렇다면 역사가의 입장은 전적으로 규범적인 판단에 따르고, 일체의 기억적 접근과는 거리를 둔 시리우스의 입장과 다를 바 없다. "사람은 집단의 기억을 추억과 분리한다는 조건하에서만 과거 사건의 총체성을 독특한 도표상에 집적시킬 수 있다."(같은 책, p.137) 추상하는 과학적 방법론의 효율성이란 이름으로 상부 지위를 점하기 위해 맥락이나 확인 탐색 작업과는 유리된 역사 저술을 특징짓는 것은 이러한 단절성이다.

대립: 역사/기억

사람이 자신의 특정 기능 속에서 기억을 사고할 수 있는 것은 이러한 중단이 기점이 되며, 피에르 노라가 1984년 《기억의 장소》의 대상을 규정했을 때 그의 출발점도 여기에 있다. "기억과 역사는 동의어이기는커녕 오히려 전적으로 대립된다고 말해야 한다. 기억은 항시 살아 있는 집단에 의해 담지된 삶이고, 이러한 측면에서 추억과 건망증 간의 변증법을 따르며 자신의 계속된 왜곡을 의식하지 못하고 온갖 종류의 조장에 취약하며 오랫동안 잠복했다가 갑자기 돌출될 여지를 소지한 채 영구적인 진화 과정을 겪는다. 반면 역사는 항시 의문스럽고 불완전하다. 기억은 항시 영구적인 현재에 경험된 노선이며, 실제적인 현상이다. 기억은 감성적이고 마술적이기 때문에 그것을 뒷받침해 주는 상세한 내용을 동반한다. 그것은 총체적이건 유동적이건, 구체적이건 상징적이건 모든 매개체에 감지되며 흘러넘치는 추억으로부터 생겨난다. 역사는 지적이고 세속적인 작용인 만큼 분석이고 비평이다. 기억은 성소에 추억을 담지만, 역사는 항시 박탈당한 모습이고 세속적이다."(피에르 노라. 《기억의 장소》, t. 1, 《프랑스 공화국》, Gallimard, 1984, p.XIX) 이러한 이분법은 단기적으로는 역사 비평에 의한 역사기억의 내적 전도라는 해석학적 가치를 갖는다. 하지만 그것은 얼마 지나지 않아 기억의 위험한 의무를 특징으로 하는 상황에 개방되고, 그것의 반향적 효과로 인해 기억과 역사 양 극단 사이에서 풍요롭게 될 수도 있지만 이 못지않게 방향성이 불가피하게 전환될 수 있다. 이 두 요소는 이중의 문제성을 경험하는 시련을 통해 변모하는데, 변모의 정도는 역사의 추상적이고 개념적인 특성이 경험과 유리된 사회물리학이 되기를 거부할 정도로 상당하다.

　게다가 집단 기억에 대한 연구의 증대는 기억의 기능 방식의 복잡성을 이해하고 비판적 접근을 가능하게 해준다. 역사 서술이 진정으로 혼동 상태에 빠진 오늘날 진실에 토대를 두어야 하는 역사와 충실함으로 보완되어야 하는 기억 양자 사이에서 선택해야 하는 곤란한 상황이, 새로운 기억의 사회사가 표방하는 진실의 실험을 통해 풍부한 요소를 갖추어 적절한 판단을 내릴 수 있는 상황으로 변모한다. 비판적 시각, 거리와 객관성 유지, 탈신화에 우선성을 부여하는 최초 시기의 운동에 이를 보완하는 두번째 시기의 움직임이 잇따른다. 이러한 보완 없이는 역사가 지각의 회상이라는 기이한 모습의 것이 되고 말 것인데, 그렇게 될 경우 이전 세대에 의해 전수된 지각의 다양한 침전, 그리고 역사상의 패배자나 자료를 남기지 못한 자들의 과거를 둘러싼 표명되지 않은 부분들을 알 수 없게 된다.

7. 기억에 대한 역사의 문제 제기

역사를 향한 기억간의 경합

최근 기억의 사회사에 대한 연구들은 역사와 기억 간의 관습적인 대립이 매우 합당하지 못함을 보여 준다. 이 두 개념간의 대치는 역사학의 인문학적 속성을 환기시켜 준다. 모리스 알브바슈가 두 영역간의 중첩을 언급하며 극단적 구분을 비판하고 더불어 국가가 전면에 나서 이런 입장을 독려한 결과 조르주 뒤비가 유명한 《부빈의 일요일》 (Gallimard, 1973)에서 개진하기 시작한 국가관의 전환이 이루어졌다. 뒤비는 실제의 과거, 1214년 7월 27일 일요일의 대사건을 복원하는 일에 한정하지 않고 이 날이 중요한 의미를 갖는 이유를 사건의 흔적들에 의해 증명하고자 하였다. "이 흔적들을 넘어서면 사건은 아무것도 아닌 게 된다."(같은 책, p.8) 부빈에 대한 장기 지속적 기억은 그것이 집단 의식 속에 새겨진 순간부터 보존될 수 있다. 결과적으로 이러한 기억의 변형은 한정된 시간적 제약 속에서 사건이 갖는 효력과 마찬가지로 역사의 대상이 된다. 흔적의 기억과 망각 간의 충돌에 관한 연구는 어떻게 "과거 사실에 대한 지각이 연속된 물결로서 넘실대는지"(같은 책, p.14)를 보여 준다. 집단적 기억에 대한 체계적인 탐색을 통해 필리프 주타르는 그가 프랑스 내 두 공동체를 대립시킨 지속적인 원한의 깊이를 검토하는 작업에 임했을 때 이 영역의 선구자 역할을 자임

하였다. 그는 이러한 균열이 19세기 후반부에 사실로서 기록되었다고
주장한다. 이후 역사 기술은 칼뱅파 폭동에 대한 서술에 있어서 획일
적인 모습을 보였다. 결과적으로 이 사건은 상처를 지우고 지역적 융합
을 꾀하는 데 성공하지 못했다. 당시 주타르는 가설을 세우고 농민들 사
이에서 숨겨진 구전의 기억을 헤아리며, 나아가 1967년부터 최초의 진
정한 역사-민속학적 탐색을 벌였다. 그녀는 칼뱅파 폭동과 진압이라는
외상적 사건을 둘러싼 구전 내지 약화되었으나 여전히 뿌리를 내리고
있는 기억 전통의 존재를 확립하였다. "이 연구는 역사 서술적 탐구가
집단적 심성의 탐색 작업으로부터 분리될 수 없음을 보여 준다."(필리
프 주타르, 《칼뱅파의 전설, 과거에 대한 향수》, Gallimard, 1977, p.356)

두번째 단계의 역사

이같은 역사관의 전환은 전적으로 전통이 현재에 영향을 줄 때에만
효력을 지닌다는 실제적 역사 기술의 전환에 상응한다. 그렇다면 시간
적 거리는 더 이상 장애가 아니라 '초의미적' 사건이 된 과거 사건들
의 다양한 중층적 의미를 이해하는 열쇠이다.(폴 리쾨르, 〈사건과 감
각〉, 《실천 이성》, nº 2, 1991, p.55) 이처럼 사건의 환원 불가의 특성을
부각시키는 역사성의 불연속적 관념은 방향 축을 따라 이동하면서 역
사 이성의 목적론적 통찰을 의문시하도록 이끈다.

겉으로 표상된 사건에 대한 이러한 반성적 고찰은 근본적 정체성이
나 부정적 정체성의 구성 요소를 이루는 이야기 설정의 근본 토대로 작
용한다. 해당 시점의 방법론적 · 비판적 속성을 부인함이 없이 역사의
해석학적 측면에 우선성을 부여하는 관점상의 전환은 역사서술학의

실제적 특성을 언급한 피에르 노라에 의해 다음과 같이 규정된다. "관점은 모든 유의 역사에 개방된다. 더 이상 결정 요소로서가 아니라 영향이라는 측면에서, 기억할 만한 행위가 아니라 행위의 흔적 및 기념으로서, 사건 자체가 아니라 시간 속에서 이루어진 결과 내지 의미의 소멸과 재생으로서, 지나간 것으로서의 과거가 아니라 연속적인 재활용으로서, 전통이 아니라 그것이 구성되고 전수되는 방식으로서 개방된다."(피에르 노라, 〈어떻게 프랑스사를 기술할 것인가?〉, 앞의 책, p.24)

문제는 역사가의 논증이 갖는 이차적 지위에 대한 의식의 차원이다. 역사와 기억 간의 도랑은 메워질 만한 게 아니다. 대단절로 이끄는 곤경을 회피할 수도 있겠지만 그리되면 두 관념의 중첩 요소 또한 그렇게 될 수밖에 없다.

성실의 기능을 기억에 부여하며 부정주의자에게 대응하기 위해 자신의 연구에 진실의 지위를 각인시키려 하는 역사가의 전문성 덕택으로, 사람들은 성실 없는 진실 혹은 진실 없는 성실에 가치를 부여할 만한 게 무엇인지 질문할 수 있게 되었다. 양 차원간에 접속이 실현될 수 있는 것은 이야기라는 매개를 빌려서이다.

정신분석학의 정보

이 제목으로 정신분석학이 역사가에게 제시할 수 있는 것을 탐색해 보고자 한다. 정신분석학자가 비논리적인 이야기, 꿈, 망각된 행위 형태로 부각되는 무의식을 분석함에 있어서 (…) 그 목적은 개인의 정체성 중 식별 가능하고 수용 가능하며 구성적인 부분을 종국적으로 밝혀 내는 데 있다. 프로이트에 따르면, 이러한 탐색에서 환자는 두 가지 매개 요소를 거치게 된다. 첫째 매개 요소는 타자, 즉 이야기를 듣는 정신분석가이다. 이야기를 듣는 제3자의 존재는 가장 고통스럽고 외상적인 기억의 표현에 필수 불가결하다. 환자는 증인 앞에서 말하며, 이 증인이 기억의 장애를 제거하도록 도움을 준다. 둘째 매개 요소는 독특한 영역인 환자의 말 자체이다.

이 두 매개는 잠재적 요소를 표출시키기 위해 이야기에 사회적 차원을 부여한다. 제삼자의 참여 속에 이루어지는 치료 장치는 특정의 상호 주관성 형태를 만들어 낸다. 환자의 말 자체와 관련해 보자면, 그것에 선행한 이야기에서 파급된 이야기가 결과적으로 집단 기억 속에 자리잡는다. 환자는 의사소통과 세대간의 전수 욕구, 그리고 옛 성서 전통의 물망초(Zakhor)와의 결합에 의해 분출되며, 자기 자신의 기억과 교차하는 집단 기억의 내밀화된 부분을 표명한다.(요세프 하임 예루샬미, 《물망초》, La Découverte, 1984) 이 기억은 사적 영역과 공적 영역의 짜깁기로부터 돌출한다. 그것은 기억으로부터 분할된 기억을 파생시키며, '역사 속에 엉클어진' 사적 동질성을 구성 요소로 하는 이야기 출현 형태를 띤다.(빌헬름 샤프, 《역사의 뒤얽힘》, 1976, trad. fr. Jean Greisch, Enchevêtré dans des histoires, Cerf, 1992)

분석에 의해 도출할 수 있는 두번째의 중대한 정보는 복잡한 메커니즘들이 함께 지향하고, 결과적으로 잠복된 외상과 과도하게 고통스런 회상들을 되돌려 주는 기억의 긍정적인 특성이다. 고통스런 회상들은 다양한 감성의 기초로 자리잡는다. 프로이트의 두 논문은 집단적인 측면에서 고통스런 회상들에 대한 치유를 목표로 삼는다. 그것들은 개별적인 수준에서 기억의 활동적인 역할, 기억이 일에 개입하는 방식을 보여 주고자 한다. 분석적 치료는 회상의 스크린을 관통해 지나가는 '회상 작업'에 기여하는데(지그문트 프로이트, 《정신분석 기법》,

PUF, 1953, p.105-115) 이러한 스크린은 자신의 증상에 집착하면서 저항하도록 압박받는 환자에게서 나타나는 것으로 반복적 강박으로 이끄는 차단의 원천이 된다고 프로이트는 판단한다. 프로이트가 제기한 기억 작업의 두번째 용례 또한 널리 알려진 '죽음의 작업'이다.(지그문트 프로이트, 《형이심리학》, Gallimard, 1952, p.189-222) 죽음은 단순히 고통이 아니라 동화와 별리라는 고통스러운 작업에서 사랑받는 존재의 상실과의 진정한 협상이다. 회상의 작용에 의한 재기억과 죽음을 통한 거리 유지라는 이러한 움직임은 상실과 망각을 통해 기억의 심장부에서 고통의 회피 노력이 경주되고 있음을 보여 주는 것이다.

예컨대 기억의 의무 각성이 새로운 범주적 명령에 해당하는 실제적 명령이라는 주장에 대면하여 분석 작업에 임한 리쾨르는 또 다른 접근 방식인 기억 작업에 반대한다. 그는 이러한 현상에 대해 집단 기억의 수준에서 가능한 유추를 본다. 개별적인 그리고 집단적인 기억들은 시간과 행동 속에서 유지되고 각인되는 정체성을 중심으로 지속적인 강도를 유지하기 위해 상대방을 필요로 한다. 약속을 주제로 하여 기억의 이러한 경험적 교차가 의거하는 것은 자체성(Mêmeté)과는 다른 자기 자신(Ipse)의 정체성이다.(폴 리쾨르, 《자기 자신을 타인처럼》, Le Seuil, 1990) 사람들은 여기서 때로는 '지나가기를 원치 않는 과거'와, 또 달리는 의식적인 혹은 무의식적인 엄폐와 도망, 과거의 가장 외상적인 순간의 부인과 같은 태도와 대면하는 매우 대조적인 상황에 놓인다.

기억의 '과도'와 '과부족' 사이

기억의 집단적 병리성은 조장된 한 기억만이 주도하는 전체주의 국가들에서처럼 기억이 태부족한 상황 못지않게 국가의 과거에 대한 기념과 전수가 훌륭히 이루어지는 프랑스처럼 기억이 과도하게 충만한 상황에서 잘 표출된다. "역사 작업은 지적 노력과 욕구의 분출 측면에서 기억과 망각이라는 이중적 작업의 투시로서 이해된다."(폴 리쾨르, 〈기억과 역사 사이〉, 《초고》, n° 248, 1996, p.11)

이처럼 기억은 망각 작업과 분리될 수 없다. 츠베탕 토도로프가 환기해 주다시피 "기억은 결코 망각과 대비되지 않는다. 소멸(망각)과 보존은 현저히 대비되는 두 개념이지만 기억은 항시, 그리고 필연적으로 양 요소의 교호 작용이다."(《기억의 남용》, Arléa, 1955, p.14) 보르헤스는 이미 《밧줄 혹은 기억》(〈밧줄 혹은 기억〉, 《픽션》, Folio, Gallimard, 1957, p.127-136)에서 광증과 모호함 속에 움츠러드는 사람들의 병리적 특성을 이미 설명한 바 있다. 결과적으로 기억은 역사와 동등하게 과거 속의 선택 방식, 외부적 요소의 유입이 아닌 지적 축조에 해당한다. '기억의 의무'를 인도하는 부담으로 인해 기억 속에는 과거-현재-미래의 삼각 요소가 교차된다. "과거의 표적 위에 미래의 표적이 돌아오는 이러한 충격은 미래의 표상 위에 과거의 표상이 중첩되는 대립적 운동의 대응 방식이다."(폴 리쾨르, 〈과거의 표식〉, 《형이상학과 윤리학 잡지》, n° 1, mars 1998, p.25) 이러한 부담은 현재 사회가 담지해야 할 단순한 짐이 아니다. 그것은 오히려 과거의 복수적 기억들을 재현하고 노출되지 않은 거대한 잠재적 자원을 탐색한다는 조건으로 감각의 지층이 될 수 있다. 이 작업은 역사-비판의 틀 내에서 반복의 강박으로서 나타나는 병리적 기억과 재구성의 전망 속에 살아 있는 기억을 구분하는 과정을 통해 기억과 역사의 변증법 속에서 실현될 수 있다. "민족·국가·공동체가 각 전통의 개방되고 살아 있는 개념에 접근할 수 있는 것은 역사라는 수단에 의해 역사의 궁극적인 과정에 의해 방해받거나 거부당한, 그리고 지켜지지 않은 약속의 부담을 경감시켜 줌으로써 그렇게 된다."(같은 책, p.30-31)

8. 과거의 미래

오늘날 복수의 단편적 기억들이 제반 '역사 영역'들에서 넘쳐난다. 개인적인 그리고 집단적인 정체성이라는 사회 관계의 주요 도구로서 이러한 기억은 정신분석학 방식으로 지각력을 부여하는 역사가의 실질적인 작업의 심부에 자리한다. 오랫동안 조장 도구로 활용되어 온 기억은 미래를 향해 열린 해석학적 전망 속에 현재로부터 단절된 단순한 박물관지가 아니라 집단적인 재추상의 원천으로서 재삼투한다. 부재의 존재를 가정한 기억은 과거와 현재 간, 망자의 세계와 현세 간의 본질적인 단절 지점으로 남는다. 마르크 블로크가 말한 대로 역사는 변화의 과학으로서 변화 과정, 과거의 부활과 단절을 보다 잘 이해하기 위한 자료가 됨과 동시에 이상적인 극화 방식으로서 갈수록 모호하고 복잡한 길을 열어 나간다. 기억의 사회사는 그 효과를 역사가 추적해 나가는 움직임의 원천으로서 일체의 변화에 관심을 기울인다. 이것은 그 내용이 다른 대상의 탐색 대상이 될 때에만 검증될 수 있는 행위, 혹은 부재한 것을 대상으로 갖는다. "이것은 과거의 성유물함이나 쓰레기통이 되기는커녕 오히려 (기억이) 증가하고 대기하는 잠재적 원천이 확장되는 방향으로 작용한다."(미셸 드 세르토, 《일상적 발명》, I. 《작업 기법》, Folio, 1990, p.131)

숨겨진 영역의 재탐색

결과적으로 국가 역사의 응달진 영역들에 대해서도 연구 업적들이 증가하였다. 앙리 루소가 비시 체제에 주목했을 때 "그것은 1940년부터 1944년까지 일단 지나가 버린 것에 대한 지식을 위한 것이 아니었다. 비시 정부 체제가 더 이상 기능하지 못하게 된 시점에서 그의 역사적 사명이 개시된다. 그것은 자신이 국가적 의식 속에 생기시킨 파편의 존속으로서 확장된다. 그가 '과거의 미래'를 환기할 수 있었던 것도 바로 이때였다."(앙리 루소, 《비시의 신드롬》, Points-Seuil, 1990) 그의 시대 구분은 비록 그것이 순수한 분석 방식으로 진행된 면이 있다 하더라도 분명 정신분석학적 범주들을 활용한다. 비시 정권이 몰락한 1944년부터 1954년까지의 기간에 뒤이어 제약의 시기, 또 그런 다음 그것의 역류 상태가 이어지며 그런 과정에서 외상적 신경증이 편집증적 국면으로 치닫는다. 기억이 과부족했던 이 시기에 뒤이어 과도 충만한 시기가 나타나는데, 이런 양상에 대해 앙리 루소는 에릭 코낭과 더불어 1994년 《비시, 지나지 않은 과거》를 발간하여 기억의 남용에 대항해 경계할 필요를 느꼈다. 이러한 병리의 재발 이면에는 과거의 끊임없는 재순환을 유리하게 만드는 상황적 맥락이 작용하였다. 우선적으로 기억의 대상을 재순환하도록 자극하는 위기감, 즉 서양 사회가 인식하고 있는 미래에 대한 위기감이 있다. 게다가 현대의 기술적 수단들을 자극하는 신속성으로 인해 결여된 것처럼 보이는 것에 현재성을 부여하려는 강박증으로 말미암아 냉혹한 상실감이 나타난다. 한편 앙리 루소 자신의 논리로는 정당한 이같은 반응이 최근 그 자신이 제기한 부정적 효과를 안고 있다. "이러한 정당화는 과거, 지속, 지난날에 대한 실질적 이해를 저해하며, 그렇게 되면 미래를 대비할 능력에 도 암영이 드리워진다."(《과거의 강박 관념》, Textuel, 1998, p.36)

신경증적 태도의 반복을 회피하기 위한 적정 거리를 발견하기란 쉽 지 않다. 이러한 거리는 증언의 시간이 임박할 때 현재를 경험하는 사 람들 자신이 일차적으로 국가의 기억을 전수하려는 역사가들이라는 느낌을 자아내게 한다. 인종 살해, 그리고 프랑스에서의 비시 정부 통 치 기간이 이 사례에 해당한다. 혹은 기억의 의무가 역사가로 하여금 과거의 대규모 집단적인 외상에 대해 냉담한 반응을 보일 수 없는 공 적 '파수꾼' 역할을 감당하도록 자극한다. 그는 "사회적 기억의 형성 과 전수에 참여한다."(같은 책, p.498)

기억의 역사는 명령이며, 1970년대까지 오랫동안 끈 비시 체제 관 련 사례에서 보듯이 만약 종종 지나치게 맹목적인 기억의 병리를 회피 하길 원한다면 역사가의 원숙한 비평으로부터 도움을 얻어야 한다. 역 사와 기억 간의 관련성이 매우 긴밀한 만큼 이러한 연계를 고려하지 않 고는, 비록 리쾨르가 현재가 과거로부터 받은 영향이 심대함을 누누이 환기시켜 주고 있을지라도 역사가 완전히 외부적인 기형의 것이 되고 말 것이다. 이러한 관점에서, 그리고 뤼세트 발랑시의 정확한 지적처 럼 역사가는 독점력을 지니고 있지 않다. "외상의 정교화와 집단적 기 억의 전수 방식은 다양하다."(같은 책, p.499) 이와 관련하여 피에르 비달 나케는 조금은 유머스러운 뉘앙스를 담아 유대인 학살 문제를 가장 잘 인식한 세 가지 저술이 역사가가 아닌 프리보 레비(소설가) · 라울 일베르(언어학자) · 클로드 랑즈만으로부터 더불어 쇼아(Shoah)의 성회와 더불어 도출되었음을 상기시켜 주면서, 역사가 역사가에게 지 나치게 심각한 주제로 간주되고 있는 현실을 지적하였다.(피에르 비달 나케, 〈쇼의 도발〉, dans 《유대인, 추억과 현재》, II, La Découverte, 1991, p.223-234)

1980년대의 역사가들에게 이전의 동료, 그리고 그들보다 젊은 세대의 부정주의자들의 관점은 진실을 추구하는 역사학 본연의 자세와 더불어 기억의 의미에 대한 이해의 필요성을 환기시켜 주었다. 피에르 비달 나케가 부정주의자들의 논지에 대한 역사가들의 반격에서 결정적인 역할을 수행한 것은 이러한 상황에서였다.(피에르 비달 나케, 《기억의 암살》, La Découverte, 1987) 역사에 대한 부정적 입장에서 벗어난 사람들은 취급 가능한 제반 수단을 동원하여 미래 세대에게 자신들의 기억을 증거하고 전수해야 할 당위와 긴급성을 통감하였다.

침묵은 망각이 아니다

기억의 역사는 특히 개인과 집단 간의 문제를 다루는 제반 사회과학의 불확정적인 상호 관계에서 중심 위치에 놓여 있기 때문에 복잡한 양상을 보일 수밖에 없다. 미카엘 폴락이 학살 장소에서 구출된 사람들의 기억과 관련하여 보여 준 사실도 바로 이 점이다. 아우슈비츠에서 구출된 사람들을 탐문하면서 그는 침묵이 망각이 아니라는 사실을 증명하였다. 생존자들의 심층에는 이야기를 전해야 하는 데서 비롯되는 분노와 의사소통의 불능성으로 인해 솟구치는 은밀한 죄의식이 자리하고 있다.(미카엘 폴락, 《집중의 경험. 사회적 정체성의 보존에 관한 에세이》, Métailié, 1990) 어디로부터 이러한 기억을 감추려 하는 사람들의 참여와 역할을 추출할 수 있을까? 이들은 말하거나 말하지 않을 가능성 사이에서 변동하는 한계성을 파악하고, 결과적으로 개별자들이 죽음에 이르는 길을 수월하게 만들어야 할 임무를 안고 있다. 개인의 기억과 마찬가지로 집단의 기억은 다양한 모순, 긴장, 재복구에 직면해 있다. 그러므로 "망각과는 달리 침묵은 의사소통을 위한 필요 조건이 될 수 있다."(미카엘 폴락, 〈기억, 망각, 침묵〉, 《상처받은 정체성》, Métailié, 1993, p.38)

뤼세트 발랑시가 세 왕이 참여한 대규모 전투이자 16세기 이슬람과 그리스도교 진영 간의 대규모 유혈 분쟁 중 하나였던 1578년의 사건을 연구한 방식은 기억의 사회적 준칙을 복원하기 위해 이야기의 정체성을 분석한 리쾨르의 탐색 방식으로 인도한다. "'이야기는 기억을 내포한다.' 폴 리쾨르의 《시간과 이야기》 속에 표명된 이 명제를 읽으면서 필자는 그 내용의 전도가 가능하다고 생각하였다. 기억, 그것은 역사를 이야기하는 것이다. 분명 단편적이지만 그것은 역사이다. (…) 결과적으로 포르투갈인들과 모로코인들 간의 관계를 다룬 글 속에서 스스로의 기억 재생을 반복하도록 하는 것은 이야기 활동의 한 형태, 즉 '이야기하기(mise en intrigue)'이다."(뤼세트 발랑시, 《기억의 우화 역사와 역사가. 세 왕의 영광스러운 전투》, Le Seuil, 1992, p.275)

9. 재기억과 창조 사이

이야기하기는 의례화된 기념의 형태로 기억-반복에 기여한다. 기억-반복은 이야기의 원근법적 묘사, 심미적 극화에 의해 제시된 부재의 변증법을 따른다. 의례는 집단적 정체성을 조성하는 과정에서 창조적 역할을 행하면서 기억을 수용하도록 허용한다. 변함없는 시간의 흐름 속에서 돌출되는 의례의 이러한 기능은 생텍쥐페리에 의해 다음과 같이 표현되었다. "'의례는 무엇인가' 라고 어린 왕자는 묻는다. 이에 여우는 망각된 어떤 것과 같다. 이 날을 다른 날과, 이 시간을 다른 시간과 차이나게 해주는 것은 바로 이것이다"라고 말한다.(《어린 왕자》, 1946, Gallimard, 1988, p.70) 의례는 일정 시기에 매년 연이어 거행되기 때문에 기억의 구조를 담게 되고, 그럼으로써 정체성을 드러내게 된다. 그렇지만 집단 기억이 배타적으로 재추상의 축 위에서만 작용하는 것은 아닌데, 왜냐하면 이야기의 매개 자체가 창조성을 필요로 하고 담론의 재구성 장부에 기입하는 행위라고 말한 장 마르크 페리(Jean-Marc Ferry)의 표현대로 필요한 재구성 작업에 기여하기 때문이다.(장 마르크 페리, 《경험의 힘》, Cerf, 1991)

한편으로 타자에 대한 폐쇄 의미를 띠는 정체성에 대한 재기억과 다른 한편으로 니체의 방식으로 전수된 기억 내지 과거로부터 회피하려는 태도 간에 균형을 취하기란 상당히 어렵다. "동물처럼 거의 기억을 갖지 않은 채 (그것도 행복한) 삶을 영위하는 것은 가능하다. 하지만 망각 없이 사는 것은 전적으로 불가능하다. 혹은 나의 주체에 대해 보다 단순히 생각하기 위해서는 불면, 반추, 역사적 감각이 있어야 하며, 이것 없이는 개인이나 민족 혹은 문명 등 활동하는 존재 모두가 궁극적으로 파멸할 수밖에 없다."(프리드리히 니체, 《비실제적 고찰》 II, 1874, Gallimard, coll. 〈Folio Essais〉, p.97) 이러한 태도는 망각된 것 중 필요한 부분을 상기시켜 주는 장점이 있지만 극단적으로 추구될 경우 기억, 나아가 정체성의 심각한 병리적 원천이 될 수 있다.

 망각은 건설적인 전망 속에서 감지될 수 있는데, 에르네스 르낭은 '국가란 무엇인가?' 라는 1882년의 글에서 전수된 공동의 것에 대한 집착과 외상의 망각 간에 이루어지는 이러한 긴장 내면에서 국민 투표를 통해 확인되는 국가적 정체성의 진정한 역설적 측면을 환기하며 망각의 건설적 속성을 보여 주려 하였다. "역사적 실수라고 말하고 싶은 망각은 국가 창조의 본질적인 요인이다."(에르네스 르낭, 《국가란 무엇인가?》, Presses Pocket, 1992, p.41) 이처럼 필요한 망각은 그것이 현재와 관련된 과거가 아니라 반대로 경험의 지층으로서 활용되는 현재의 활동임을 상기시켜 준다. 조르주 샹프뢸이 《저술 혹은 삶》에서 죽음의 위험이나 설명 불능의 상태에 빠진 고대인이 어떻게 계속해서 생존하고 창조해 나가기 위해 일시적 망각을 선택해야 했는지를 이야기할 때 전개한 증명 방식도 이와 같다. 하지만 외상적 사건에 대한 망각은 또한 현재를 사로잡는 잔상의 형태로 되돌아오는 효과를 갖는다. 그렇게 되면 기억은 임무가 맡겨지지 않은 그늘 저편에서 유랑하며, 아무도 예상치 못하는 방식으로 폭력을 유발하는 위험한 모습을 노출할 수 있다.

 형이상학의 두 범주 중 한 범주의 위기, 미래의 지평, 현대 사회의 계획의 부재를 징후적으로 보여 주는 실제의 기억 저편에서 리쾨르는 과거에 대한 역사의 윤리적 빚을 상기시켜 준다. 항시 미래를 향해 열려진 역사성 체계는 분명 더 이상 철저히 숙고된 계획의 투시가 아니다. 행동의 논리 자체가 항시 가능성을 열어 놓고 있다. 리쾨르는 유토피아가 어리석은 논리를 지지하는 게 아니라 경험의 영역과 융합하려는 기대의 지평을 차단하는 구원자 기능으로서 인정받을 때 그 관념을 옹호한다. "희망과 전통 간에 거리를 유지하는 것도 바로 이것이다." (폴 리쾨르, 《텍스트로부터 행동으로》, Le Seuil, 앞의 책, p.391) 그는 이와 동일한 확신을 갖고 현재의 세대가 과거에 대해 지고 있는 빚과 의무, 윤리적 책임을 옹호한다. 따라서 역사의 기능은 살아 있다. 역사는 사람들이 믿는 것처럼 압박적 행위에 대응할 부담을 진 고아가 아니다. 과거의 드러나지 않은 가능성, 과거인의 예상·바람·두려움을 숙고해 볼 때 결정론적 설명 방식은 좌절을 맞이하며, 그러한 측면에서 역사가가 추구하는 진실의 탐색과 회상록 저자가 갖추어야 할 성실성 간의 차이는 그다지 크지 않다.

기억의 사회사는 진실 탐색과 성실성이라는 두 가지 의무 내지 속성 모두를 함포하여 통찰한다. "역사의 비판이라는 시험대에 오르는 기억은 더 이상 진실의 체로 걸러지지 않고는 성실성을 지향할 수 없다. 그리고 성찰과 계획의 변증법적 운동 속에서 기억에 의해 대체된 역사는 더 이상 진실과 성실성——궁극적으로 과거의 입장 견지가 아닌 미래 전망 속에 깃든——을 분리할 수 없다.(폴 리쾨르, 〈역사의 표식〉, 《형이상학과 윤리학 잡지》, n° 1, 1998, p.31) 결과적으로 목적론적 관점들이 사라지게 되면 내일의 세계를 고찰하기 위해 과거로부터 현재의 다양한 가능성을 점쳐 볼 기회가 나타난다.

결 론

오늘날 역사가는 갈수록 많은 역할 담당을 요구하는 긴급한 상황에 적절히 대응해야 하는 사회적 부담을 지고 있다. 역사학이 갖는 오랜 연륜에서 비롯된 권위, 그리고 프랑수아 미테랑 대통령이 역사가가 제시하는 정보에 감동을 받는 장면을 목격할 수 있는 프랑스 특유의 상황에 힘입어, 역사가는 권력의 행사나 논쟁적인 문제점들에 대한 고견을 미디어에서 밝히고 갈수록 약화되어 가는 국가의 정체성에 활기를 불어넣는 일에 조언하도록 권력자들의 요청을 받는다. 그렇지만 그 이후로는 세대간의 전수자로서 역사가가 갖는 전통적 기능을 별도로 하면, 역사가가 파퐁의 소송 사례처럼 대사건을 증언하는 무대에 호출되는 경우가 거의 없다.

이처럼 다양한 요구들에 접하여 역사가들은, 항시 가까이에 있는 암초에 걸리거나 통제 불능 상태에 빠질 위험이 상존해 있기 때문에 자신의 역할에 대한 반성적 노력을 기울이지 않으면 안 된다. 예컨대 최근 문제를 제기하는 역사가의 중개 없이도 고문서 자체가 사실을 증거해 줄 수 있다고 믿으며, 고문서의 증거들을 있는 그대로 자신의 강의에 활용하겠다고 주장한 저술을 접할 수 있다.(카롤 바르토섹, 《고문서의 승인. 프라하-파리-프라하, 1948-1968》, Le Seuil, 1996) 만약 오랫동안 접근 불가능했던 사료의 새로운 발견으로 인해 과거에 대한 역사가들의 관점이 무시당한다면, 그리고 스스로 말하는 고문서들이 비판 없이 무조건적으로 승인된다면 과거의 비극들에 대한 성찰 과정에서 역사 이해가 오용될 위험에 처할 것이다.

근자에 일상의 《자유》의 감독인 세르주 쥘리가 제라르 쇼비의 주제들을 다루기 위해 레이몽 오브라크를 중심으로 한 역사가들의 모임을 마련한 바 있다. 그런데 이것은 논쟁의 참여자들을 곤혹케 하였는데, 왜냐하면 레이몽 오브라크가 저항의 노선에 참여함으로써 결속을 강화한 게 아니라 오히려 심판자와 역사가라는 두 가지 역할 간의 관행화된 혼돈 문제가 제기되었기 때문이다.

이 두 가지 상이한 기능에 본유한 긴장에 대해 숙고한 역사가 긴즈부르는 최근 《판관과 역사가》라는 자극적인 제목의 저술에서 소프리 문제에 개입하였다. 그는 판사가 갱생한 윤락녀의 말 이외의 증거 없이 '로타 콘티누아(Lotta Continua)'의 옛 수장을 1970년초 청부 살인했다는 혐의로 20년형을 선고한 사실에 놀랐다. 긴즈부르는 증거와 진실의 탐색이라는 역사 서술 작업의 신성한 규칙을 환기시키기 위해 이 사건을 활용하였다. 파퐁의 최근 연구 과정은 법정에 호출된 전문 역사가들이 그들의 지위와 관련한 불안이나 의구심을 표명하며 매우 상이한 태도를 견지했음을 보여 준다. 장 피에르 아제마나 마르크 올리비에 바뤼쉬를 비롯한 당대의 전문가들이 보르도에서 증언하기로 한 반면, IHTP(현대 사회 역사연구소)의 소장인 앙리 루소와 같은 인물은 역할의 혼돈을 비난하며 초대를 거부하였다. 루소는 특히 정의가 다수 역사가들의 존재에 의해 올바로 세워지지 않을 것으로 생각하며, 전문 역사가가 이러한 유의 사건에서 목격자로서의 증거 능력도 전문가로서의 능력도 십분 발휘할 수 없을 것이라는 사실을 환기시켰다. 증인석에 소환된 역사가는 한 다발의 서류를 분석할 전문 정신의학자의 위치에도, 그리고 모든 상황에 유효한 과학 법칙을 적용할 능력이 있는 전문적 위치에도 있지 않다. 이와 관련하여 루소는 "과거의 파파라치 분위기를 풍길" 위험을 거부하였다.(《과거의 강박 관념》, Textuel, 1988, p.101) 덧붙여 역사가 장 노엘 잔네는 역사가들이 모든 진실의 증언대에 서서 서약을 하고 말하려는 지나친 성향을 자제할 것을 당부하였다. "이것은 일종의 지적 치기 없이는 행해서 아니 될 것이다." (《증언대에 선 과거. 역사가·판사와 기자》, Le Seuil, 1998, p.15) 장르의 혼선을 피하기 위해 역사가 르네 레몽은 과학적 확실성, 가능성 있는 의견, 사적 견해 간에 구분할 것을 제안했는데, 이 구분은 역사가들이 증거삼아 행하는 비교를 배제하지 않고 역사가의 기능에 본유한 윤리적 책임 한도 내에서 의미를 갖게 된다는 것이다.

또한 최근 1986년을 전후하여 독일에서 '역사가들간의 논쟁'이 공식 석상에서 촉발되었고, 1997년에는 프랑스에서 《공산주의의 암울한 저서》의 발간을 계기로 이와 유사한 논쟁이 치열하게 진행되었다. 지나가기를 원치 않는 과거, 범죄와 그것에 대한 기억, 20세기의 여러 형태의 비극들을 주제로 하여 공산주의와 나치즘의 양 역사가 상충하였다.

라인 강 저편에서는 특히 에른스트 놀트·미카엘 슈튀르메르·안드레아스 힐그루버 등이 야만성은 저 멀리 야만 사회의 모형에 해당하는 동부 소비에트로부터 유래했고, 이를 단순히 히틀러주의자들이 독일에 수용한 것이라고 주장하면서 나치의 공포를 평범한 것으로 치부하는 논지를 개진하였다. 독일 철학자인 하버마스는 《시대》지에서 그가 '피해를 청산하는 방법'으로 간주한 것에 부합하여 매우 활발히 행동하였다.(〈현대 독일의 역사 서술에 나타난 변명적 경향〉, 《시대》, 11 juillet 1986; repris dans 《역사 앞에서》, Cerf, 1988, p.47-58)

프랑스에서 논쟁은 로베르 라퐁이 1997년 스테판 쿠르투아의 소개

글을 담은 《공산주의의 암울한 저서》를 발간한 직후에 가열되었다. 니콜라 베르트 · 장 루이 마르골랭과 같은 저자들의 논박을 받은 이 책은 나치즘과 공산주의를 동렬의 것으로 다루며, 살인적 속성을 지닌 두 가지의 유사한 이데올로기라고 주장하였다.

　이러한 논쟁들은 과거가 아닌 현재의 위대한 선택으로서 역사가 향유하는 주요한 경합의 장소임을 우리에게 일깨워 준다. 이러한 논쟁들에 직면하여 반응이 회피하려 하는 것이어서는 안 된다. 논쟁의 열정은 전적으로 정당하다. 한편 논쟁의 규범을 확대하는 것은 역사가들이 선택할 문제이다.

　실제의 역사 서술 과정의 변천은 대안으로 제시된, 매우 동떨어진 듯하지만 보완적인 방식으로 사고될 수 있는 진 두 지점간의 긴장에 의해 특징지어진다. 한편으로 일부 연구자들은 문학의 이야기 전통과 깊은 연관을 갖는 주관적 서술 작용으로서의 역사에 강조점을 둔다. 다른 한편 반대편에 서서 문서의 기능, 나아가 그것의 객관적 인식의 특성 측면에서 제반 역사적 주장이 갖는 오류적 특성, 증거의 개념에 대해 이야기하는 사람들도 있다. 혹은 미셸 드 세르토가 1975년 《역사 서술》에서 지적한 대로 실제 세 차원의 교차점에 위치한 역사를 규정짓는 일이 두 절대적 범주인 과학과 허구 간의 접속과 관계한다. 다른 한편 미셸 드 세르토는 역사 서술을 역사 제도 일반, 그리고 보다 확대해 보자면 그것이 사회 단체와 갖는 사회 관계의 산물로서 규정한다. 또 달리 말하자면 역사는 사고의 영역을 재분배하면서 서술 작업을 매개로 하며, 거리를 두고 구성하는 일을 시발삼아 실제 작업을 행하는 것이다. 결국 역사는 서술이고, 이 사실은 유일의 언어 차원에만 밀폐되지 않고 역사가의 대상이 되는 자료와 그의 논설의 추정적 규칙에 집중할 필요성을 내포한다.

실용주의적이거나 해석학적 차원에서 실질적 전환점으로 작용한 마르크시즘 · 기능주의 · 구조주의와 같은 패러다임의 구조적 능력의 상실은 역사가로 하여금 말하고 싶은 바에 대해 탐색하고, 가장 가까이서 역사의 행위자들을 자리매김하도록 이끈다. 이것은 역사 행위자들의 충만한 의식이나 자유, 투철한 업적을 표명하기 위한 게 아니라 이들이 겪은 경험의 중요성을 가장 근접하게 드러내기 위함이다.

이러한 유연성은 복수적 특성을 지닌 역사 서술 과정을 현저히 변화시키는 효력을 지닌다.(장 클로드 뤼아노 보르발랑, 《오늘의 역사》, éd. Sciences Humaines, 1999) 아날학파의 주도적 지위 상실과 베르나르 르프티의 영향으로 이 학파가 용기 있게 개방을 수용하여 과거의 성향들을 문제삼을 수 있게 된 유연성 덕택에 여러 경향, 무엇보다 '회귀'가 중대한 화두로 떠올랐다.(〈역사와 사회과학. 아날의 전환?〉, 《아날 ESC》, n° 2, mars-avril 1988 et 〈역사와 사회과학〉, 《아날 ESC》, n° 6, nov. déc. 1989) 즉 1903년 뒤르켕을 추종하는 사회학자인 프랑수아 시미앙에 의해 세 가지 역사 우상으로 간주된 정치와 개인과 연대기에 대한 관심이 회귀하였다. 하지만 이같은 역사서술학의 변천 말미에 역사의 형상이 결코 유사하지 않은데, 결과적으로 이같은 '회귀'가 이전 형태로의 단순환 회귀가 아님은 분명하다. 오히려 반대로 이 세 영역은 근본적인 혁신의 대상이 된다.(크리스티앙 들라크루아 · 프랑수아 도스 · 파트릭 가르시아, 《19-20세기, 프랑스의 역사 흐름》, A. Colin, 1999)

오늘날 역사 서술 양식은 상당히 유동적이다. 한편으로 역사가들은 이웃 유럽 국가들의 혁신적 성과에 보다 귀를 기울인다. 프랑스 사회사는 카를로 긴즈부르 · 조반니 레비 · 카를로 프로니 등 이탈리아의 미시 이야기(microstoria)뿐 아니라 독일의 일상사(Alltagsgeschichte), 그리고 영국의 에드워드 팔머 톰슨과 같은 역사가의 저술로부터 다방면으로 영향을 받고 있다.

심성사로부터 벗어나 보다 다양성을 추구하는 계획들이 마련되고 있다. 피에르 노라는 역사의 기억을 문제로 삼고, 로제 샤르티에는 실제와 표상의 사회문화적 역사를, 마르셀 고셰(《역사 대상의 확장》, Le Débat, n° 103, janv. fév. 1999, p.131-147)는 상징과 정치에 의한 범세계화를 시도한다. 혹은 IHTP는 현재의 역사 내지 문화사에 대해 새로운 정의를 내놓고 있다.(장 피에르 리우 · 장 프랑수아 시리넬리, 《문화사를 위해》, Le Seuil, 1977) 결과적으로 과거로 인도하는 길은 많으며, 이러한 사실 자체가 지금이 바로 상충되는 해석들의 연장선상에서 모든 진실 탐색의 복수적 성격뿐 아니라 역사 서술 작용에 본유한 반성적 단계의 불가피성을 고려할 적절한 시점임을 보여 주는 표식이다.

이같은 역사 서술의 흐름 측면에서 역사의 전망이 절충적이고 복수적인 해석을 가능하게 하는 포스트-모던적 문제로 귀속된다고 확신할 수 있는가? 이에 대한 대답은 기억의 순도와 정체성의 기능, 그리고 역사 본유의 진실 탐색을 분리할 수 없다는 전제하에서 보면 부정적이다. 이처럼 논쟁적이고 복수적인 역사는 오늘날 다양한 근본주의에 직면한 보편적 가치뿐 아니라 유럽이라는 공동 영역을 재건하기 위해 상이한 문화들간에 증진을 도모하는 대화를 긴급히 필요로 한다.

이와 관련하여 제 해석간의 논쟁 장소로서의 역사는 동시에 치료적 기능을 수행한다. 이러한 기능은 행동이나 사건 자체에 대한 가능한 다양한 이야기들이 존재한다는 최근의 문제 의식 위에 토대를 둔다. 그러한 차원에서 역사는 집단적 · 국가적 기억을 개방 · 논의 · 논쟁 대상으로 삼으며, 기억으로의 긍정적 회귀를 가능하게 한다. 그것은 또한 기억이 응고된 반복의 강박에 응답하지 않고, 타자의 기억에 마음을 열도록 허용해 준다.

이러한 해석상의 동요, 새로운 대화 영역을 향한 개방적 상황에서 초미의 관심사는 방법론적 문제, 그리고 공리주의에 바탕을 둔 철학-정치적 개념들 못지않게 환원론적 이데올로기에 의해 경시된 사회 관계나 '통합성'의 본질이라는 미해결된 문제에 대해 인문과학이 제기하는 질문의 저편에 놓여 있다.

참고 문헌

ALTHUSSER Louis, *Montesquieu, La politique et l'histoire*, PUF, 1959.

ARIÈS Philippe, *Le Temps de l'histoire*, Le Seuil, 1986.

ARON Raymond, *Introduction à la philosophie de l'histoire*, Gallimard, ⟨Tel⟩, 1981.

BARRET-KRIEGEL Blandine, *L'Histoire à l'âage classique*, 4 tomes, PUF, 1998, rééd. coll. ⟨Quadrige⟩, 1966.

BARTHES Roland, *Michelet par lui-même*, Le Seuil, 1975.

BEAUNE Colette, *Naissance de la nation France*, Gallimard, 1985, rééd. ⟨Folio⟩.

BÉDARIDA François(dir.), *L'Histoire et le métier d'historien en France(1945-1995)*, éd. MSH, 1995.

BÉDARIDA François, *Écrire l'histoire du temps présent*, éd. CNRS, 1993.

BENOIST Jocelyn et MERLINI Fabio(éd.), *Après la fin de l'histoire*, Vrin, 1998.

BIZIÈRE Jean-Maurice et VAYSSIÈRE Pierre, *Histoire et historiens*, Hachette, 1995.

BLOCH Marc, *Apologie pour l'histoire*, Armand Colin, 1941, rééd. 1964.

BOURDÉ Gérard et MARTIN Henri, *Les Écoles historiques*, Le Seuil, coll. ⟨Points⟩, 1985.

BOUTIER Jean et JULIA Dominique, *Passés recomposés. Champs et chantiers de l'histoire*, Autrement, 1995.

BOYER Alain, *L'Explication en histoire*, Presses universitaires de Lille, 1992.

BRAUDEL Fernand, *Écrits sur l'histoire*, Flammarion, 1969.

BURGUIÈRE André(dir.), *Dictionnaire des sciences historiques*, PUF, 1986.

CARBONELL Charles-Olivier, *Histoire et Historiens, une mutation idéologique des historiens français*, 1865-1885, Privat, 1976.

CARR E. H., *Qu'est-ce que l'histoire?*, La Découverte, 1988, rééd. 10/18, 1997.

CERTEAU Michel de, *Histoire et psychanalyse entre science et fiction*,

Gallimard, 〈Folio〉, 1987.

CERTEAU Michel de, *L'Écriture de l'histoire*, Gallimard, 1975.

CHARTIER Roger, *Au bord de la falaise. L'histoire entre certitudes et inquiétude*, Albin Michel, 1998.

CHÂTELET François, *La Naissance de l'histoire*, Éditions de Minuit, 2 tomes, 1962, rééd. Seuil, coll. 〈Points〉, 1996.

CHAUNU Pierre, *Histoire, science sociaale: la durée, l'espace et l'homme à l'époque moderne*, SEDES, 1974.

CHAUNU Pierre, *L'Instant éclaté*, entretiens avec Dosse François, Aubier, 1994.

CHESNEAUX Jean, *Habiter le temps*, Bayard, 1996.

COLLIOT- THÉLÈNE Catherine, *Max Weber et l'histoire*, PUF, 1990.

DASTUR Françoise, *Heidegger et la question du temps*, PUF, 1990.

DELACROIX Christian, DOSSE François, GARCIA Patrick, *Les Courants historiques en France, XIX-XX siècles*, Armand Colin, 1999.

DESANTI Jean-Toussaint, *Réeflexion sur le temps*, Grasset, 1992.

DOSSE François, *L'Empire du sens, l'humanisation des sciences humaines*, La Découverte, 1995, rééd. Poche-La Découverte, 1997.

DOSSE François, *L'Histoire en miettes, des Annales à la nouvelle histoire*, La Découverte, 1987, rééd. Presses Pocket, 1997.

DUBY Georges, *L'histoire continue*, Le Seuil, coll. 〈Points Odile Jacob〉, 1991.

FEBVRE Lucien, *Combats pour l'histoire*, Armand Colin, 1953.

FINLEY Moses I., *Mythe, mémoire, histoire*, Flammarion, 1981.

FOUCAULT Michel, *L'Archéologie du savoir*, Gallimard, 1969.

FOUCAULT Michel, *Les Mots et les Choses, Une archéologie des sciences humaines*, Gallimard, 1966.

FOUCAULT Michel, *Surveiller et punir*, Gallimard, 1975.

FUKUYAMA Francis, *La Fin de l'histoire et le dernier homme*, Flammarion, 1992.

GAUCHET Marcel(éd.), *Philosophie des sciences historiques*(textes de Barante, Cousin, Guizot, Michelet, Mignet, Quinet), Presses universitaires de Lille, 1988.

GINZBURG Carlo, *Mythes, emblèmes, traces*, Flammarion, 1989.

GODDARD Jean-Christophe, *Hegel et l'hégélianisme*, Armand Colin, 1998.

GRELL Chantal, *L'Histoire éntre erudition et philosophie*, PUF, 1993.

GROETHUYSEN Bernard, *Philosophie et hustoire*, Albin Michel, 1995.

GUENÉE Bernard(dir.), *Le Métier d'historten au Moyen Âge*, Sorbonne, 1977.

GUENÉE Bernard, *Histoire et culture historique dans l'Occident médiéval*, Aubier, 1980.

HALBWACHS Maurice, *La Mémoire collective*, Albin Michel, 1997.

HARTOG François, *L'Histoire d'Homère à Augustin*, Le Seuil, coll. 〈Points〉, 1999.

HARTOG François, *Le Miroir d'Hérodote*, Gallimard, 1980.

HARTOG François, *Le XIX siècle et l'histoire. Le cas Fustel de Coulanges*, PUF, 1988.

HEGEL, *La Raison dans l'histoire*, 10/18, 1965.

HILDESCHEIMER Françoise, *Introduction à l'histoire*, Hachette, 1984.

HUPPERT George, *L'Idée de l'histoire parfaite*, Flammarion, 1973.

JARCZYK Gwendoline et LABARRIÈRE Pierre-Jean, *De Kojève à Hegel*, Albin Michel, 1996.

KANT, *Histoire et politique*, annoté par M. Castillo, Vrin, 1999.

KANT, *La Philosophie de l'histoire*, Éd. Gonthier, 1947.

KOSELLECK Reinhart, *L'Expérience de l'histoire*, EHESS, Gallimard, Le Seuil, 1997.

KOSELLECK Reinhart, *Le Futur passé: contribution à la sémantique des temps historiques*, EHESS, 1990.

—— *L'Histoire aujourd'hui*, éd. Sciences humaines, 1999.

LANGLOIS Charles-Victor et SEIGNOBOS Charles, Introduction aux études historiques(1898), Kimé, 1992.

LEDUC Jean, *Les Hisoriens et le temps*, Le Seuil, coll. 〈Points〉, 1999.

LE GOFF Jacques, CHARTIER Roger et REVEL Jacques(dir.), *La Nouvelle Histoire*, Retz, 1978.

LE GOFF Jacques, *Histoire et mémoire*, Gallimard, coll. 〈Folio〉, 1988.

LEPETIT Bernard, *Les Formes de l'expérience*, Albin Michel, 1995.

MABILLE Bernard, *Hegel, l'épreuve de la contingence*, Aubier, 1999.

MARROU Henri-Irénée, *De la connaissance historique*, Le Seuil, 1955, rééd. coll. 〈Points〉, 1983.

MILO Daniel S., *Trahir le temps*, Les Belles Lettres, 1991.

MOMIGLIANO Arnaldo, *Problèmes d'historiographie ancienne et moderne*, Gallimard, 1983.

MOSÈS Stéphane, *L'Ange de l'histoire*, Le Seuil, 1992.

MÜLLER Bertrand, *Correspondance de Marc Bloch et Lucien Febvre*, Fayard, 1994.

NOIRIEL Gérard, *Sur la* 〈*crise*〉 *de l'histoire*, Belin, 1996.

NOIRIEL Gérard, *Qu'est-ce que l'histoire contemporaine?*, Hachette, 1998.

NORA Pierre et LE GOFF Jacques(dir.), *Faire de l'histoire*, 3 vol., Gallimard, 1974.

NORA Pierre(dir.), *Essais d'ego-histoire*, Gallimard, 1987.

NORA Pierre, *Les Lieux de mémoire*, Gallimard, 1984-1992, 7 vol.

PATYEN Pascal, *Les Îles nomades, Conquérir et résister dans L'Enquête d'Hérodote*, EHESS, 1997.

PÉCHANSKI Denis, POLLACK Michaël et ROUSSO Henri, *Histoire politique et sciences sociales*, Complexe, 1991.

PEDECH Paul, *La Méthode historique de Polybe*, Les Belles Lettres, 1964.

PHILONENKO Alexis, *La Philosophie kantienne de l'histoire*, Vrin, 1998.

POMIAN Krzysztof, *L'Ordre sur temps*, Gallimard, 1984.

PROST Antoine, *Douze leçons sur l'histoire*, Le Seuil, coll. 〈Points〉, 1996.

PROUST Françoise, *L'Histoire à contre-temps*, Cerf, 1994, rééd. 〈Biblio essais〉, Le Livre de poche, 1999.

RANCIÈRE Jacques, *Les Noms de l'histoire. Essais de poétique du savoir*, Le Seuil, 1992.

RAULET Gérard, *Kant, Histoire et citoyenneté*, PUF, 1996.

RÉMOND René(dir.), *Pour une histoire politique*, Le Seuil, 1988.

REVEL Jacques(dir.), *Jeux d'échelles*, Hautes Études, Gallimard-Le Seuil, 1996.

RICEUR Paul, *Temps et Récit*, Le Seuil, 3 vol., 1983-1985, rééd. coll. 〈Points〉, 1991.

RIOUX Jean-Pierre(dir.), *Pour une histoire culturelle*, Le Seuil, 1997.

SAMARAN Claude(dir), *L'Histoire et ses méthodes*, La Pléiade, 1961.

VEYNE Paul, *Comment on écrit l'histoire*, Le Seuil, 1971, rééd. coll. 〈Points〉.

VILAR Pierre, *Une histoire en construction. Approches marxistes et problématiques conjoncturelles*, Gallimard−Le Seuil, 1982.

역자 후기

'역사란 무엇인가?' '역사는 무슨 의미를 지니며 어떤 용도가 있는가?' 최근의 역사 연구자들은 이런 유의 질문을 케케묵은 것으로, 혹은 너무 당연하여 더 이상 거론할 필요가 없는 것으로 여기는 경향이 있다. 이 책의 저자는 이 질문들에 대한 성찰이 절실하다고 여기며, 역사학이 현재 서 있는 지점과 앞으로 나아갈 방향을 진지하게 탐색해 나간다. 프랑스에서 아날학파와 구조주의 인류학·사회학 연구 성과의 지대한 영향을 받으며 학문적으로 성장하고 현재 활발한 저술 활동을 벌이고 있는 저자는, 그간 역사학이 처한 구조적인 침체로부터 벗어나 보다 획기적 전기를 맞이하기를 희구한다. 그는 역사적 이야기가 과학적이고 독자적이며 실용적 가치를 지닌 학문으로서의 특별한 이야기가 되게 하고, 역사 서술 방식의 다양성을 발굴해 내고자 한다. 그러기 위해 우선적으로 그간 역사학이 걸어온 자취를 역사철학적으로 성찰하고, 역사학자들이 활용한 개념들에 대해 다시 질문을 던질 것을 요구하며, 나아가 역사 활동 일반에 대한 반성적 고찰을 촉구한다. 저자는 이러한 성찰을 바탕으로 하여, 다양한 문화간에 접촉이 빈번히 이루어지고 개방적 대화가 필요한 현 시점에서 다원적이고 논쟁의 소지가 많은 역사학 본유의 특성이 대화 공간을 열어 주고 개방성을 지향하는 실용적 학문으로 자리매김할 수 있다고 전망한다.

이 책에서 다루고 있는 소재와 관련 인물은 매우 다양하다. 역사의 진실과 역사가, 인과 관계, 이야기로의 복귀, 성찰된 시간, 세계사의 궁극적 목적과 방향에 관한 이론들, 기억에 의한 사건의 재추적 등이 이에 포함된다. 이들 주제들을 탐색하는 과정에서 사학사 일반과 각 시대의 중요한 역사철학적 성찰들을 간략하지만 다양하게 다루고 있다. 역사학 연구에 입문하는 학생뿐 아니라 전문 역사가들에게도 역사에 관해 성찰할 기회를 마련해 주는 긴요한 저술이라고 생각한다. 이 책을 직접 구입하고 번역을 제안해 준 동문선 신성대 사장님과 쉽지 않은 내용을 꼼꼼히 살펴봐 준 편집부에 감사드린다.

2004년 10월 최 생 열

색 인

최생열
서강대학교 사학과 졸업
고려대학교 대학원 서양사학과 졸업, 문학박사
역서: 《전사와 농민》(조르주 뒤비, 1999)
《부빈의 일요일》(조르주 뒤비, 2002)
《이슬람이란 무엇인가》(맬리스 루스벤, 2002)
《고대 세계의 정치》(모제스 I. 핀레이, 2003)
《믿음에 대하여》(S. 지제크, 2003)
《종교에 대하여》(존 D. 카푸토, 2003)
《역사란 무엇인가》(존 H. 아널드, 2003)
《철학이란 무엇인가》(E. 크레이그, 2003)
《성서란 무엇인가》(J. 리치스, 2004)

문예신서
258

역사철학

초판발행 : 2004년 11월 20일

東文選
제10-64호, 78. 12. 16 등록
110-300 서울 종로구 관훈동 74
전화 : 737-2795

편집설계 : 李姃院 李惠允

ISBN 89-8038-474-2 94900
ISBN 89-8038-000-3 (세트/문예신서)

70 娼 婦	A. 꼬르벵 / 李宗旼	22,000원
71 조선민요연구	高晶玉	30,000원
72 楚文化史	張正明 / 南宗鎭	26,000원
73 시간, 욕망, 그리고 공포	A. 코르뱅 / 변기찬	18,000원
74 本國劍	金光錫	40,000원
75 노트와 반노트	E. 이오네스코 / 박형섭	20,000원
76 朝鮮美術史硏究	尹喜淳	7,000원
77 拳法要訣	金光錫	30,000원
78 艸衣選集	艸衣意恂 / 林鍾旭	20,000원
79 漢語音韻學講義	董少文 / 林東錫	10,000원
80 이오네스코 연극미학	C. 위베르 / 박형섭	9,000원
81 중국문자훈고학사전	全廣鎭 편역	23,000원
82 상말속담사전	宋在璇	10,000원
83 書法論叢	沈尹默 / 郭魯鳳	16,000원
84 침실의 문화사	P. 디비 / 편집부	9,000원
85 禮의 精神	柳肅 / 洪熹	20,000원
86 조선공예개관	沈雨晟 편역	30,000원
87 性愛의 社會史	J. 솔레 / 李宗旼	18,000원
88 러시아미술사	A. I. 조토프 / 이건수	22,000원
89 中國書藝論文選	郭魯鳳 選譯	25,000원
90 朝鮮美術史	關野貞 / 沈雨晟	30,000원
91 美術版 탄트라	P. 로슨 / 편집부	8,000원
92 군달리니	A. 무케르지 / 편집부	9,000원
93 카마수트라	바짜야나 / 鄭泰爀	18,000원
94 중국언어학총론	J. 노먼 / 全廣鎭	28,000원
95 運氣學說	任應秋 / 李宰碩	15,000원
96 동물속담사전	宋在璇	20,000원
97 자본주의의 아비투스	P. 부르디외 / 최종철	10,000원
98 宗敎學入門	F. 막스 뮐러 / 金龜山	10,000원
99 변 화	P. 바츨라빅크 外 / 박인철	10,000원
100 우리나라 민속놀이	沈雨晟	15,000원
101 歌訣(중국역대명언경구집)	李宰碩 편역	20,000원
102 아니마와 아니무스	A. 융 / 박해순	8,000원
103 나, 너, 우리	L. 이리가라이 / 박정오	12,000원
104 베케트연극론	M. 푸크레 / 박형섭	8,000원
105 포르노그래피	A. 드워킨 / 유혜련	12,000원
106 셸 링	M. 하이데거 / 최상욱	12,000원
107 프랑수아 비용	宋勉	18,000원
108 중국서예 80제	郭魯鳳 편역	16,000원
109 性과 미디어	W. B. 키 / 박해순	12,000원
110 中國正史朝鮮列國傳(전2권)	金聲九 편역	120,000원
111 질병의 기원	T. 매큐언 / 서 일·박종연	12,000원

280 과학에서 생각하는 주제 100가지	I. 스탕저 外 / 김웅권	21,000원
281 말로와 소설의 상징시학	김웅권	22,000원
282 키에르케고르	C. 블랑 / 이창실	14,000원
1001 베토벤: 전원교향곡	D. W. 존스 / 김지순	15,000원
1002 모차르트: 하이든 현악 4중주곡	J. 어빙 / 김지순	14,000원
1003 베토벤: 에로이카 교향곡	T. 시프 / 김지순	18,000원
1004 모차르트: 주피터 교향곡	E. 시스먼 / 김지순	18,000원
1005 바흐: 브란덴부르크 협주곡	M. 보이드 / 김지순	18,000원
1006 바흐: B단조 미사	J. 버트 / 김지순	근간
2001 우리 아이들에게 어떤 지표를 주어야 할까?	J. L. 오베르 / 이창실	16,000원
2002 상처받은 아이들	N. 파브르 / 김주경	16,000원
2003 엄마 아빠, 꿈꿀 시간을 주세요!	E. 부젱 / 박주원	16,000원
2004 부모가 알아야 할 유치원의 모든 것들	N. 뒤 소수아 / 전재민	18,000원
2005 부모들이여, '안 돼'라고 말하라!	P. 들라로슈 / 김주경	19,000원
2006 엄마 아빠, 전 못하겠어요!	E. 리공 / 이창실	18,000원
3001 《새》	C. 파글리아 / 이형식	13,000원
3002 《시민 케인》	L. 멀비 / 이형식	13,000원
3101 《제7의 봉인》 비평연구	E. 그랑조르주 / 이은민	근간
3102 《쥘과 짐》 비평연구	C. 르 베르 / 이은민	근간
3103 《시민 케인》 비평연구	J. 루아 / 이용주	15,000원

【기 타】

▨ 모드의 체계	R. 바르트 / 이화여대기호학연구소	18,000원
▨ 라신에 관하여	R. 바르트 / 남수인	10,000원
▨ 說 苑 (上·下)	林東錫 譯註	각권 30,000원
▨ 晏子春秋	林東錫 譯註	30,000원
▨ 西京雜記	林東錫 譯註	20,000원
▨ 搜神記 (上·下)	林東錫 譯註	각권 30,000원
■ 경제적 공포〔메디치賞 수상작〕	V. 포레스테 / 김주경	7,000원
■ 古陶文字徵	高 明·葛英會	20,000원
■ 그리하여 어느날 사랑이여	이외수 편	4,000원
■ 딸에게 들려 주는 작은 지혜	N. 레흐레이트너 / 양영란	6,500원
■ 노력을 대신하는 것은 없다	R. 쉬이 / 유혜련	5,000원
■ 노블레스 오블리주	현택수 사회비평집	7,500원
■ 미래를 원한다	J. D. 로스네 / 문 선·김덕희	8,500원
■ 사랑의 존재	한용운	3,000원
■ 산이 높으면 마땅히 우러러볼 일이다	유 향 / 임동석	5,000원
■ 서기 1000년과 서기 2000년 그 두려움의 흔적들	J. 뒤비 / 양영란	8,000원
■ 서비스는 유행을 타지 않는다	B. 바게트 / 정소영	5,000원
■ 선종이야기	홍 희 편저	8,000원
■ 섬으로 흐르는 역사	김영회	10,000원
■ 세계사상	창간호~3호: 각권 10,000원 / 4호: 14,000원	

東文選 文藝新書 173

세계의 비참 (전3권)

피에르 부르디외 外

김주경 옮김

사회적 불행의 형태에 대한 사회학적 투시——피에르 부르디외와 22명의 사회학자들의 3년 작업. 사회적 조건의 불행, 사회적 위치의 불행, 그리고 개인적 고통에 대한 그들의 성찰적 지식 공개.

우리의 삶 한편에는 국민들의 일상적인 삶에 대해 무지한 정치 책임자들이 있고, 그 다른 한편에는 힘겹고 버거운 삶에 지쳐서 하고 싶은 말조차 할 수 없는 사람들이 있다. 이들을 바라보면서 어떤 사람들은 여론에 눈을 고정시키기도 하고, 또 어떤 사람들은 그들의 불행에 대해 항의를 표하기도 한다. 물론 이들이 항의를 할 수 있는 것은 자신들이 그 불행에서 벗어나 있기에 가능한 것이다.

여기 한 팀의 사회학자들이 피에르 부르디외의 지휘 아래 3년에 걸쳐서 몰두한 작업이 있다. 그들은 대규모 공영주택 단지 · 학교 · 사회복지회 직원, 노동자, 하층 무산계급, 사무직원, 농부, 그리고 가정이라는 세계 속에 비참한 사회적 산물이 어떠한 현대적인 형태를 띠고 나타나는지를 이해하고자 했다. 그들이 본 각각의 세계에는 저마다 고유한 갈등 구조들이 형성되어 있었고, 그 안에서 발생하는 고통을 직접 몸으로 체험한 자들만이 말할 수 있는 진실들이 있었다.

이 책은 버려진 채 병원에 누워 있는 전직 사회복지 가정방문원이라든가, 노동자 계층의 고아 출신인 금속기계공, 정당한 권리를 찾지 못하고 떠돌아다닐 수밖에 없는 집 없는 사람들, 도시 폭력의 희생자가 된 고등학교 교장과 교사들, 빈민 교외 지역의 하급 경찰관, 그리고 이들과 함께 살아가는 수많은 사람들의 만성적이면서도 새로운 삶의 고통을 이야기한다.

東文選 文藝新書 241

부르디외 사회학 이론

루이 핀토

김용숙 · 김은희 옮김

부르디외가 추천한 부르디외 사회학 해설서

　본서는 수년전 부르디외가 한국을 방문하였을 적에 그에게 자신의 이론을 가장 잘 해설한 책을 한권 추천해달라고 부탁해서 한국 독자들에게 소개하게 된 책이다.

　저술의 원칙이 되는 본질적인 행위들을 제시하고, 지성적 맥락을 재구성하며, 인류학이자 철학적인 영역을 명시하는 것이 루이 핀토의 글이 갖는 목적으로, 그의 연구는 단순한 주해서를 넘어서서 이러한 저술이 제안하는 교훈을 총망라한다.

　피에르 부르디외의 이론은 결코 객관주의나 과학만능주의가 아니며, 관찰자의 특권을 중시하는 과학적 실천의 중심부의 성찰을 함축한다. 그의 이론은 사회 세계나 우리 스스로에게 향한 우리의 시각을 변화시키는 지적 수단을 제공하고 있다. 이런 의미에서 그의 이론은 개인적이자 보편적인 사물들을 파악하게 하고, 우리가 하는 유희와 그 이해 관계, 그리고 모르던 것을 인정하는 데 필요한 저항들을 이해하는 데에 도움을 주는 사회 분석의 작업이다.

　사회 질서는 심층에 묻힌 신념들과 객관적 구조를 따르므로, 사회학은 사회 세계의 정치적 비전을 반드시 갖고 있다. 사회학은 우리에게 유토피아 정신과 질서의 사실적 인식을 연결하는 것을 가르쳐 준다.

　사회학자이자 철학자인 루이 핀토는 국립과학연구소(**CNRS**)의 소장직을 맡고 있다. 그의 연구는 언론, 문화, 지성인과 철학 등을 다루고 있다.